사주팔자 하나로
운명·심리·전생·뇌 구조까지 알 수 있다!

사주팔자 하나로
운명·심리·전생·뇌 구조까지 알 수 있다

발 행 일	2016년 11월 25일
지은이	이세진
펴 낸 이	손형국
펴 낸 곳	(주)북랩
편 집 인	선일영 편집 이종무, 권유선, 김송이
디 자 인	이현수, 이정아, 김민하, 한수희 제작 박기성, 황동현, 구성우
마 케 팅	김회란, 박진관
출판등록	2004. 12. 1(제2012-000051호)
주 소	서울시 금천구 가산디지털 1로 168, 우림라이온스밸리 B동 B113, 114호
홈페이지	www.book.co.kr
전화번호	(02)2026-5777 팩 스 (02)2026-5747

ISBN   979-11-5987-312-6 13180 (종이책)   979-11-5987-313-3 15180 (전자책)

잘못된 책은 구입한 곳에서 교환해드립니다.
이 책은 저작권법에 따라 보호받는 저작물이므로 무단 전재와 복제를 금합니다.

이 도서의 국립중앙도서관 출판예정도서목록(CIP)은 서지정보유통지원시스템 홈페이지(http://seoji.nl.go.kr)와
국가자료공동목록시스템(http://www.nl.go.kr/kolisnet)에서 이용하실 수 있습니다.
(CIP제어번호 : CIP2016028946)

(주)북랩 성공출판의 파트너

북랩 홈페이지와 패밀리 사이트에서 다양한 출판 솔루션을 만나 보세요!

홈페이지 book.co.kr   1인출판 플랫폼 해피소드 happisode.com
블로그 blog.naver.com/essaybook   원고모집 book@book.co.kr

녹현역학으로 미리 내다본 2017년 대선 잠룡들의 운세!

사주팔자 하나로
운명·심리·전생·뇌 구조까지 알 수 있다

북랩 book Lab

서문

세상에 존재하지 않았던 이론!

역학계는 물론 심리학계에 커다란 충격을 안겨줄 수 있는 이론!

대한민국을 전 세계인의 정신적 지주의 나라로 만들 수 있는 이론!

독자 여러분의 냉철한 평가를 받고자 녹현역/PCT 이론을 창안한 모든 과정을 이 책에 담았습니다. 필자가 창안할 당시의 기본 사상과 철학은 아래와 같습니다.

첫 번째, 사람은 자연의 일부로 우주에너지의 원리에 의해 살아가는 생명체라는 관점을 취한다.

두 번째, 사람으로 태어나는 순간, 우주에너지를 받아들여 개개인의 마음을 형성하고, 태어날 당시의 우주와 지구의 상호 작용한 에너지로 의식성향, 무의식성향, 꿈의 성향과 심리주기가 만들어진다.

세 번째, 의식 프레임의 종류는 4가지의 유형(완전형, 부분완전형, 부족형, 불완전형)이 존재한다.

네 번째, 의식성향 종류는 10가지, 무의식성향 종류는 15가지, 꿈 성향 종류는 10가지가 존재하고, 다양하고 무수히 많은 심리주기가 존재한다.

다섯 번째, 개인의 심리성향(의식, 무의식, 꿈)은 환경의 영향을 받지만, 그 영향에 의한 변화의 폭은 어디까지나 타고난 심리성향의 범위 안에서이다.

전 세계 대학의 심리학과에 PCT(Psychology Cycle Theory)란 심리학이 알려질 수 있도록 필자는 끝까지 최선을 다하고자 합니다.

녹현 이 세 진

- 저자는 이 책을 9월 30일에 탈고하였습니다. 그 후의 정치 상황은 다루지 않았습니다.

목차

제1장 기존 사주팔자의 한계

사주팔자란? ………………………………………………………… 08
우주 고유의 에너지 ……………………………………………… 10
사주팔자 세우는 법 ……………………………………………… 16
기존 이론의 모순 …………………………………………………… 23
기존 이론과 녹현 이론의 차이점 …………………………… 27

제2장 녹현방정식의 모든 것

녹현방정식에 따라 형성된 의식 프레임 4종류 ……… 42
의식 성향 5종류 …………………………………………………… 55
무의식 성향 15종류 ……………………………………………… 73
꿈 성향 10종류 ……………………………………………………… 94
심성체질은 전생의 업보 ………………………………………… 97
녹현역학으로 본 뇌과학 ……………………………………… 109
특수한 지지구조 ………………………………………………… 117

목차

제3장 녹현역학으로 본 운명

운이 나빠야 돈 벌고 출세하는 운명 ················ 132
성적인 호기심과 민감도가 뛰어난 운명 ············ 145
언행 불일치의 삶을 사는 운명 ······················· 160
외눈박이 물고기 같은 운명 ··························· 174
한평생 갈등하는 운명 ·································· 180

제4장 심리주기 분석

운이 삶에 미치는 영향 ································· 192
운 흐름이 급격하게 상승할 때의 추론 ············· 197
운 흐름이 급격하게 하강할 때의 추론 ············· 210
운 흐름이 완만하게 흐를 때의 추론 ················ 221
운 흐름에 변화가 많을 때의 추론 ··················· 235

제1장

기존 사주팔자의 한계

사주팔자란?

　자축인묘진사오미신유술해(쥐, 소, 범, 토끼, 용, 뱀, 말, 양, 원숭이, 닭, 개, 돼지)라는 12종류의 동물들을 자신이 태어난 연월일시에 따라 배열해 놓은 것이 사주팔자(四柱八字)이다. 네 기둥과 여덟 글자란 뜻이다. 한 기둥마다 어느 동물이 차지했는가를 놓고, 우리는 그것을 보고 추론하여 운명을 점쳐 왔다. 그것으로도 정확하지 않거나 모자라, 흔히 말하는 안 좋은 작용을 하는 살(殺)과 십이운성(十二運星), 그리고 복잡하기 이를 데 없는 지장간(支藏干)까지 적용하여 점쳐왔다. 흔히 좋지 않은 의미를 지닌 상관(像官), 겁재(劫財), 칠살(七殺)을 두고 이러쿵저러쿵하고 말이다. 나아가 형충파해(刑冲破害)에다가 합(合)까지, 이것저것 다 꿰맞추어서 살펴왔던 것이다. 그럼에도 불구하고 사람의 운명을 정확하게 점칠 수 있는 완벽한 이론이 없기에, 사람의 운명을 점치는 역학이라는 학문에는 무수히 많은 이론들이 존재하고 있다.

　관점을 달리해 보자. 사람이 태어났다. 그 사람이 태어난 목적은 무엇일까? 만약 목적이 있다면 그것은 아마 신(神)만이 알고 있을 것이다. 그것이 사실이라면, 신(神)만이 알고 있는 어떤 표시가 그 사람에게 있을 것이다. 그렇다. 필자는 그 어떤 표시를 '운명 코드'라 부르고 있다. 신(神)만이 알고 있는 그 사람의 운명 코드를 파악할 수만 있다면, 그 사람의 전체적인 삶을 아는 것은 손바닥 보듯 쉬운 일일 것이다.

　조금 더 나가 보자. 사람이 태어난 목적을 아무런 정보 없이 알아내야 한다면, 사람의 무엇을 보고 판단하여 알 수 있을까? 모르긴 몰라도 가장 먼저 그 사람의 생각과 행동을 알아야 할 것이다. 사람의 생각과 행동을 알 수 있다는 것은, 바로 그 사람의 전부를 파악한 것과 같으니까 말이다. 그렇다면 신(神)은 어떤 방법으로 수많은 사람들이 태어난 목적을 알 수 있는 것일까? 그것은 바로 그 사람의 생년, 생월, 생일, 생시인 것이다. 즉, 그 사람이 지닌 사주팔자 하나로 그 사람의 생각과 행동, 나아가 꿈까지 파악할 수 있다. 과연 가능한 일일까?

그렇다. 사주팔자의 십간(十干=甲乙丙丁戊己庚辛壬癸)과 십이지(十二支=子丑寅卯辰巳午未申酉戌亥)가 바로 신(神)이 심어놓은 우주 기호이기 때문이다. 우주 기호는 다섯 종류의 우주 에너지로 이뤄졌다. 목성(木性), 화성(火性), 토성(土性), 금성(金性), 수성(水性)이 그것이다. 그 사람의 연월일시로 그 사람이 타고난 우주 에너지(오행) 수치를 알 수 있으며 그 오행 수치를 가지고 공식에 대입하면 생각과 꿈, 성향은 물론, 일정 수준의 오행 수치를 지니거나 좋아하지 않는 오행을 알게 되고, 그러면 행동 성향까지 알게 된다. 여기다가 운 흐름만 대입하면 수시로 변하는 생각까지도 알 수 있다. 필자는 이 모든 것을 '운명 코드'라고 일컫는다.

즉, 사주팔자란 사람이 태어날 때 지니는 우주 에너지로 자신이 타고난 우주 오행의 수치가 얼마인지, 이것을 파악하기 위한 기호일 뿐이다. 그 이상도 이하도 아니다. 그런데 우리는 사주팔자를 보고 동물의 습성이나 성향 또는 계절에 빗대어 설명하거나, 또는 어리석은 사람들이 만든 각종 살 등에 대입하여 운명을 점쳐왔다. 이런 방식의 추론이 수천 년 동안 바뀌지 않고 이어져왔으니 얼마나 우매한 짓을 오랫동안 했던가 말이다. 그저 사주팔자는 사람이 태어날 때 지니는 우주 에너지의 비율을 나타낸 것임을 다시 한 번 강조한다.

제1장

우주 고유의 에너지

우주 안에 있는 수많은 별들이 태어나 성장하고 쇠퇴하다가 사라지는 모든 과정을 간여하고 있는 것이 우주 에너지다. 흔히 오행(五行)이라 불리어지는 기운으로, 목성(木性), 화성(火性), 토성(土性), 금성(金性), 수성(水性)의 에너지가 그것이다. '운명 코드'라 불리는 다섯 가지 우주 에너지로 소위 인간사 모든 것을 점치거나 예측할 수 있었다. 필자의 예를 보자.

필자는 서울에서 태어났다. 당연히 다른 지역보다 서울의 환경과 여건에 많은 영향을 받는다. 그러나 서울은 대한민국 안에 있다. 그러므로 다른 나라보다는 대한민국이라는 나라가 처한 지리적인 여건과 환경에 많은 영향을 받는다. 더 나아가 대한민국은 지구의 영향 아래 있고 지구는 태양계의 영향 아래, 태양계는 우주의 영향 아래 있다. 이는 필자 역시 우주의 영향을 받고 있음을 나타낸 것이다. 그리고 우주는 다섯 가지 에너지에 의해 움직이고 있으므로 필자 역시 다섯 가지 에너지에 의해 살고 있다. 태어날 당시에 주어진 생년월일시의 간지가 바로 우주 에너지이며 우주 에너지의 비율을 알아보고자 사주팔자가 주어진 것이다. 자, 그러면 다섯 가지 우주 에너지가 어떤 작용을 하는지 알아보자.

▎목성(木性)

목성은 '무(無)에서 유(有)를 창조하는 우주 에너지'로, 아무것도 보이지 않는 깜깜한 우주 공간에 생명체(별)가 나타나기 시작하는 기운이다. 블랙홀이 모든 것을 사라지게 한다면 그와는 반대로 모든 것을 생성해내는, 소위 화이트홀의 역할을 하는 것이 바로 목성의 기운이다. 사람의 눈으로 확인할 수는 없지만 우주의 수많은 가스들의 융합과 폭발로 별들이 탄생하는 모습이다. 우리가 사는 별인 지구에서도 확인이 가능하다. 알맞은 온도와 습도 그리고 각종 영양분들이 공기 중에 있는 바이러스를 자라게 한다. 마침내는 눈에 보이는 곰팡이, 나아가 벌레까지 만들어내지 않는가. 그리고 별(생명체)을 탄생시키는 기운이라면 그 기운은 차갑거나 뜨겁거나 싸늘하지 않을 것이다. 마치 어머니가 자식을 낳아 키우듯 모든 것을 포용하는 성질을 지녀야 한다. 그래서 포근하거나 따뜻한 기운이다.

만주 지방과 한반도 일대에 살았던 우리의 옛 성현들은 우주 목성의 기운을 봄(春)에 비유했다. 겨우내 생명체라고는 아무것도 볼 수 없었던 상황에서 봄이 오자, 온 만물이 소생하는 모습을 보고 우주 목성의 기운과 같다고 본 것이다. 목성은 천간 갑(甲)과 을(乙), 지지는 인(寅)과 묘(卯)이다. 기운은 따뜻해서 봄을 대표했고 새싹들이 자라기에 흔히 나무(木)로 비유했다. 색깔은 푸르름의 상징인 청색(靑色), 방향은 해 뜨는 동쪽을 지칭한다. 오장육부로는 간장(肝臟)과 담(膽) 그리고 신경계를 의미했으며 맛으로는 신맛과 숫자는 3과 8을, 심성적으로는 어질다는 뜻으로 인(仁)을 대표한다.

▎ 화성(火性)

생명체(별)를 탄생시키는 역할을 목성이 했다년 화성의 기운은 생명체를 성장시키는 에너지이다. 그러자면 따스하고 포근한 기운만 가지고는 생명체의 성장을 촉진할 수 없다. 그래서 생명체를 활발히 활동할 수 있게 폭발적이고 뜨거운 기운이 필요한 것이다. 그 기운이 바로 우주 화성의 기운이다. 지구에서도 확인이 가능하다. 더운 곳인 적도 부근에서 자라는 나무나 벌레 그리고 곤충들이 다른 지역에서 자라는 것보다 훨씬 크다는 점이 이를 증명하고 있다. 그래서 옛 성현들은 한반도와 만주 지방에 여름이 오자 날씨가 더워지면서 나무나 풀이 무성해지고 온갖 벌레와 곤충들이 활기차게 활동하는 등 온 만물이 하루가 다르게 쑥쑥 자라는 것을 보았다. 그래서 우주 화성의 기운은 여름 날씨와 같다고 한 것이다.

화성은 천간 병(丙)과 정(丁), 지지는 사(巳)와 오(午)이다. 기운은 뜨거운지라 여름(夏)을 대표한다. 색깔로는 열정적인 색인 적색(赤色)으로 비유했으며 방향은 더운 곳인 남쪽을 지칭했다. 사람의 몸에 대입하면 뜨거운 심장(心臟)과 소장(小腸) 그리고 순환계를 뜻하며 마음에 대입하면 분노와 격정을 의미했다. 맛은 쓴맛이며, 숫자는 2와 7을, 심성적으로는 예의가 바르다는 뜻으로 예(禮)로 표시한다.

▌토성(土性)

목성과 화성의 역할이 생명체(별)를 탄생시키고 성장시키는 기운이라면, 성장과 활동을 멈추게 하는 역할은 바로 이 토성의 기운이 한다. 뜨거움이 극에 달하면 점차적으로 식어가듯이 화성의 끝자락에서 토성의 기운은 탄생한다. 그래서 토성은 양기(陽氣=목성, 화성)도 아니고 음기(陰氣=금성, 수성)도 아닌, 중성(中性)의 기운을 지녔다고 한다. 그러나 기존 명리학계에서는 음기와 양기로만 구분했지 중성의 기운은 인정하지 않았다. 그러나 필자는 중성의 기운을 인정한다. 모든 생명체를 분해해 보면 양기를 띤 기운과 음기를 띤 기운 그리고 중성의 기운을 띤 구조로 이뤄졌다. 따라서 우주 에너지는 음양뿐만 아니라 중성의 에너지도 지니고 있다. 그런데 천간 토성은 중성의 기운을 지녔지만 지지 토성은 중성의 기운을 지니지 못했다. 그것은 따스한 기운의 토성(辰), 뜨거운 기운의 토성(未), 써늘한 기운의 토성(戌), 차가운 기운의 토성(丑)만 존재하기 때문이다.

토성 천간은 무(戊)와 기(己), 지지는 진(辰)과 술(戌) 그리고 축(丑)과 미(未)로 오행 각각의 기운을 포함하고 있어 만물의 어머니인 흙(土)에 비유한다. 색깔은 모든 것을 포용하는 황색(黃色), 방향 역시 중앙을 의미한다. 오장육부로는 소화기 계통인 비장(脾臟)과 위장(胃腸) 그리고 근육계를 뜻한다. 맛으로는 단맛과 숫자는 5와 0을 의미하고, 심성적으로는 믿음직하다는 의미에서 신(信)으로 표시한다.

▌ 금성(金姓)

금성의 기운은 성장이 멈춘 생명체(별)를 노쇠시키는 에너지이다. 생명체(별)를 늙고 병들게 하는 기운으로 그러한 과정에 힘없고 작고 약한 별들은 사라지기도 한다. 생명체를 노쇠시키는 기운은 과연 어떤 기운일까? 만약 차가운(cold) 기운이라면 모든 별들이 일시에 분해되어 사라질 것이어서 당연히 차가운 기운은 아닐 것이다. 차가운 기운보다는 덜 차가우면서 숙연한 분위기를 풍기는 써늘한(cool) 기운이어야만 생명체(별)를 늙고 병들게 할 수 있다. 그래서 옛 성현들은 우주 금성의 기운을 한반도와 만주 지방의 가을 날씨에 비유했다. 쌀쌀한 날씨가 이어지자 온갖 벌레나 곤충들도 활동을 멈추거나 겨울나기를 하고자 움츠러들고 나뭇잎도 떨어져 열매만 남는다. 사람들도 토실토실하고 견실한 열매나 씨앗은 종자로 쓰기 위해 보관하고 나머지는 음식으로 먹어버린다.

금성 천간은 경(庚)과 신(辛), 지지는 신(申)과 유(酉)이다. 기운은 써늘한지라 가을(秋)을 의미한다. 가을은 수확의 계절로 온갖 식물과 나무를 베어버림으로써 단단함과 응축된 바위나 금속물질로 표시한다. 색깔로는 하얗다는 의미로 백색(白色), 방향은 해가 지는 서쪽을 뜻한다. 오장육부로 본다면 폐(肺)와 대장(大腸)을, 그리고 뼈 조직계를 뜻한다. 맛으로는 매운맛, 숫자로는 4와 9를 의미한다. 심성적으로는 옳고 그른 것을 잘 가린다는 뜻에서 의(義)라고 일컫는다.

▌ 수성(水性)

목성의 기운이 무(無)에서 유(有)를 창조하는 것이라면 수성의 기운은 유(有)에서 무(無)로 돌아가게 만드는 에너지다. 태초의 그곳으로 모든 생명체를 되돌리는 역할을 수성이 한다. 태초의 그곳이란 아득하고 까마득할 정도로 어둡고 아무것도 볼 수 없으며 만져지지도 않는 암흑의 시기이다. 과연 모든 생명체를 사라져버리게 하거나 분해할 수 있는 기운은 도대체 어떤 기운일까? 아주 차갑고 춥고 어둡고 냉정한 기운이어야 한다. 그래야만 일시에 모든 것을 사라지게 할 수 있으니 말이다. 한반도와 만주 지방에 살았던 옛 성현들은 차갑고 추운 겨울을 우주 수성의 기운과 같다고 보았다. 겨울이 오자 나무들은 앙상한 가지만 남고 잎은 다 떨어졌고, 온갖 벌레들도 사라지고, 온 만물은 얼어붙어 살아 움직이는 것은 찾을 수가 없어서다. 마치 태초의 그곳과 닮아서다.

수성 천간은 임(壬)과 계(癸), 지지는 해(亥)와 자(子)이다. 기운은 차가운지라 겨울(冬)을 뜻했으며 차가움의 대표적인 것으로 물을 의미한다. 색깔로는 어둠의 상징인 흑색(黑色), 방향으로는 추운 곳인 북쪽을 뜻한다. 오장육부로는 신장(腎臟)과 방광(膀胱) 그리고 혈액계를 의미한다. 맛으로는 짠맛, 숫자로는 1과 6을 나타낸다. 심성적으로는 모든 것을 수용할 수 있다는 의미에서 지혜롭다는 지(智)를 표시한다.

이처럼 우주에서는 다섯 가지 기운에 의해 헤아릴 수 없는 무수한 생명체(별)들이 태어나 자라고 늙고 소멸되는 과정을 되풀이한다. 무한 수의 별들이 우주오행 기운에 의해 조종되는데, 별(지구) 안에 존재하는 사람들도 결국 우주오행 기운에 의해 조종된다. 별이 탄생할 수 있게 만드는 따뜻한 기운, 별이 성장할 수 있게 만드는 뜨거운 기운, 별을 늙게 하는 써늘한 기운, 별을 사라져버리게 하는 차가운 기운들의 상호작용으로 사람도 태어나 성장하고 늙고 사라지는 것이다. 그렇다면 별(생명체)의 생로병사를 조종하는 우주오행의 기운이 태양계 안 지구에 사는 사람에게는 어떤 영향을 미치는지 살펴보자. 우주오행의 기운처럼 포근하고, 뜨겁고, 써늘하고, 차갑게 작용하는 것이 결코 아니기 때문이다.

우주 에너지는 우리가 사는 삶의 방식에 맞도록 생각이 많아 머뭇거리거나 호기심이 많아 스스로 경험하고자 하거나, 세상 누구보다 자신이 소중해 이기적으로 살거나, 자신보다는 남이 우선이라 이타적으로 살자는 마지막으로 타의 모범이 되고자 자제·절제하자는 성향으로 나타난다. 그래서 우주오행의 기운을 각각 권위적 성향, 안정적 성향, 의리적 성향, 모험적 성향, 물질적 성향으로 분류한다. 만약 권위적 성향의 기운이 강하면 남보다 한 단계 높은 곳에 오르고자 하며, 의리적 성향의 기운이 강하면 무엇보다 심신의 건강을 지키며 모든 것을 남과 함께 나눈다. 그리고 물질적 성향의 기운이 강하면 가질 수 있는 모든 것(돈, 물질)을 갖고 재미있게 살며, 안정적 성향의 기운이 강하면 남의 이목을 중시하여 이미지 관리와 체면을 지킨다. 마지막으로 모험적 성향의 기운이 강하면 도전과 변화를 두려워하지 않아 개방과 개혁에 적극적이다.

❖ 오행의 적용표

	목성	화성	토성	금성	수성
十干	甲 乙	丙 丁	戊 己	庚 辛	壬 癸
十二支	寅 卯	巳 午	辰戌 丑未	申 酉	亥 子
氣運	따뜻함	뜨거움	중성	써늘함	차가움
자연	나무	불	흙	바위	물
五常	仁	禮	信	義	智
계절	봄	여름	계절 끝	가을	겨울
方向	東	南	中央	西	北
五色	靑	赤	黃	白	黑
五臟	肝	心	脾	肺	腎
육부	담	소장	위	대장	방광
身體	신경계	순환계	근육계	뼈·조직계	혈액계
오음	각	치	궁	상	우
오기	바람	열	포용	습	냉
오정	怒	喜	思	悲	恐
오미	신맛	쓴맛	단맛	매운맛	짠맛
숫자	3, 8	2, 7	5, 0	4, 9	1, 6

사주팔자 세우는 법

운명을 보는 방법은 다양하다. 서양에서는 별자리를 활용한 점성술과 타로카드를 활용하는 방법이 있으며 동양에서는 대나무를 활용하여 미래를 점을 치거나, 자기의 생년월일시를 세워 길흉화복을 점쳤다. 생년월일시를 세우는 것은 자신이 태어날 때 지니는 우주 에너지의 비율을 찾는 것이다. 각자의 연주, 월주, 일주, 시주를 세워야만 우주 에너지의 비율을 알 수 있다.

▌연주

사람의 나이가 연주다. 1980년생은 경신(庚申)년, 1965년생은 을사(乙巳)년이라 한다. 인터넷 만세력이 통용되어 해(年)가 바뀌는 절기를 알 필요는 없지만, 그래도 역학을 공부하는 후학들은 해(年)를 결정하는 기준이 양력 12월 31일에서 1월 1일 사이가 아님을 알고 있어야 한다. 그렇다고 음력 12월 말일과 1월 1일을 기준으로 한 것도 아니다. 음양력 날짜가 아니고 바로 입춘(立春)이라는 절기이다. 입춘(立春)이 언제 들어왔는지에 따라 해(年)가 정해지는 것이다. 예를 들어 음력 1972년 1월 7일에 태어났다고 하자. 1972년에 태어났으므로 당연히 신해(辛亥)년일 것이라 판단하면 안 된다. 절기를 기준으로 해(年)가 바뀐다고 했으므로 신해(辛亥)년의 입춘이 언제인지 살핀다. 1월 9일 20시 25분에 입춘이 들어 있다. 1972년 1월 7일생이므로 입춘 절기를 지나지 않았다. 그렇다면 신해(辛亥)생이 아니라 전 해인 경술(庚戌)생인 것이다. 또 하나, 음력으로 1963년 12월 23일생이다. 연주는 계묘(癸卯)생이 되어야 한다. 그런데 1963년 12월 22일 04시 5분에 입춘 절기가 들어 있다. 해가 바뀌는 입춘 절기를 지나서 태어났으므로, 계묘(癸卯)생이 아니라 그다음 해인 갑진(甲辰)

생이 된 것이다.

시	일	월	년
丁	甲	丙	甲
卯	申	寅	辰

▌월주

자신이 태어난 당시의 월주를 말함이다. 역시 월(月)을 구분하는 것도 음양력의 월이나 날짜가 아니다. 달이나 날짜가 어찌되었든 간에 입춘, 경칩, 청명이니 하는 절기로 월주를 가린다. 음력 1월에 태어났다고 인(寅)월이 되는 것이 아니다. 정월 절기인 입춘을 지나야만 진정한 인(寅)월생이 되며, 2월에 태어났다고 해도 묘(卯)월 절기인 경칩이 지나야만 묘(卯)월생이 된다. 그러므로 역학을 배우려는 후학들도 절기로 월주를 구분하는 방법을 알아야 하기에 아래에 월의 절기를 적었다.

	입춘	경칩	청명	입하	망종	소서	입추	백로	한로	입동	대설	소한
지지	寅	卯	辰	巳	午	未	申	酉	戌	亥	子	丑
월	1	2	3	4	5	6	7	8	9	10	11	12

1969년 3월 26일(음력)에 태어났다. 3월이니까 진(辰)월일 것이라 결정하면 오류를 범할 수 있다. 만세력에서 3월 절기인 청명을 지나서 태어났는지 확인해야 한다. 그랬더니 청명은 벌써 지났고, 4월 절기인 입하도 이미 지났다. 음력으로 3월 20일 11시 50분에 입하가 들어 있기 때문이다. 따라서 진(辰)월생이 아니고 사(巳)월생이 된 것이다. 또 음력으로 1957년 5월 7일이 생일이다. 5월이니까 오(午)월일 것이라 짐작하면 안 된다. 5월 절기는 망종인데 절기를 지나지 못하고 태어났다. 망종 절기는 5월 9일 08시 25분이다. 그래서 오(午)월생이 아니라 사(巳)월생이 되었다.

어쨌든 지지로는 절기로 찾았다. 문제는 월주의 천간이다. 연주의 천간이 갑(甲)과 기(己)로 시작하는 해는 인(寅)월이 병(丙)부터 시작해 병인(丙寅)월이며 묘(卯)월은 정묘(丁卯)월, 진(辰)월은 무진(戊辰)월, 사(巳)월은 기사(己巳)월이 된다. 천간 찾는 방법을 알기 쉽게 도표로 만들었다.

	寅月	卯月	辰月	巳月	午月	未月	申月	酉月	戌月	亥月	子月	丑月
甲己年	丙寅	丁卯	戊辰	己巳	庚午	辛未	壬申	癸酉	甲戌	乙亥	丙子	丁丑
乙庚年	戊寅	己卯	庚辰	辛巳	壬午	癸未	甲申	乙酉	丙戌	丁亥	戊子	己丑
丙辛年	庚寅	辛卯	壬辰	癸巳	甲午	乙未	丙申	丁酉	戊戌	己亥	庚子	辛丑
丁壬年	壬寅	癸卯	甲辰	乙巳	丙午	丁未	戊申	己酉	庚戌	辛亥	壬子	癸丑
戊癸年	甲寅	乙卯	丙辰	丁巳	戊午	己未	庚申	辛酉	壬戌	癸亥	甲子	乙丑

시	일	월	년
丁	甲	丙	甲
卯	申	寅	辰

▌일주

자신이 태어난 당시의 일주를 말한다. 일주를 찾는 방법은 간단하다. 1966년 3월 9일의 일주를 알려면 달력에서 1966년을 찾은 다음 3월의 9일이 무슨 일진인가만 보면 된다.

시	일	월	년
癸	丁	辛	丙
卯	卯	卯	午

▌시주

자신이 태어난 시주를 말한다. 서양 시간은 24시간으로 구분하지만, 사주 시간으로는 12시각으로 구분한다. 한 시각이 두 시간인 셈이다. 시주에서 지지를 알아내는 방법은 밤 11시부터 그 다음 날 새벽 1시까지는 子시, 새벽 1시부터 새벽 3시까지는 丑시가 된다.

子	丑	寅	卯	辰	巳	午	未	申	酉	戌	亥
23시~01시	01시~03시	03시~05시	05시~07시	07시~09시	09시~11시	11시~13시	13시~15시	15시~17시	17시~19시	19시~21시	21시~23시

자, 이제부터 시주의 천간을 찾자. 월간을 찾을 때는 연간을 먼저 살펴야 했고, 시

주의 천간을 찾을 때는 일간이 무엇인지 살펴야 한다. 갑(甲)과 기(己)일로 시작되는 날에는 자(子)시가 갑자(甲子)시, 축(丑)시는 을축(乙丑)시, 인(寅)시는 병인(丙寅)시, 묘(卯)시는 정묘(丁卯)시가 된다. 아래 도표를 참고하라.

	子시	丑시	寅시	卯시	辰시	巳시	午시	未시	申시	酉시	戌시	亥시
甲, 己	甲子	乙丑	丙寅	丁卯	戊辰	己巳	庚午	辛未	壬申	癸酉	甲戌	乙亥
乙, 庚	丙子	丁丑	戊寅	己卯	庚辰	辛巳	壬午	癸未	甲申	乙酉	丙戌	丁亥
丙, 辛	戊子	己丑	庚寅	辛卯	壬辰	癸巳	甲午	乙未	丙申	丁酉	戊戌	己亥
丁, 壬	庚子	辛丑	壬寅	癸卯	甲辰	乙巳	丙午	丁未	戊申	己酉	庚戌	辛亥
戊, 癸	壬子	癸丑	甲寅	乙卯	丙辰	丁巳	戊午	己未	庚申	辛酉	壬戌	癸亥

시	일	월	년
癸	丁	辛	丙
卯	卯	卯	午

▌대운과 세운

사주팔자가 나(자신)라면 운은 남을, 사주팔자가 자동차라면 운은 도로를, 사주팔자가 그릇이라면 운은 음식물이라고 생각하면 될 것이다. 그래서 사주팔자만 좋다고 행복한 것이 아니라, 타고난 대로 살 수 있게 만들어주는 운을 만나는 것이 더욱 중요하다. 생각해봐라. 아무리 좋은 사주팔자를 타고났다고 해도, 운이 따르지 않으면 타고난 운명대로 살 수 없으니 말이다. 반대로, 사주팔자는 좀 좋지 않다고 해도 운의 흐름이 좋다면, 타고난 것 이상으로 살 수 있기 때문이다.

▌대운 구성법

대운이란 자신이 태어난 생월에서 출발한다. 태어난 달이 5월이면 그다음 달인 6월부터 시작해서 7월과 8월로 나가는 경우와, 그전 달인 4월부터 시작해서 3월과 2월로 나가는 경우가 있다. 어느 방향으로 나아갈 것인지 결정하는 것은 연간을 보고 결정한다. 남자의 경우, 연간이 갑병무경임(甲丙戊庚壬), 여자는 을정기신계(乙丁己辛癸)일 때는 자신이 태어난 달에서 그다음 달로 향하는데, 이를 순행(順行)이라 한다. 그리고 남자의 연간이 을정기신계(乙丁己辛癸), 여자의 연간이 갑병무경임(甲

丙戊庚壬)이면 자신이 태어난 달에서 이미 지나온 달로 향하는데, 이를 역행(逆行)이라 한다. 대운 수를 정하는 것은, 순행일 경우에는 자신의 생일에서 그다음 달의 절기까지, 역행일 경우는 자신의 생일에서 지나온 달의 절기까지의 날짜를 헤아린 다음, 3으로 나눈 수이다. 그리고 대운 한 달은 10년씩을 관장한다.

   1954년 10월 5일 20시(양력)에 출생한 남자의 사주팔자와 대운을 뽑아보자. 연간이 갑(甲)이라 순행이다. 태어난 날이 10월 5일로 백로절기 안이라, 월주는 계유(癸酉)월이 된다. 그래서 계유(癸酉) 다음 달인 갑술(甲戌)부터 대운이 시작된다. 그리고 다음 절기인 한로는 10월 9일이므로 생일로부터 따지면 4일이 된다. 3으로 나누니 1과 나머지 1이 된다. 사사오입하여 1은 버리므로 대운 수는 1이 된다. 그래서 도표처럼 사주팔자와 대운 수가 정해진다.

시	일	월	년
甲戌	甲午	癸酉	甲午

辛巳	庚辰	己卯	戊寅	丁丑	丙子	乙亥	甲戌
71	61	51	41	31	21	11	01

   1969년 12월 3일 01시(음력)에 태어난 여자의 사주팔자와 대운을 뽑아보자. 연간이 기(己)라서 역시 순행이다. 그렇다면 대운의 시작은 무인(戊寅)부터 시작하여 기묘(己卯), 경진(庚辰)으로 나아간다. 대운 수는 태어난 날부터 다음 절기인 입춘까지 27일이 된다. 3으로 나누면 9가 된다. 그래서 도표처럼 사주팔자와 대운 수가 정해지는 것이다.

시	일	월	년
丙子	庚寅	丁丑	己酉

乙酉	甲申	癸未	壬午	辛巳	庚辰	己卯	戊寅
79	69	59	49	39	29	19	09

사주팔자 하나로 운명·심리·전생·뇌 구조까지 알 수 있다

1971년 10월 14일 02시(양력)에 태어난 남자의 사주팔자와 대운을 보자. 연간이 신(辛)이라서 대운 방향은 역행이다. 그러면 대운의 시작은 정유(丁酉)부터 시작하여 병신(丙申), 을미(乙未)로 나아간다. 대운 수도 태어난 날부터 지나온 절기인 백로까지 5일이 된다. 3으로 나누면 1하고 2가 남는다. 나머지 2를 사사오입하여 대운수는 2가 된다. 아래 도표처럼 사주팔자와 대운 수가 정해진다.

시	일	월	년
辛	壬	戊	辛
丑	申	戌	亥

庚	辛	壬	癸	甲	乙	丙	丁
寅	卯	辰	巳	午	未	申	酉
72	62	52	42	32	22	12	02

1974년 6월 14일 22시(음력)에 태어난 여자의 사주팔자와 대운을 보자. 연간이 갑(甲)이라 대운 방향은 역행이다. 대운의 시작은 경오(庚午)부터 시작하여 기사(己巳), 무진(戊辰)으로 나아간다. 대운 수는 태어난 날부터 지나온 절기인 소서까지 25일이 된다. 3으로 나누면 8하고 1이 남는다. 나머지 1은 사사오입하여 버리고 대운수는 8이 된다. 아래 도표처럼 사주팔자와 대운 수가 정해진다.

시	일	월	년
乙	甲	辛	甲
亥	戌	未	寅

癸	甲	乙	丙	丁	戊	己	庚
亥	子	丑	寅	卯	辰	巳	午
78	68	58	48	38	28	18	08

▌세운 구성법

세운이란 한 해 한 해의 운을 말함이다. 대운과는 관계없이 현재 맞이하고 있는 해를 뜻한다. 올해가 병신(丙申)년이므로 대운이 역행을 하든 순행을 하든지 간에, 누구나 세운은 병신(丙申)년이다. 여기까지 착실하게 공부한 독자는 자신의 생년월일시만 알고 만세력 보는 방법만 안다면 자신의 사주팔자를 세울 수 있으며, 대운까지도 뽑을 수 있을 것이다. 만약 자신이 세운 사주팔자와 대운이 정확한 것인지 확인하고 싶다면, 사주타임(www.sajutime.com) 홈페이지 만세력 입력창에서 검증하기 바란다.

기존 이론의 모순

　사람의 운명을 살피는 명리학엔 수많은 이론들이 있다. 그 많은 이론을 공부하고도 계속 공부만 하는 사람들도 있다. 필자는 그런 사람들에게 이렇게 말한다. 내담자에게 "무슨 일 때문에 오셨는지요?"라고 물으라는 거다. 그렇게 많은 시간과 돈 그리고 에너지를 낭비하지 말고 내담자에게 물어보면 전혀 엉뚱한 답변은 하지 않으니까 말이다. 예전 복덕방 주인들은 갓 이사 온 사람을 보고 "저 부부는 어떨 것 같다.", "저 사람은 부인 속을 썩일 것 같다.", "저 부인은 바람기가 있어 보여!" 등의 추측을 하기도 했다. 워낙 많은 사람들을 상대하다 보니 얼굴을 보거나 말투만 들어도 성격이나 성향 등이 어떨 것임을 짐작할 수 있었기 때문이다. 그런데 그렇게 많은 시간을 투자하여 공부했음에도 대다수의 역학자들은 복덕방 주인만큼도 추측하지 못한다. 추측한다고 해도 머리가 똑똑하다거나, 영리하다거나, 공부를 많이 했어야 한다거나, 복이 있는데 무엇 때문에 막혀 있다거나, 배우자를 잘못 만났다거나 하는, 제대로 검증이나 입증할 수 없는 얘기들뿐이다.

　명리를 공부하는 후학들은 어떤 명리 서적과 어느 선생 밑에서 공부를 하고 있을까? 매우 빠르고 다양하게 변하고 있는 현실에 맞는 명리 이론과 현실 감각이 뛰어난 선생 밑에서 공부하고 있는지, 복잡하기 그지없는 21세기 사회환경과 가정환경에 맞는 공부를 하고 있는지가 궁금하지 않을 수가 없다. 그런데 대다수의 명리 초보자들은 대대로 내려온 명리 고서로 공부하거나 고서의 이론을 가르치는 선생 밑에서 공부를 하고 있다. 고서를 통해서나 예전 이론을 가르치는 선생 밑에서 공부한 역학자가 올바르게 상담하려면 수많은 잘못과 실수를 되풀이해야만 한다. 그것은 이론을 위한 공부만을 맹목적으로 하고 있어서다. 그래서 초보 역학자가 잘못된 판단과 실수를 하는 동안, 그에게 의뢰했던 수많은 내담자들은 실직과 재산 손실, 사고와 낙담, 반목과 이별 등의 일을 당했으리라.

생각해보자. 내담자는 해결되지 않는 문제나 풀리지 않는 문제를 가지고 역학자를 찾는다. 그리고 생년월시를 말한다. 역학자는 아무런 말이 없이 사주를 세운다. 그리고 하는 말이 무엇인가? "올해는 편재에 해당해서 돈 문제나 여자 문제가 발생한다.", "공부를 많이 했으면 출세할 운명이다.", "양 일간이라 고집이 세고 밀어붙이는 힘이 강하겠다.", "역마살이 있어 바쁘게 활동하겠다.", "공망살이 있어 평생 고독하겠다.", "머리는 똑똑한데 학문이 짧아 출세를 못 한다.", "비견겁재가 많아 돈이 모아지지 않는다."는 등등의 말이다. 이렇게 던져놓고 얻어걸리면 다행이고, 그렇지 않다면 얼른 말을 돌린다. 내담자가 어떤 생각을 하고 있는지 전혀 고려하지 않고 말이다. 이런 상담 방식은 소가 뒷걸음치다가 쥐를 잡는 격으로 매우 무책임한 방식이다. 이렇게 상담하다 보니 내담자들은 역학자를 신뢰하지 못하고 이곳저곳 돌아다니며 상담하게 되는 것이다.

앞서 언급했지만, 태어난 생년월일시는 내담자가 타고난 우주 고유의 에너지이다. 그 에너지(오행) 수치를 가지고 공식(녹현방정식)에 대입하면 일간에게 좋은 역할을 하는 길신이 선택된다. 선택된 길신을 가지고 내담자의 의식 성향과 꿈 성향을 알 수 있다. 내담자의 의식 성향을 안다는 것은 엄청난 일이다. 가족이나 친한 지인 아니면 알 수 없는 내담자의 생각을 사주만 세우면 한 번에 정확히 읽을 수 있다는 것은 정말 소름 끼치는 일인 것이다. 거기에다가 가족, 지인들도 잘 모르는 꿈 성향까지 말이다. 상상해봐라. 내담자에게 말 한마디 걸지 않고 내담자의 사주만 가지고 내담자의 생각과 꿈까지 정확하게 읽으니 말이다. 환장할 노릇이다. 나아가 한 가지 오행의 수치가 일정 수치를 넘거나 사주지지가 특수한 구조로 이뤄지면, 내담자의 행동 성향까지 파악된다.

제자 중에 정신병원을 운영하는 의사가 있다. 녹현역학을 배우고 난 전과 후의 상담 방식이 달라졌다고 한다. 환자 중에는 알코올 중독 환자가 많으며, 주로 통원치료를 한다고 한다. 그런데 녹현역학을 알기 전까지는 환자가 얘기하는 것만 믿었다고 한다. 환자는 자신에게 유리한 방향으로 얘기하고, 의사는 그 말을 그대로 믿는다는 것이다. 왜냐하면, 환자가 말하는 것 이외에는 믿을 수 있는 자료가 없기 때문이기도 하지만, 환자가 병원 밖에서 어떤 행동을 하는지 알 수 없기 때문이다. 그런데 녹현역학을 배운 후로는 환자의 말을 100% 신뢰하지 않는다고 한다. 의사인 자기 앞에서는 술도 안 먹었고, 먹어도 조금 먹었고, 술에 취해도 주정 부리지 않았으며, 가족도 괴롭히지 않았고, 조용히 잤다고 얘기해도, 믿을 수가 없다고 한다. 왜냐하면, 환자 사주에는 환자가 말한 것처럼 되어 있지 않아서라고 한다. 그래서 환자에게 "밖에서 이런 행동을 하셨죠?", "친구들과 어울리면서 지냈죠?", "감정 자제를 잘 못하셨죠?", "가족을 힘들게 했죠?", "집에 들어가지도 않았죠?"라고 되묻는다고 한다. 그러면 환자는 놀란다고 한다. 자기가 술에 취해 한 행동을 의사가 어떻게 알고 있는지, 의아한 눈길이나 몸짓을 한다는 것이다. 이런 상황이기에 환자가 하는 말을 믿을 수 없는 것이 당연한 결과인 것이다.

그렇다. 무엇보다 중요한 것은 내담자의 생각과 행동을 알아야 한다는 점이다. 그래야만 왜 돈을 벌려고 하는지, 공부는 왜 하려고 하는지, 취직해도 어느 부서가 어울리는지, 어떻게 하면 상대방에게 좋은 이미지로 비칠 수 있는지, 유학 가는 목적이 무엇인지, 문서 취득이 가능한지, 어떤 사업이 맞는지, 상대방을 공략할 수 있는지, 결혼은 할 수 있는지 등을 정확하게 파악하게 된다. 그러나 녹현역학이 아닌 이론으로 공부한 역학자는 내담자의 생각과 행동도 모르고, 나아가 동기부여나 목적도 모르고, 무조건 된다, 안 된다는 식의 이분법적인 판단만 할 뿐이다.

예를 들어, 부모는 자녀를 유학 보내려고 한다. 그래서 부모는 역학자에게 자녀가 유학을 갈 수 있는지 없는지를 묻는다. 그러면 대다수의 역학자는 갈 수 있다 또는 갈 수 없단 이분법적인 답을 한다. 그러면 부모는 그것으로 상담을 끝낸다. 그러나 녹현역학을 공부한 역학자는 부모의 질문에 그렇게 답하지 않는다. 먼저 자식의 사주를 보고 생각과 행동을 파악한 뒤, 왜 유학을 가야 하는지를 되묻는다. 본인이 가려고 하는지, 공부를 못 해서 가는지, 왕따를 당해서 가는지, 공부하려고 가는지, 특수한 기술을 배우려고 가는지, 부모와 자식 간의 불화로 가야 하는지, 사고만 일으켜서 보내려고 하는지, 국내 교육제도가 못마땅해서 가야 하는지 등을 말이다. 그러면 부모는 답을 할 것이고, 역학자는 자식의 사주가 그 동기나 목적에 맞는지를 파악한다. 그런 다음 판단을 내린다.

하나 더 예를 들자. 나이 든 미혼녀가 언제 결혼할 수 있냐고 묻는다. 그러면 대다수의 역학자는 언제쯤 가능하다고 말하거나 어렵다고 할 것이다. 그러나 녹현역학을 공부한 역학자는 미혼녀의 사주로 생각과 행동을 파악한 뒤, 내담자에게 질문을 던진다. 결혼은 왜 하려고 하는지를 말이다. 나이가 들어서, 부모 곁을 떠나려고, 아기자기한 가정을 이루고자, 남들 다 하니까, 능력이 약해서, 기대고 싶어서, 사랑을 하고자, 섹스를 하려고, 아이를 낳고자 등일 것이다. 내담자인 미혼녀가 어떤 답을 하든지 간에, 역학자는 거기에 맞는 사주 구조를 지녔는지 파악하여, 언제 할 것인가와 어떤 마음가짐으로 상대방을 맞이해야 할지를 알려준다. 이처럼 녹현역학을 공부한 역학자는 어떤 일에 대해 이분법적인 판단을 하는 것이 아니라 진정 당사자가 바라고 있는 것인지, 그렇지 않은 지와 어떻게 해야만 좀 더 빠르게 실현할 수 있는지를 알려주는 역할까지 담당하고 있는 것이다.

기존 이론과 녹현 이론의 차이점

글로 설명하기보다는 실제 감정한 사주팔자를 가지고 비교하겠다.

1. 여성(61세)

시	일	월	년
乙	壬	己	丙
巳	寅	亥	申

흔히 인신사해(寅申巳亥) 네 가지 장생지를 전부 지니면 귀한 운명이란 뜻으로 귀격(貴格)이라 했다. 풍문으로는 박정희 전 대통령이 정사(丁巳)년 신해(辛亥)월 경신(庚申)일 무인(戊寅)시로, 네 가지 장생지인 인신사해(寅申巳亥)가 전부 들어 있어 대통령 중에서도 종신 대통령(?)이 될 수 있었다고 한다. 그럼 이 내담자도 인신사해(寅申巳亥)가 전부 들어 있는 운명의 소유자이다. 임(壬) 일간으로 기존 이론대로라면, 신(申) 인성과 해(亥) 비견이 있기에 약하지 않다고 본다. 그래서 능히 재성과 관성을 사용할 수 있다고 본다. 이 내담자의 경우 기(己) 관성과 병(丙) 재성이 천간에 투출되어 더욱 귀하게 보인다. 물론 합과 충이 많아서 인생이 평탄하다고는 예견할 수 없다. 그럼에도 불구하고 지지 전부를 인신사해(寅申巳亥)로 태어났으므로 귀격인 것만은 틀림이 없다. 따라서 이 내담자의 경우는 좋은 남편 만나 부귀영화를 누리고 살 것이란 추측은 할 수 있다.

그러나 녹현역학에서는 이와 같은 방식으로 길신(吉神=용신과 희신)을 찾지 않는다. 이 내담자의 경우는 수성: 1.2, 목성: 1.2, 화성: 1.2, 금성: 1, 토성: 0.2의 우주 에너지의 비율을 지니고 태어났다. 일간 임(壬)은 수성이지만 수성수치로 인정하지 않는다. 기존 이론들은 일간을 매우 중시하는데, 녹현역학에서는 그냥 나(자신)일 뿐이다. 물론 사주팔자는 나 자신의 것이다. 그래서 나 자신은 행복하게 살아야 한다. 그래서 일간을 위주로 보는 이론이 맞는 것 같기도 하다. 그러나 내가 진정 행복하려면 어떤 조건, 여건이 형성되어야 하는지. 그저 나 자신만 행복하면 되는가? 절대 그렇지 않다. 나를 둘러싼 가족들이 서로 화목하게 지내고, 배려하고 즐겁게 살아야 한다. 가족은 나와 밀접한 관련이 있는 최소한의 구성으로 부모, 형제, 배우자, 자식, 배우자 부모를 뜻한다. 그들이 서로 다투거나 반목하지 않고 화목하게 지내면 '나'라는 존재는 저절로 행복해진다. 삶에 필요한 부귀영화가 행복하게 만드는 것이 아니라, 바로 가족 간의 화목인 것이다. 이러한 이유로 일간(나)은 배제되고, 나머지 일곱 간지의 강약을 살피는 것이다. 일곱 간지가 바로 가족이기 때문이다.

그런데 가족이라고 해도 서로가 다 친하게 지낼 수만은 없다. 예를 들어, 수치가 강한 가족에 의해 어느 가족은 기를 펴지 못하거나 억눌릴 수 있다. 이럴 때 억눌린 가족을 구해줘야만 일간인 내가 행복해진다. 그런데 일간은 아무런 역할을 할 수 없다. 그래서 억누르고 있는 가족과 억눌린 가족이 모두 친한 가족이 나서든가 아니면 억누르고 있는 가족을 제압할 수 있는 가족을 내세워 가족 간의 화합을 모색한다.

지금 이 내담자 사주에서는 수성, 목성, 화성의 수치가 1.2로 같지만, 수성이 월지를 차지하고 있으므로 목성이나 화성보다 미세하게나마 강하다. 수성에 의해 수극화(水剋火)되어 화성이 피해를 보고 있다. 이럴 때 일간은 화성을 구해야만 한다. 수성과 화성 사이를 소통시키는 목성이나 억누르고 있는 수성을 제압할 수 있는 토성이 나서야 한다. 다행히도 사주 안에 목성과 토성이 다 들어 있다. 두 가지 구제오행이 들어 있을 때는 신강약 또는 음양 차이를 살펴 구제오행을 선택하는데, 여기서는 음양 차이로 인해 토성보다는 목성에게 화성을 구하라고 하면서 1차 방정식이 끝난다. 현재 이러한 공식을 '녹현방정식'이라 부른다. 억제오행에 의해 피해오행이 생기고, 피해오행을 구하는 구제오행이 나오는 이론이다. '녹현방정식'은 1차에서 시작해 2차, 3차, 4차까지 진행되기도 한다. 억제오행에 의해 피해 본 오행을 구하는 구제오행을 다른 오행이 억제하면 2차, 3차, 또는 4차까지 넘어가기 때문이다. 이렇게 어렵지 않은 공식으로 인해 모든 사람들의 의식 성향과 꿈 성향을 알 수 있다.

필자가 이런 방식을 도입하게 된 계기는, 사람으로 태어나면 마지막까지 해야 할 것이 있다고 한다. 바로 '자원봉사'라 한다. 자신보다 못한 사회적 약자들을 도와 그들도 일반인처럼 누릴 수 있는 모든 권리를 누리며 살 수 있게 도와주어야 한다는 것이다. 그래서 이런 개념을 역학에 도입한 것이다. 왜냐하면 인간사 모든 것이 사주팔자 안에 들어 있다고 했는데, 그렇다면 '자원봉사' 개념도 들어 있어야만 하는 것이 아닌가 생각했기 때문이다. 억제오행은 사회적 강자, 피해 본 오행은 사회적 약자, 구제오행은 자원봉사하는 사람으로 말이다. 남성에게 핍박받는 여성, 힘 약하고 능력이 약한 노인, 활동이 원활치 못한 장애인, 어른들에게 학대당하는 어린아이, 소득이 적은 저소득층, 병(病) 든 사람, 소수자에 속하는 사람들은 사회적 약자이다. 그에 반해 여성을 핍박하는 남성, 힘 강하고 능력 많은 사람, 활동이 자유로운 사람, 소득이 많은 고소득층, 신체 건강한 사람, 노동을 착취하고 있는 어른 등은 사회적 강자이다. 사회적 강자로부터 사회적 약자를 보호하고 도와주는 일을 사람이 마지막까지 포기해서는 안 된다는 거다. 이러한 단순한 개념을 공식에 대입한 결과, 기존 이론에서는 찾을 수 없었던 사람의 의식 성향과 꿈 성향을 알 수 있게 되었다. 이것으로 사주팔자 안에 세상사 모든 것이 들어 있다는 말을 이해할 수 있었다.

'녹현방정식'의 기본 프레임은 아래와 같다.

목성 프레임	화성 프레임	토성 프레임
목성 → 토성 ↙ ↖ 화성　금성	화성 → 금성 ↙ ↖ 토성　수성	토성 → 수성 ↙ ↖ 금성　목성
목성이 토성을 억제, 화성과 금성이 구제오행	화성이 금성을 억제, 토성과 수성이 구제오행	토성이 수성을 억제, 금성과 목성이 구제오행
금성 프레임		수성 프레임
금성 → 목성 ↙ ↖ 수성　화성		수성 → 화성 ↙ ↖ 목성　토성
금성이 목성을 억제, 수성과 화성이 구제오행		수성이 화성을 억제, 목성과 토성이 구제오행

내담자 사주는 1차 구제오행은 목성, 피해오행은 화성이다. 다시 말하면 수성에 의해 피해 보고 있는 화성을 구하기 위해 목성이 자유롭게 활동하려고 한다. 이때

자유롭게 활동하려는 목성을 방해하는 금성이 없으면 1차 방정식에서 끝난다. 그런데 연지의 신(申) 금성이 목성의 활동을 방해하고 있다. 오로지 일간의 부탁을 받고 활동을 하려는 목성은 일간에게 금성의 방해를 말하고, 지원을 부탁한다. 금극목(金剋木)일 때는 수성과 화성이 구제오행이 된다. 수성과 화성이 다 있다. 이럴 때의 기준은 신강약과 음양 차이라고 했다. 임(壬) 일간은 신강(身强)이다. 즉 배가 고프지 않다는 거다. 왜냐하면 임(壬) 일간을 도와주는 금성(1)과 수성(1.2)의 합이 2.2가 되었기에 배가 부른 상태라는 것이다. 그래서 일간을 도와주는 수성에게 부탁하기보다는, 일간의 힘을 빼내가는 화성에게 목성을 구하라고 부탁하는 것이 효율적이다. 그래서 2차 구제오행은 화성이고, 피해오행은 목성이다. 그리고 공식은 끝난다. 끝나는 이유는 구제오행은 2번 사용할 수 있지만, 억제오행은 1번밖에 사용할 수 없어서다. 1차 때 수성이 억제오행이 되었으므로 다시는 억제오행으로 사용할 수 없어서다. 결국, 2차 구제오행인 화성은 용신(用神)이 되고, 2차 피해오행인 목성은 희신(喜神)이 된다.

여기서 기존 이론의 신강약과 녹현역학의 신강약과는 어떤 차이점이 있는지 알아보자. 기존 이론에서는 신강약이 매우 중요한 부분으로 여겨진다. 신강(身强)하면 몸이 장대하거나, 주관이 강하다거나, 성격이 대범하거나, 융통성이 있다거나, 시원시원하다는 등으로, 신약(身弱)이면 왜소하다거나, 주관이 없다거나, 소심하다거나, 내성적이라거나, 조금 가볍다는 의미로 해석한다. 또한 신약한 사람보다는 신강한 사람들이 관성이나 식상, 재성을 감당할 수 있으므로 부귀영화를 누릴 수 있다고 한다. 결론적으로, 신약한 사주보다는 신강한 사주가 더 낫다는 식이다.

그러나 녹현역학에서의 신강약은 그런 것들과는 전혀 관련이 없다. 필자는 신강약을 글자 그대로 해석했다. 신강(身强)은 몸이 굳세다, 신약(身弱)은 몸이 쇠하다. 굳세다는 것은 강하다는 것, 쇠하다는 것은 약하다는 것이다. 몸이 강하다는 것은 배가 고프지 않은 상태, 몸이 약하다는 것은 배가 고픈 상태라 이해했다. 여기서 배가 고프지 않고 배가 고프고가 왜 중요한지 의문이 생겼다. 사람으로 태어나면 행복하게 살다 가면 될 텐데…. 그러면서도 무엇인가는 이뤄야 하지 않을까? 필자는 그것을 '임무'라고 생각했다. 즉 누구를 막론하고 사람으로 태어나면 반드시 이뤄야 할 '임무'라는 것이 있을 것이다. 그 '임무'를 완성하기 전에 배가 고프지 않은지, 고픈지를 살펴야 한다. 왜? 배가 고픈 사람은 임무를 하기 전에 배를 채워야 하고, 배가 고프지 않은 사람은 임무를 먼저 해야 하기 때문이다. 고서에 나오는 신강(身强), 신약(身弱) 이론은 오로지 이것을 살피기 위한 것이라 판단했다. 그래서 일간을 생하는 수치가 1.2 이하면 신약이고, 1.21 이상이면 신강으로 만들어 구제오행을 선택할 때, 신약하면 일간을 생해주는 오행으로, 신강하면 일간을 억제하거나 설기하는 오행으로 선택하게 했다. 그랬더니 내담자의 생각과 꿈을 정확하게 꿰뚫을 수 있었다. 신강(身强)과 신약(身弱)을 글자 그대로 이해하고 적용한 것이 바로 당사자가 살고 싶은 삶이랑 마지막까지 포기하지 않는 꿈을 알아내는 계기가 되었다.

결론을 내린다. 기존 이론에서는 이 내담자의 경우, 관성과 재성이 아름답게 투출되어 남편 복과 재물 복이 많아 좋은 남편 만나 물질적으로 풍요로운 상태에서 고귀하게 살아가는 모습일 것이다. 그러나 녹현역학을 대입한 결과, 내담자는 용신이 재성이며, 희신은 식상이다. 따라서 의식 성향은 '성공주의'이며, 꿈 성향은 '도전형'이다. '성공주의' 의식이란 근면 성실한 자세로 남보다 뛰어난 경쟁력과 능력을 발휘해, 현실에서 가장 출세가 빠른 업종이나 직종에 근무하면서 금전적으로 권위적으로 뛰어난 삶을 살자는 것이다. 네 가지 장생지라는 인신사해(寅申巳亥)를 모두 가지고 태어났기에 귀격이라 부르는 기존 이론대로라면, 훌륭한 남편 만나 남보다 나은 환경에서 물질적으로 부족함이 없고 품위 있고 귀하게 살아가야 한다? 녹현역학에서는 남보다 뛰어난 경쟁력을 앞세워 좋은 직장이나 환경에서 물질적 풍요로움을 누리며 살아가야 한다? 그러나 대운의 흐름에 따라 20세 전까지는 성공주의 반대 성향인 이상주의 의식의 영향을 받다가, 20세 이후로는 성공주의 의식의 영향을 받는다. 그러다가 40세 이후 다시 이상주의 의식의 영향을 받으며 현재까지 살아간다. 이렇게 결론을 맺는다.

실제 내담자의 삶을 엿보자. 일찌감치 외국인 만나 결혼해서 한국과 해외를 드나들며 살았고, 그런 와중에 자식도 낳았다. 외국인 남편과 오순도순 다정스러운 가정생활을 이룬 것도 아니었고, 물질적으로 풍요롭거나 안정된 생활도 아니었다. 그러다가 남편의 은퇴 이후에는 더 쓸쓸하고 외로운 생활을 해야 했다. 지금은 친정식구들과 함께 어울려 살고 있다. 귀격이라고 부르는 인신사해(寅申巳亥)를 모두 지니고 태어났어도, 남편이 권위가 있는 것도 아니고, 남편의 사랑을 독차지한 것도 아니었다. 그렇다고 물질적으로 부족함이 없이 산 것도 아니었다. 내담자가 살아온 삶의 궤적을 녹현역학에 대입하면 십중팔구 드러난다.

2. 남성(61세)

시	일	월	년
甲	壬	辛	丙
辰	寅	丑	申

己	戊	丁	丙	乙	甲	癸	壬
酉	申	未	午	巳	辰	卯	寅

기존 이론대로 이 내담자 사주의 경우는 임(壬) 일간이 추운 시기인 축(丑)월에 태어나 약하지 않으며, 연지에 신(申)도 있어 일간을 생해주므로 절대 신약하다고 할 수 없다. 거기에다가 월간의 신(辛)이 연간의 병(丙)과 합하여 차가운 기운을 띠고 있으며, 연지의 신(申)과 시지의 진(辰)이 반합하여 그 역시 차가운 기운을 띠므로 일간 임(壬)은 신강하다 할 것이다. 그래서 전체적으로 차가운 기운이 감도는 사주라, 반대 기운인 뜨거운 기온을 불어넣어야 한다고 할 것이다. 그래서 기존 이론대로라면 뜨거움의 상징인 병(丙)과 병(丙)을 생하는 일지의 인(寅)과 시간의 갑(甲)이 길신이라 하겠다. 이렇게 되면 목성 식상과 화성 재성을 길신으로 사용하고, 대운도 길신인 목성지와 화성지로 흐르므로 귀(貴)보다는 부(富)를 누리고 있을 것이며, 가정생활도 매우 행복했으리라 예상된다.

녹현역학을 대입해보자. 먼저 이 내담자가 지닌 우주 에너지의 비율을 살펴보자. 목성: 1.7, 금성: 1.2, 토성: 0.86, 수성: 0.84, 화성: 0.2로 되어 있다. 가장 먼저 해야 할 일은 임(壬) 일간이 신강인지 신약인지 살펴야 한다. 일간이 수성이므로 금성(1.2)과 수성(0.84)의 합이 2.04로, 신강의 최소 한계수치인 1.21을 넘었기 때문에 신강이다. 가장 강한 오행은 목성. 목극토(木剋土)로 토성이 피해 보고 있다. 구제오행으로는 화성과 금성. 신강하므로 화성에게 토성을 구하라고 한다. 1차 구제오행인 화성을 억제하는 오행은 수성이다. 사주 상에는 수성 수치가 0.84로 나와 있다. 그러나 그 수성은 축(丑) 토성 안에 있는 토성 안에 있는 오행은 구제나 억제역할을 할 수가 없다. 따라서 이 사주는 1차 방정식으로 끝났으며, 용신은 화성이고 희신은 토성이 된다.

여기서 오행 수치에 대한 설명을 하겠다. 간단하게 계산하기 위해 각각의 지지(地支)에 1이라는 수치를 부여했다. 그런데 월지만 1.2가 되었다. 그동안 배운 것은 월지는 계절을 의미하고, 부모궁이라 하여 다른 지지보다 두 배 내지 세 배 이상 강하다는 이론이었다. 그래서 2 또는 3이란 수치를 부여하고 검증에 들어갔다. 필자가 검증할 수 있었던 것은 20여 년간 상담한 내담자의 자료들을 모두 보관하고 있었기 때문이다. 언제 방문했고, 어떤 내용을 상담했고, 어떤 결론을 내렸는지 적혀 있는 내담자의 파일이다. 가족은 되도록 한 장의 파일에 담았다. 이런 고객들의 결과지를 가지고 천간(天干)의 수치와 월지의 수치를 정한 것이다. 고객들이 원하는 삶과 사건·사고가 정확히 맞아떨어지는 수치는 얼마인지를 말이다. 수많은 테스트를 거쳐 천간의 수치는 지지의 5분의 1인 0.2로, 월지는 다른 지지보다 0.2가 더 많은 1.2로 정해졌다. 그래서 연간, 월간, 시간은 각각 0.2씩, 연지, 일지, 시지는 각각 1로, 월지는 1.2로 정하게 되었다. 앞서 언급했듯이 일간은 나 자신이기에 수치가 없다. 왜냐하면, 자신의 행복은 자신을 둘러싼 가족들에게 달려 있기 때문이다.

❖ 녹현역학의 기본수치 도표

시간	일간	월간	연간
0.2		0.2	0.2
1	1	1.2	1
시지	일지	월지	연지

이 작업을 하면서 가장 의아했던 것은 월지의 수치였다. 고서에 나오길, 월지는 뿌리이며, 계절이고, 부모궁이기에 다른 지지보다 두 배 내지 세 배 더 강하다고 했다. 그래서 동절(冬節)에 태어나면 추우니까 절대적으로 화성이 필요하고, 하절(夏節)에 태어나면 더우니까 절대적으로 수성이 필요하다는 이론들이 주류를 이뤘기 때문이다. 그래서 월지만은 3 또는 2의 수치를 부여하고 테스트했던 것이다. 그런데

결과는 1.2의 수치를 부여해야만 현실과 맞아떨어졌다. 의아할 수밖에 없었다. 분명 월지는 계절을 의미한 것 같지는 않은데, 다른 지지보다 0.2를 더 주어야 하는지가 말이다. 이 부분을 이해시키자면, 평소 역학을 대하는 필자의 생각을 밝혀야 한다. 필자는 역학을 사회학, 환경학, 생활학이라 생각했다. 자신이 속한 사회에 맞도록, 환경에 맞도록, 생활에 맞도록 역학 이론을 적용해야 한다고 믿었다. 그래서 신분 계급이 있는 인도에서 최하위 계급의 사람이 아무리 좋은 사주를 갖고 태어나도 하루하루 먹고살기 힘들고, 최상위 계급의 사람이 좋지 않은 사주를 갖고 태어나더라도 먹고 사는 걱정은 할 필요가 없는 것이다. 또 사업으로 돈을 많이 벌 사주의 소유자가 북한에서 태어나면, 사업은커녕 군대에 끌려가 젊은 시절을 다 보내야 하고 대한민국에서 태어나 세상에 없는 새로운 이론을 창안하더라도 사대주의식 발상 때문에 무조건 터부시하기에 빛을 보지 못하기도 한다.

이렇듯 개인의 사주팔자가 중요한 것이 아니라 자신이 속한 사회가, 환경이, 생활이 어떤가에 따라 달라지는 것이 역학이라 필자는 믿고 있었다. 그래서 자신에게 가장 큰 영향을 끼치는 것은 부모이다. 부모의 DNA를 물려받았기 때문이다. 갓난아이 때부터 다른 가족의 품에서 자라더라도 "하는 짓이 제 애비하고 똑같아!", "제 애비 닮아 손재주가 있네!", "제 어미 닮아 얼굴이 예쁘네!", "제 어미 닮아 노래를 잘하네!" 등등의 말을 한다. 이것이 바로 부모의 DNA를 물려받은 결과이다. 따라서 부모에 해당하는 월지에 0.2의 수치를 더 부여한 것이다. 그런데 대다수의 역학자나 후학들은 아직도 월지의 힘이 대단하다고 알고 있다.

천간 토성 무기(戊己)는 수치 그대로 0.2씩만 부여하면 되지만, 지지는 그렇지가 않다. 인묘사오신유해자(寅卯巳午申酉亥子)만 나온다면 수치 계산은 쉽다. 나온 그대로 수치를 합산하면 되니까 말이다. 그런데 진술축미(辰戌丑未) 토성이 하나라도 끼어 있으면 계산이 복잡해진다. 왜냐하면, 지지에 있는 토성은 토성만의 순수한, 중성적인 토성이 없기 때문이다. 이 부분에서도 필자만의 생각을 밝히겠다. 필자는 지지에 있는 진술축미(辰戌丑未)를 순수한 토성으로 인정하지 않는다. 진(辰)은 목성의 토성으로, 미(未)는 화성의 토성으로, 술(戌)은 금성의 토성으로, 축(丑)은 수성의 토성으로 여기고 있다. 겉보기에만 토성이지, 속으로는 모두 다른 기운을 지니고 있어서다. 그래서 토성의 수치를 정확히 알려면, 토성 안에 들어 있는 본 오행수치를 제외해야 한다.

오랜 연구와 고민 끝에 찾은 해법이 있다. 사람이 사는 지구도 물 70%와 땅 30%로 이루어졌듯, 사람의 몸도 물 70%와 그 외의 것 30%로 이뤄졌다고 한다. 여기에서 힌트를 얻어 본 오행 수치와 토성 수치를 나눴다. 토성 수치와 본 오행 수치와의 비율은 70%대 30%, 50%대 50%, 30%대 70%, 이렇게 분류했다. 나눈 비율을 정한 것은 사주에서 가장 큰 영향력을 행사하고 있는 월지를 보고 판단했다. 가령, 미(未) 토성이 사주 상에 있다. 미(未) 토성 안에는 화성이 들어 있다. 그리고 월지를 살핀다. 하절인지, 동절인지, 춘절인지, 추절인지를 말이다. 화성의 기운이 강한 곳인 사오미(巳午未) 월로 화성 수치가 70%대 토성 수치 30%, 화성의 기운이 약한 곳인 해자축(亥子丑) 월이면 토성 수치가 70%대 화성 수치가 30%, 나머지 인묘진(寅卯辰) 월과 신유술(申酉戌) 월이면 토성 수치 50%대 화성 수치 50%로 분배했다.

❖ 토성과 본 오행 비율 나눔 도표

	寅卯辰 月	巳午未 月	申酉戌 月	亥子丑 月
辰	70%= 목성 30%= 토성	50%= 목성 50%= 토성	30%= 목성 70%= 토성	50%= 목성 50%= 토성
未	50%= 화성 50%= 토성	70%= 화성 30%= 토성	50%= 화성 50%= 토성	30%= 화성 70%= 토성
戌	30%= 금성 70%= 토성	50%= 금성 50%= 토성	70%= 금성 30%= 토성	50%= 금성 50%= 토성
丑	50%= 수성 50%= 토성	30%= 수성 70%= 토성	50%= 수성 50%= 토성	70%= 수성 30%= 토성

그래서 이 내담자의 경우, 목성: 1.7과 토성: 0.86 그리고 수성: 0.84의 수치가 나온 것이다. 축(丑) 토성 안에는 수성이 있고, 진(辰) 토성 안에는 목성이 있다. 먼저 월지부터 살핀다. 차가운 시기인 동절이다. 동절인지라 축(丑)을 토성과 수성으로 나눌 때 본 오행 수치 70%대 토성 수치 30%이다. 월지는 1.2이므로 수성은 0.84가 되고, 토성은 0.36이 되었다. 진(辰)은 본 오행 50%대 토성 50%이다. 시지는 1이므로 목성 0.5와 토성 0.5로 나눈다. 그래서 토성은 지지에 축(丑)과 진(辰) 두 개가 있지만, 축(丑) 토성 수치 0.36과 진(辰) 토성 수치 0.5를 합쳐 0.86이란 수치를 지

닌다. 그리고 수성은 나타나 있지 않지만, 축(丑)에 들어 있는 수성 수치 0.84가 있으며, 목성은 일지의 인(寅) 목성 1과 시간의 갑(甲) 목성 0.2 그리고 진(辰)에 들어 있는 0.5를 합쳐 1.7이 된 것이다.

결론을 맺자. 기존의 이론대로라면 목성 식상과 화성 재성을 길신으로 사용하고 대운도 길신 방향으로 잘 흐르고 있으므로 사업적인 수완을 발휘하여 상당한 정도의 부(富)를 축적했으리라 볼 것이다. 가정생활도 원만히, 물질적 부족함이 없이 즐겁게 지냈으리라 판단할 것이다. 그러나 녹현역학에서는 화성 재성과 토성 관성이 길신이며, 대운 흐름도 40세 전과 후의 인생이 판이하게 다르다고 추론한다. 40세 전까지는 나름 돈 벌고 가정생활도 잘했으리라. 그러나 40세가 넘어서자, 행복했던 가정생활도 어긋나고, 돈 벌 기회도 줄어들고 만족스럽지 못한 삶을 살아야 한다. 실제 이 내담자는 프로골퍼는 아니지만, 골프로 생계를 꾸려가다가 40세쯤 처와 헤어지고, 두 번째 여자를 만나 결혼했고, 현재까지 처와 처가의 도움으로 살아오고 있다. 이 내담자 인생에서 물질적인 풍요로움을 찾아볼 수 없었다. 따라서 기존의 이론대로 해석하면 현실과는 동떨어진 추론을 하게 된다는 점이다.

3. 여성(47세)

시	일	월	년
庚	丙	庚	庚
寅	寅	辰	戌

壬	癸	甲	乙	丙	丁	戊	己
申	酉	戌	亥	子	丑	寅	卯

먼저 기존 이론을 대입해보자. 병(丙) 일간이 일지와 시지의 인(寅) 목성의 도움을 받는 관계로 신약하다고 볼 수 없다. 더구나 태어난 월지도 춘절(春節)이기에 일간은 힘을 얻는다. 그래서 병(丙) 일간은 재성, 관성을 능히 감당할 수 있다. 그런데 사주 안에는 금성 재성은 있되 관성 수성은 없다. 여성의 사주에서는 관성이 중요한 역할을 하므로 관성을 찾아야 한다. 다행히 진(辰) 토성의 지장간에 계(癸) 관성이 있다. 아무튼, 신강한 사주에 재성은 술(戌) 토성에 뿌리를 두고 천간에 투출하였으

므로 부(富)는 타고났다고 하겠다. 더구나 대운에서 수성지인 관성을 만나므로 남자의 복도 생겼다 할 것이다. 일부 살(煞)을 중시하는 역학자들은 경술(庚戌)과 경진(庚辰) 괴강살이 있어 여성 팔자치고는 강하다고 보며, 또는 관성이 없는 무관팔자(無官八字)라 하여 평생 외롭고 고독할 것이라는 추론도 할 것이다. 어떻게 추론하든지 간에 재성이 천간에 자리 잡아 재물 쪽과는 인연이 강해 평생 재물만큼은 부족함이 없다고 예측할 것이다.

녹현역학에 대입해보자. 먼저 이 내담자가 타고난 우주 에너지 비율은 목성: 2.04, 토성: 1.06, 금성: 0.9, 수성과 화성은 0이다. 병(丙) 일간을 도와주는 오행인 목성의 수치가 2.04로 신강의 최소 한계수치 1.21을 넘었다. 그리고 가장 강한 오행은 목성으로 목극토(木剋土)하니 토성이 피해를 보고 있다. 토성을 구하기 위한 구제오행으로는 화성과 금성이다. 화성이 사주 안에 있다고 해도 신강하므로 금성을 사용한다. 금성을 억제하는 화성이 없으므로 1차 방정식에서 끝나고 용신인 금성으로 재성이며, 희신은 토성으로 식상이다.

여기서 수치가 없는 오행에 대해 알아보자. 수치가 없으면 사주팔자에 없는 것이고, 없다는 것은 존재하지 않는다는 거다. 기존 이론에서는 무재팔자(無財八字)니 무관팔자(無官八字)니 하면서 매우 중요하게 살핀다. 무재팔자(無財八字)라는 것은 재성(財星)이란 육친이 없는 것인데, 마치 재성(財星)이 의미하는 아버지, 돈, 남자에게는 여자(아내), 여자에게는 시부모 등이 없을 것이라 예단한다. 무관팔자(無官八字)라고 하면, 관성(官星)이란 육친이 없는 것으로 마치 관성(官星)에 해당하는 직장, 권위, 명예, 남사에서는 사식, 여자에게는 남자(남편) 등이 없다고 예단한다. 그러나 실제의 삶에서는 그렇지 않다. 무재팔자(無財八字)라도 아버지가 있으며, 아내는 물론 여자도 있고 시부모도 있다. 무관팔자(無官八字)라 해도 남편이 있고 자식도 있으며, 직장도 다니며 권위도 있다.

녹현역학에서는 수치가 없더라도 사주 상 없는 것으로 치부하지 않는다. 왜냐하면, 사람이 태어나 성장하고, 늙고, 병들어 세상을 떠날 때까지 최소한의 가족 구성원이 형성되기 때문이다. 부모가 있었으므로 자신이 태어났고, 십중팔구는 형제가 있을 것이며 또한, 배우자도 있게 마련이고, 배우자를 낳은 부모도 있고, 자식도 있을 것이다. 그래서 사람으로 태어나는 순간, 사주팔자 안의 오행이 있고 없고를 떠나, 대다수의 사람들은 최소한의 가족 구성원을 이룬다. 그래서 수치가 없는 오행의 육친이 실제 존재하지 않는 것은 아니고, 그에 해당하는 육친의 영향력이 크지 않다는 것을 의미한다고 추론한다. 그래서 사주 상에 나타나지 않은 오행 수치는 0.1로 부여한다. 천간 하나의 수치가 0.2인데, 천간보다 약하기에 수치상으로는 표시하지 않았을 뿐이다.

　기존 이론에 대한 모순점을 좀 더 밝혀보자. 사주에 인성이 없으면 공부를 못 한다? 재성이 없으면 돈이 없거나 결혼(남성)도 못 한다? 관성이 없으면 직장을 다니지 못하거나 결혼(여성)을 못 한다? 식상이 없으면 먹을 복이 없거나 자식(여성)이 없다? 이런 식으로 판단하는 역학자들이 대다수이다. 현실과는 너무 동떨어진 판단이거나 추론 방식인데 말이다. 전혀 근거 없는 이론을 그럴듯하게 꾸며 얘기하는 상담 방식은 이젠 끝내야 한다. 장난처럼 던진 돌에 개구리가 맞아 죽을 수 있다고 하지 않았는가. 그래서 그런지 필자에겐 유독 이런 질문들을 많이 던진다. "어디 갔더니 이런 말을 하는데, 사실이냐고?", "사주에 무엇이 없어 그것이 안 된다고 하는데, 맞는 거냐고?", "사주에 남편이 없다고 하는데, 사실이냐고?", "여자가 많아서 아내랑 해로할 수 없다고 하는데, 사실이냐고?", "관성이 많아서 기생 팔자라고 하는데, 맞는 거냐고?" 등등. 그런 말을 아무렇지 않게 받아들이는 사람도 있지만, 대다수의 사람은 상처를 받고 있음을 알아야 한다.

　역학자도 사람이기에 실수하거나 잘못된 판단을 할 수는 있지만, 아닌 것은 함부로 떠들지 말자는 거다. 말 한마디에 내담자는 하늘과 땅을 오르내릴 수 있으니 말이다. 녹현역학에서는 사주팔자에 육친이 있고 없고를 따지지 않고, 사람으로 태어나면 누구나 부모에게 보호받으며 자라고, 사회생활을 위한 교육도 받고, 교육이 끝나면 직장에 들어가거나 할 일을 찾고, 그러다가 배우자 만나 가정을 꾸며 자녀도 낳고, 자녀가 잘 자라도록 뒷바라지하다가 늙어간다고 본다. 물론 모든 사람들이 이런 과정을 거친다고 할 순 없지만, 대다수의 사람들이 이런 방식의 삶을 거쳐간다. 지구라는 행성에 태어난 사람이기에 사주팔자와 관계없이 최소한의 가족 구성원을 이루고, 방금 설명한 기본적인 삶은 누린다는 개념이다. 그래서 사주에 두 가지 오행만 있더라도 최소한의 가족 구성원과 기본적인 삶을 갖춘다는 것이다. 미래에는 결혼하지 않고 혼자 살거나 동거만 하는 사회라면, 배우자를 가리키는 재성이나 관성이 있더라도 결혼하라는 말은 해서는 안 된다. 이렇게 사주 추론 방식도 사회생활의 변화에 따라 달라질 수 있음을 늘 인지하고 있어야 한다.

결론을 내리자. 기존 이론으로는 경(庚) 재성과 진(辰) 토성의 지장간에 있는 계(癸) 관성을 길신으로 선택한다. 대운의 흐름도 세 번째 정축(丁丑)대운부터 여덟 번째 임신(壬申)대운까지 사주에 부족한 재성과 관성을 도와주는 운이라 부(富)는 물론, 남편의 복도 받을 수 있다고 할 것이다. 아주 편하게 이렇게 말할 수도 있다. 일간이 신강한 사주에 평생 관성(亥子丑)과 재성(申酉戌)의 운을 만났다는 것은, 로또복권에 당첨된 것이라고 말이다. 그래서 이 내담자는 남편의 복은 차치하고라도, 재물 복은 상당할 것으로 추론할 수 있다.

녹현역학에 대입한 결과는, 용신은 금성으로 재성을, 희신은 토성으로 식상이다. 대운도 당연히 용신인 금성의 운이 1등이며, 희신인 토성의 운이 2등이다. 3, 4, 5등의 운을 찾는 방법을 알아볼 것인데, 이 사주에 한해서다. 왜냐하면, 운의 순위를 정하는 방식이 한 가지만 있는 것이 아니기 때문이다. 우선 지지에 있는 길신을 찾는다. 이 사주에는 진(辰)과 술(戌) 토성이다. 그렇다면 남아 있는 목성, 수성, 화성 운 중에 지지의 길신을 생하는 운은 화생토(火生土)로 화성이므로 사오미(巳午未)가 3등이 된다. 목성과 수성이 4, 5등을 차지하는데, 길신인 진(辰)과 술(戌)을 억제하는 목성(寅卯)의 운이 5등이 되고, 수성(亥子丑)의 운은 4등이 된다. 정리하면 1등 금성, 2등 토성, 3등 화성, 4등 수성, 5등 목성이 된다. 그러나 앞 페이지에서 지지에는 토성의 운은 없다고 했다. 이유는 진술축미(辰戌丑未)가 토성이지만 순수한 중성의 기운을 지닌 토성은 아니고, 그 속에는 제각각 본 오행의 기운들이 있어서다. 그래서 1등 금성은 맞지만 2등을 차지한 토성은 사라지고, 대신 3등을 차지한 화성이 2등이 되고, 4등인 수성이 3등으로, 5등인 목성은 4등이 된다.

대운을 살필 때는 천간보다 지지의 비중이 5배 강하므로 천간은 거의 무시해도 좋다. 대운 순위가 1등과 2등일 때는 자신이 바라는 삶을 살 수 있어 만족스럽다고 여기지만, 3등과 4등일 때는 자신이 바라는 삶이 이뤄지지 않아 만족스럽지 못하다고 여긴다. 대운 순위를 적용하면 기묘(己卯), 무인(戊寅) 목성 대운은 4등, 정축(丁丑), 병자(丙子), 을해(乙亥) 수성 대운은 3등, 갑술(甲戌), 계유(癸酉), 임신(壬申) 금성 대운은 1등이다. 따라서 태어나 다섯 번째, 대운까지 내담자가 바라는 삶이 이뤄지지 않아 만족스럽게 살지 못하다가, 여섯 번째 대운부터는 내담자 자신이 바라는 삶이 이뤄져 만족스럽게 살아감을 알 수 있다.

실제 내담자가 살아온 삶의 궤적을 들여다 보자. 일찍 결혼하여 자식 낳고 살았지만 남편의 외도로 마음고생이 심했고, 경제적·물질적 어려움도 심했다고 한다. 견디다 못해 남편과 이혼하고 자식을 키우기 위해 이 남자, 저 남자 품에 안기며 생활을 이어갔다고 한다. 그러다가 40세 이후 안정된 일자리를 찾으면서 경제적인 안정도 오고, 좋은 남자도 만나 심리적 안정도 찾았다고 한다. 기존 이론대로라면, 남자의 복은 그렇다 치더라도 경제적·물질적으로 풍요롭게 살 것이라고 했는데, 실제로는 그렇지가 않았다. 녹현역학의 대운 순위를 대입하면 40세 전까지는 만족스럽지 못한 삶을 살다가, 그 후부터는 어느 정도 안정된 삶을 살고 있다고 추론할 수 있다. 어느 이론이 실제의 삶에 근접했는지 알 수 있는 대목이다.

제 2장

녹현방정식의 모든 것

녹현방정식에 따라 형성된 의식 프레임 4종류

사람들이 어떤 생각을 하고 어떤 꿈을 꾸며 살아가는지를 알고자 방정식을 창안했다. 억제오행에 의해 피해오행이 발생하고 피해오행을 구하고자 구제오행이 필요하다는, 매우 간단한 공식이다. 이처럼 간단한 공식을 적용함에도 일간이 원하는 오행으로 구제오행을 사용하는 경우와 일간이 바라는 구제오행이 없어 할 수 없이 다른 구제오행을 사용하는 경우 그리고 피해오행만 있고 구제오행이 없는 경우와 피해오행과 구제오행이 모두 없는 경우 등 이렇게 네 종류로 나뉜다. 그에 따라 어떤 사람은 늘 자신감이 넘치고, 어떤 사람은 늘 허무함을 느끼고, 어떤 사람은 늘 결단력과 자신감이 없으며, 어떤 사람은 늘 주위의 도움을 받지 못한 채 살아가게 된다.

필자가 창안한 공식은 명리학에서 가장 중요하다는 용신과 희신을 찾고자 해서다. 그러나 막상 공식을 창안하고 대입한 결과, 그것만이 전부가 아니었다. 필자가 창안한 공식은 용, 희신 찾는 것뿐 아니라, 사람의 의식 프레임까지 파악할 수 있었다. 의식 프레임에 따라 삶의 대처 방식도 각각 다름을 알고 필자 역시 놀랐다. 제자인 병원장이 하는 말이 "서양과학과 심리학에서는 '사람의 의식 프레임'을 나누지는 않는다."고 한다. 그래서 그쪽으로의 연구가 전혀 이뤄지지 않고 있다고 한다. 그런데 녹현방정식에 따라 '사람의 의식 프레임'이 4종류로 분류되는 것은, 정말 놀랍기 그지없는 일이라고 한다.

도대체 의식 프레임이 무슨 역할을 하기에 자신감이 넘치고, 허무함을 느끼고, 결단을 내리지 못하며 인덕(人德)이 없는 것일까? 세상에 존재하지 않았던 아니, 미처 발견하지 못했던 의식 프레임에 대해 알아보자. 녹현역학에서는 '일반사주', '진가사주', '병약사주', '무격사주'라 부르며, PCT 심리학의 용어로는 '완전형', '부분 완전형'. '부족형', '불완전형'이라 부른다. 알기 쉽도록 실례를 가지고 설명하겠다.

일반사주(一般四柱)=완전형

■ 여성(48세)

시	일	월	년
壬	甲	壬	己
申	子	申	酉

庚	己	戊	丁	丙	乙	甲	癸
辰	卯	寅	丑	子	亥	戌	酉

먼저 녹현역학으로 추론하자. 내담자가 지닌 우주 에너지는 금성: 3.2, 수성: 1.4, 토성: 0.2, 목성과 화성은 0이다. 갑(甲) 일간을 도와주는 오행은 수성(1.4)과 목성(0)으로 그 합이 1.4로 신강 최소 한계수치 1.21을 넘어 신강한 사주이다. 가장 강한 오행은 금성으로 금극목(金剋木)하여 목성이 피해 본다. 목성을 구하기 위한 구제오행으로는 수성과 화성이다. 그러나 신강이므로 일간의 기운을 빼내는 화성에게 목성을 구하라고 하고 싶지만, 사주 상에 나타나 있지 않으므로 어쩔 수 없이 수성에게 부탁한다(1차 방정식). 수성을 억제하는 토성이 없다면 1차 방정식에서 끝나지만, 연간의 기(己) 토성이 월간과 시간의 수성을 억제하므로 또 한 번의 공식을 대입한다. 토극수(土剋水)하므로 이차 구제오행으로는 금성과 목성. 신강하므로 금성에게 수성을 구하라고 부탁한다(2차 방정식). 금성을 억제하는 화성이 사주 상 존재하지 않으므로 공식은 여기서 끝난다. 그래서 용신은 금성으로 관성, 희신은 수성으로 인성이고, 이를 일반사주(완전형)라 한다.

일반사주(완전형)란, 일간이 신약할 때는 구제오행으로는 인성 또는 비견이 선택되고 신강할 때는 관성, 재성, 식상 중 하나가 선택되어야 한다. 왜냐하면 신약한 것은 배가 고픈 것이라 일간을 도와주는 육친으로, 신강하다는 것은 배가 고프지 않은 것이라 일간의 기운을 빼내거나 억제하는 육친으로 구제오행을 선택하기 때문이다. 이 논리는 매우 상식적이고 일반적인 것이라 녹현역학에서는 일반사주, 심리학 용어로는 완전하다는 의미에서 완전형(完全形)이라 명명했다. 이 사주는 일간이 신강이고, 마지막 구제오행으로 일간의 기운을 억제하는 금성인 관성이 나왔기 때문에 '일반사주'라 불린다.

기존 이론대로라면 갑(甲) 목성 일간이 가을에 태어나 뿌리도 없이 금성 틈바구니에서 간신히 버티고 있다고 본다. 그나마 수성에 의지하여 살아가지만, 화성이 없는 관계로 볼품없는 운명이라 치부한다. 특히 관살이 많아 남자가 많을 것이며, 덕분에 일부종사는 어려울 것이다. 더구나 뿌리 없는 나무라 이 남자, 저 남자 품에 안겨 떠돌 것이다. 화성도 없으므로 자식도 두지 못한다. 이렇게 추론할 것이다. 그러나 녹현역학은 먼저 운의 순위를 살핀다. 용신인 금성의 운(申酉)이 1등, 희신인 수성이 운(亥子丑)이 2등. 토성과 목성 그리고 화성의 운이 남았지만, 지지엔 토성의 운은 없다고 했으니 목성과 화성만 남았다. 목성과 화성 중, 지지의 길신인 금성과 수성을 생하는 오행은 없다. 그렇다면 그들과 조금이나마 친한 목성의 운(寅卯辰)이 3등(길신 수성과 상생 관계이므로), 나머지 화성의 운(巳午未)이 4등이 된다. 이런 순위라면 내담자는 첫 번째 대운인 계유(癸酉)부터 다섯 번째 대운인 정축(丁丑)까지 1등과 2등의 운을 맞이한 셈이다. 그런데 내담자 실제의 삶은 어릴 적부터 병자(丙子) 대운까지 마음고생이 엄청 심했고, 만족스럽거나 행복하다는 느낌을 받은 적이 없다고 한다. 이것은 어찌 된 일인가? 대운 순위가 1~2등으로 흐르고 있는데도 말이다.

녹현역학에서는 대운 순위를 정하는 방법이 한 가지만 있는 것이 아니다. 사주마다 다른 경우가 많으므로, 자료 사주를 추론할 때마다 운 순위에 대해 설명을 하겠다. 이 사주는 다른 사주하고 조금 다른 점이 있다. 그것은 바로 목성과 화성이 존재하지 않는다는 점이다. 목성과 화성이 존재하지 않는다는 것은 바로 양기가 전혀 없다는 것을 의미한다. 오로지 음기와 중성으로만 이뤄진 사주라는 거다. 기존 이론에서는 갑병무경임(甲丙戊庚壬)과 자인진오신술(子寅辰午申戌)을 양기로, 을정기신계(乙丁己辛癸)와 축묘사미유해(丑卯巳未酉亥)를 음기로 보므로 임(壬)과 신(申)은 양기라고 할 것이다. 그러나 녹현역학에서의 임(壬)과 신(申)은 수성과 금성이라 음기라 본다. 왜냐하면, 목성과 화성인 인묘진사오미(寅卯辰巳午未)와 천간 갑을병정(甲乙丙丁)은 생명체를 탄생하고 성장시키는 역할을 하므로 양기, 금성과 수성인 신유술해자축(申酉戌亥子丑)과 천간 경신임계(庚辛壬癸)는 생명체를 약하게 만들어 늙고 병들게 하므로 음기라 한다. 그리고 천간의 무기(戊己) 토성은 중성으로 음양의 가교 역할을 한다.

우주에서 양기는 별(사람)을 탄생시키는 역할을 하고, 음기는 별(사람)을 사라지게 하는 역할을 한다. 이 사주에서는 금성과 수성 그리고 기(己) 중성뿐이므로 양기가 없는 음기로 이뤄진 운명인 것이다. 우리의 삶에서 음기와 양기의 쓰임새는 매우 중요하다. 음양의 쓰임새에 대한 설명은 다음으로 미룬다. 아무튼, 이 사주처럼 목성과 화성이 전혀 없는 사주일 때는, 운에서 무조건 양기의 운을 만나야 한다. 그래서 운의 순위가 양기가 왕성한 화성의 운이 1등, 양기를 생산하는 목성의 운이 2등, 음기가 왕성한 수성의 운은 4등, 음기를 생산하는 금성의 운이 3등이다. 이 운 순위를 대입하면 태어나서 정축(丁丑) 대운까지는 3등과 4등의 운이므로, 이 사주의 소유자가 바라는 삶은 이뤄지지 않았을 것이며, 무인(戊寅) 대운부터는 2등의 운으로 흐르므로 이 사주의 소유자가 바라는 삶대로 살아갈 수 있을 것임을 알 수 있다. 운이 상승하든지 하강하든지 간에 항상 그 앞의 대운부터 변화가 시작되므로, 정축(丁丑) 대운부터 좋아지기 시작한다.

실제의 삶을 살펴보자. 초중고까지는 상위권을 놓치지 않았고, 그래서 학교에서 인기가 많았다고 한다. 그렇지만 남학생들과는 쉽게 사귀지 않았다 한다. 친구들은 서울에 있는 대학으로 진학할 줄 알았다고. 그러나 이상하게 실패하고 고향에 있는 대학으로 진학했다고 한다. 그것도 원하지 않았던 과로 말이다. 그리고 자신이 좋아하시 않았던 남자를 떼어내고자 현재의 남편과 만나 결혼했다. 남편은 공무원이며 자식 둘을 낳고 전업주부로 살았다. 그런데 정축(丁丑) 대운에 들어서자 재미있게 살아야겠다는 마음이 들고, 돈도 벌어야겠다는 마음에서 사업을 시작했다. 사업은 순조롭게 풀려서 40세 이후의 생활은 대체로 만족스럽다고 한다. 실제 내담자가 살아온 것만 살펴봐도 기존의 이론이 얼마나 허무맹랑한 것인지 알 수 있다. 관성이 많다고 일부종사를 못 하고, 식상이 없어 자식이 없다는 그런 말들은 이론을 위한 이론일 뿐이다. 그러나 녹현역학을 대입한 결과, 실제 내담자가 살아온 삶과 대동소이하다.

일반사주(완전형)는 일간이 필요로 하는 오행을 구제오행으로 선택하므로 다른 종류의 사주보다 의식 프레임이 완벽에 가깝다. 완벽하다는 것은 자신의 꿈을 이루기 위해 꿈과는 반대가 되는 성향을 겉으로 드러낼 수 있다는 거다. 꿈과는 반대 성향을 드러내는 것은 어찌 보면 남을 속이는 것과 같다. 그렇게까지 해서라도 꿈을 이루고 싶은 욕구가 강하기 때문이다. 예전 독일의 한 심리학자가 발표한 논문에 따르면, 사람은 나이 들수록 자신의 꿈이 무엇인지 밝히지 않는다 한다. 어릴 적엔 꿈이 뭐냐고 물으면 숨김없이 말하다가도 점차 중학생, 고등학생이 되면서부터는 꿈을 쉽게 말하거나 밝히지 않는다는 것이다. 이러한 현상은 자신의 꿈을 이루기 위해선 경쟁자들이 적거나 없어야 한다는 것을 무의식적으로 깨닫기 때문이라 한다. 그래서 꿈이 뭐냐고 물으면 그냥 엄마, 아빠, 또는 공무원, 교사 등 누구나 할 수 있는 아주 평범한 것을 말한다. 필자는 독일 심리학자의 의견에 전적으로 동의한다. 일반사주(완전형)의 소유자는 자신도 모르게 진정 바라는 꿈성향과는 완전 다른 성향을 드러낸다. 그렇게 보임으로써 남들에게 그런 성향의 사람이라 믿게 만든다. 이렇게 꿈성향과는 완전 다른 성향을 드러내는 사람들은 10명 중 5~6명 정도이다. 이들은 그렇게 보이고 얘기함으로써 본의 아니게 남을 속이는 결과를 만들어낸다. 그래서 일반사주 소유자는 남들도 자신처럼 꿈과는 다른 모습이나 얘기를 하는 것으로 믿고 있다.

- 이 유형에 속한 사람들은 자신에게 꼭 필요로 하는 오행을 전부 갖고 태어난 경우로, 오행 간의 상호작용의 결과, 기능적으로 균형 잡힌 완전한 형태를 갖춘 의식 프레임이 형성한다.
- 이러한 까닭에 이 유형에 속한 사람의 특성은 다른 유형의 사람에 비해 훨씬 당당하고 자신감에 차 있어, 남에게 어떻게 보여야만 하는지를 알고 있다. 그리고 순간순간 자신이 만족스러운지, 불만족스러운지를 드러낸다.
- 순간적일지라도 좋고 싫음의 표현을 극명하게 나타냄으로써 자신의 주장이나 의사를 분명하게 전달한다. 그래서 순간일지라도 100% 만족감을 느낄 수 있다. 이러한 것이 가능한 이유는, 바로 자신이 필요로 하는 오행의 기운을 전부 갖고 있기 때문이다.
- 그래서 태어나는 순간, 자신이 원하는 삶을 위해서 필요한 것은 당당히 이용할 수 있고, 자신의 진정한 꿈 성향조차 감쪽같이 숨길 수 있는 탄탄한 의식구조를 형성할 수 있다.
- 이들은 대인관계나 사회생활에서 자신이 추구하는 삶을 위해 이와는 반대되는

성향을 당당하게 드러내며 산다. 이는 자신의 진정한 꿈을 만천하에 드러내며 살아간다면, 경쟁적인 사회에서 자신의 꿈을 이룰 기회가 적어짐을 본능적으로 느끼기 때문이다.
- 이 유형에 속한 사람들이 외형적으로 다른 성향을 보이며 살아가는 것은, 흡사 동물의 변신(위장술)처럼 자신이 원하는 것을 유리하게 얻기 위한 타고난 생존 전략이라 할 수 있다.

진가사주(眞假四柱)=부분완전형

■ 남성(40세)

시	일	월	년
辛	乙	己	丁
巳	酉	酉	巳

辛	壬	癸	甲	乙	丙	丁	戊
丑	寅	卯	辰	巳	午	未	申

먼저 기존 이론으로 추론해보자. 을(乙) 일간은 작은 나무나 풀이라 한다. 그런데 지지에 목성이나 수성이 없기에 뿌리 내리지 못한 채, 온통 돌멩이(금성)와 불구덩이(화성) 속에 있다. 금성에 뿌리가 상하고 화성으로 인해 말라서 살아 있는 나무라 보기 힘들다. 그렇다면 자신을 버리고 누군가 따라가야 한다. 그러나 금성과 화성은 서로 다투고 있으므로 어느 한 쪽을 선택하기가 어렵다. 두 오행 사이에 낀 을(乙) 일간은 바싹 마르거나 시들어 생기라고는 찾아보기 힘들다. 그래서 난치병 또는 장애를 지니거나 단명할 수 있다고 추론할 것이다. 특히 수성인 인성이 없는 관계로 조실부모의 사주라고도 볼 것이다. 이것이 기존 역학 이론을 대입한 것이다.

녹현역학에 대입해보자. 오행 수치는 금성: 2.4, 화성: 2.2, 토성: 0.2, 목성과 수성은 0이다. 을(乙) 일간을 도와주는 오행은 목성(0)과 수성(0)인데, 수치가 0이므로 신약한 사주이다. 가장 강한 오행은 금성으로 금극목(金剋木)하여 목성이 피해 보고 있다. 구제오행으로는 수성과 화성이다. 신약한 사주라 수성이 좋지만, 사주 상 없어 어쩔 수 없이 화성에게 부탁한다.(1차 방정식) 화성을 억제하는 수성이 없으므로 공식은 여기서 끝난다. 내담자의 사주는 공식이 끝났을 때 일간이 진정 사용하고 싶은 구제오행이 있었다. 그런데 오행의 수치가 없어 사용하지 못했다. 이 점이 일반사주 공식하고 다른 점이다.

즉, 신약한 사주는 일간을 도와주는 오행으로 구제오행을 선택해야 하고, 신강한 사주는 일간을 억제하거나 빼내가는 오행으로 구제오행을 선택해야 한다. 그런데 이 사주처럼 신약한데도 일간의 기운을 빼내가는 오행으로 구제오행을 선택하거나, 신강한 사주일 때 일간을 도와주는 오행으로 구제오행을 선택해야 한다면, 어딘가 완전한 공식은 아니다. 이런 사주를 가르쳐 '진가사주'라 부르며, 심리학 용어로는 부분적으로만 완전하다는 의미에서 부분완전형(部分完全形)이라 명명했다. 그래서 사주 상 선택한 구제오행은 가짜라는 의미에서 가용신, 피해 본 오행은 희신 그리고 일간이 진정 사용하고 싶은 구제오행이 진짜라는 의미에서 진용신이라 부른다.

내담자의 사주에서 가용신은 화성으로 식상, 희신은 목성으로 비견, 진용신은 수성으로 인성이다. 운 순위를 대입한다. 태어나 네 번째 을사(乙巳) 대운까지는 4등과 3등으로 만족스럽지 않은 삶을 살 것이다. 그러다가 다섯 번째 갑진(甲辰) 대운부터 2등과 1등의 운을 맞이하기에 만족스러운 삶을 살 것이다. 그러나 변화되는 시점은 갑진(甲辰) 대운이 아니고, 을사(乙巳) 대운부터이다. 따라서 30세 이후부터 내담자는 만족스러운 삶을 살기 시작했다고 볼 수 있다.

녹현역학에서는 대운 순위를 정하는 방법에 여러 가지 방식이 있다고 했다. 진가사주의 대운 순위는 진용신이 1등, 희신이 2등, 가용신이 3등, 하나 남은 오행이 4등이다. 그래서 이 사주에서는 진용신 수성의 운(亥子丑)이 1등, 희신인 목성의 운(寅卯辰)이 2등, 가용신인 화성의 운(巳午未)이 3등, 하나 남은 금성의 운(申酉戌)이 4등이 된다. 그리고 진가사주가 일반사주하고 크게 다른 점은, 피해오행을 구할 때 일간이 진정 사용하고 싶은 오행으로 구제하지 못한다는 것이다. 그래서 일반사주처럼 꿈과는 다른 성향을 겉으로 드러낼 수 있는 마음의 여유가 없다. 진가사주는 태어나는 순간, 일간이 진정 필요로 하는 오행을 갖지 못했기에 그에 대한 안타까움과 그리움을 늘 지니고 있다. 가용신의 성향을 드러내면서도 진용신을 그리워하는 것이 진가사주의 특징이다. 이러한 의식 프레임으로 형성되었기에, 진가사주는 운의 순위와 관계없이 100% 만족하지 못하며 살아간다. 진용신에 대한 갈망으로 늘 채워지지 않는 허전함과 허무함을 느낄 뿐이다. 이러한 진가사주의 사람들은 10명 중 3~4명은 된다.

내담자의 삶을 들여다 보자. 키는 180㎝가 넘을 것 같고, 몸무게는 대략 90㎏ 이상 될 것 같다. 건축과를 졸업하고 명문 건설회사에 취직하여 다니고 있다. 결혼하기 위해 소개팅이나 맞선을 수도 없이 봤다. 남 보기에 괜찮은 회사에 다니므로 주위에서 소개를 많이 한다. 작년까지는 결혼에 적극적이지 않았지만, 올해부터는 결혼에 적극적으로 임하고 있다. 그리고 부모와 함께 살고 있기에 생활비가 들어가지 않아 월급은 알뜰히 모으고 있다. 건강한 몸에 건전한 정신이라, 여자로부터 신랑감 0순위에 오르지 않을까 싶다. 기존 이론대로라면, 이와 같은 생활을 할 수 없을 것이다. 나약한 을(乙) 목성이니까 말이다. 그러나 녹현역학을 대입하면, 을사(乙巳) 대운 전보다는 후부터가 훨씬 나은 삶이 펼쳐진 것이다. 내담자는 결혼하지 않은 것 빼고는 현실에 충실한 생활을 하고 있다 한다. 그러나 진가사주의 주인공인지라 메울 수 없는 허무함은 늘 느끼고 있다고 한다.

- 이 유형의 특성은, 순간적일지라도 100% 만족할 줄 모르고, 늘 어딘지 모르게 허무하다는 것이다. 멋진 곳으로 놀러 가더라도, 멋진 상대와 데이트를 해도, 맛있는 음식을 먹어도, 멋진 옷을 입어도, 돈을 많이 벌어도, 높은 지위에 올라도 100% 기쁘거나 즐겁지가 않다.
- 늘 허전하고 허무하다고 느낌을 받는 것은, 일간이 꼭 필요로 하는 오행을 갖고 태어나지 못했기 때문이며, 이로 인해 자신의 진정한 꿈을 숨기거나 자신에게 필요로 하는 것을 당당하게 이용할 수 있는 의식 프레임이 형성되지 못했다.
- 자신에게 꼭 필요한 오행에 대한 삶과, 이를 대신하여 어쩔 수 없이 사용하게 된 오행의 삶이 늘 갈등을 일으키기 때문에, 한 가지 삶에 올인하지 못한 채 살아가게 된다.
- 이 유형에 속한 사람의 삶이 허무하고 만족스럽지 못하더라도 이는 어쩔 수가 없다. 이렇게 사는 것도 자신이 타고난 우주 에너지의 여건 하에서 가장 합리적인 선택의 결과로 나타난 모습이기 때문이다.

병약사주(病藥四柱)=부족형

■ 여성(48세)

시	일	월	년
甲	壬	戊	己
辰	申	辰	酉

丙	乙	甲	癸	壬	辛	庚	己
子	亥	戌	酉	申	未	午	巳

먼저 녹현역학을 대입하자. 금성: 2, 목성: 1.74, 토성: 1.06, 수성과 화성은 0이다. 일간인 임(壬)을 도와주는 금성(2)과 수성(0)의 합이 2이므로 신강 최소 한계수치인 1.24를 넘어 신강이다. 그리고 가장 강한 오행은 금성. 금극목(金剋木)하여 목성이 피해 보고 있다. 목성을 구하는 오행은 수성과 화성이다. 그런데 수성과 화성이 사주에 있지 않다. 따라서 목성을 구할 수가 없는 것이다. 일간의 입장에서는 안타깝기 그지없다. 억제오행에 의해 피해 본 오행만 있을 뿐, 그것을 구제하려는 오행이 없으니 말이다. 그래도 길신은 정해야 한다. 왜냐하면, 사람은 생각과 꿈을 지니기 때문이다. 그래서 억제오행에 의해 피해를 보고 있는 갑(甲) 목성이 용신이 된다. 그렇지만 금성에 의해 억제당하고 있는 상황이므로 용신이 병(病)이 심하게 든 상태라 이런 사주를 '병약사주'라 하며, 심리학 용어로는 부족하다는 의미에서 부족형(不足形)이라 명명했다. 병(病)이 있으면 약(藥)이 있는 법이다. 구제 역할을 하는 수성과 화성이 바로 약신(藥神)인 것이다. 약신에도 1약신과 2약신이 있다. 1약신은 일간이 제일로 좋아하는 오행이며, 2약신은 나머지 남은 오행이다. 이 사주에서는 일간이 신강이므로 일간을 빼내거나 억제하는 화성이 1약신이 되고, 수성은 2약신이 된다.

그리고 대운 순위 정하는 방법에 여러 가지 방식이 있다고 했다. 병약사주인 이 사주의 운 순위를 알아보자. 1약신이 1등, 병신이 2등, 2약신이 3등, 하나 남은 오행이 4등이다. 그래서 1약신인 화성의 운(巳午未)이 1등, 병신인 목성의 운(寅卯辰)은 2등, 2약신인 수성의 운(亥子丑)이 4등이다. 그렇다면 운 순위를 대입하여 내담자의 삶을 추론해보자. 초반에 맞이하는 화성의 운(巳午未) 1등을 맞이하다가, 네 번째 대운인 임신(壬申)부터는 4등을, 일곱 번째 을해(乙亥) 대운부터는 3등을 맞이하게 된다. 이렇게 되면 세 번째 대운인 신미(辛未)부터 하강하는 모양새다. 그렇다면 태어나 20세 안팎 정도까지 만족스럽게 살다가, 20세 이후 현재까지 만족스럽지 못한 삶을 사는 셈이다.

기존 이론을 대입하자. 임(壬) 일간이 지지에 유(酉), 신(申) 두 금성의 생을 받고, 진(辰)과 유(酉)가 합하여 금국을, 진(辰)과 신(申)이 반합하여 수국을 이루기에 신강한 상태이다. 그래서 능히 재성과 관성을 감당할 수 있다고 본다. 재성은 없어도 무(戊)와 기(己) 관성 역시 지지의 진(辰)에 뿌리를 두고 투출해 건재하다. 조금 아쉬운 것은 관살이 혼잡된 것이다. 그럼에도 불구하고 여자 사주의 특수성 때문에 관성을 용신으로 선택한다. 초반 화성의 운은 재성으로 관성을 도와주니 일찍 훌륭한 남편을 만나 결혼했으리라. 그리고 중반에 맞는 금성의 운인 인성을 만나 관인 상생하는 시기이므로, 편안하고 안정된 삶을 누릴 것이라 추론할 것이다. 간혹 관살이 혼잡되어서 행여 애인을 두고 있지 않을까 해석하기도 할 것이다. 어쨌든 훌륭한 남편 만나 내조 잘하면서 품위 있는 생활을 누리며 안정적으로 살아가리라 예측할 수 있다.

내담자가 사는 삶을 들여다보자. 기존 이론대로라면, 훌륭한 남편 만나 고생 없이 편안히 살림이나 하면서 품위 있고 고상하게 살아야 한다. 그러나 현실은 그렇지가 못하다. 어렸을 때는 부모가 잘살아서 고생 없이 자라고 결혼을 했다. 그런데 친정이 졸지에 망하는 바람에 일을 하지 않으면 안 되었다. 남편은 시댁의 사업 쪽에 끌려가는 바람에 집보다는 바깥에서 많은 시간을 보냈다고 한다. 덕분에 남편의 사랑을 받으며 아기자기하고 즐거운 가정생활은 하지 못했다. 내담자는 남편의 애정 어린 손길을 받고 싶었지만, 오히려 무시와 냉대로 마음고생이 무척 심했다. 오죽하면 이혼까지 생각했겠는가. 그러나 자식들 생각에 마지막 순간에 결행은 못 했다. 아마 바깥에서 활동하지 않았으면 병들어 누워 있지 않았을까 생각했다고 한다. 늘 남편에게 독하게 대하고 무시하자고 마음먹어도, 막상 남편을 보면 순식간에 무너진다고 한다. 가정보다 바깥에서 재미있게 지내자고 마음먹어도 잘되지 않았다. 나쁜 생각을 아무리 해도, 시댁 생각에 끝까지 결행하지 못했다. 결국, 현재까지도 행복하지 못한 삶을 살고 있다. 내담자가 살아온 삶의 궤적을 보면, 기존 이론과 녹현역학 중 어느 이론으로 추론한 것이 실제의 삶과 대동소이한지 판명날 것이다. 남편이 명예나 권위가 있는 것도, 훌륭한 인품을 지닌 것도 아니고, 또한, 전업주부로 품위 있게 산 것도 아니다. 더구나 하고 싶은 것이 많아도 마지막까지 실행에 옮기지 못하고 있는 것은 병약사주의 특징인 것이다.

- 이 유형은 완전형이나 부분완전형에 비해 의식 프레임이 강하지 않다. 왜냐하면, 꼭 필요한 오행이나 대체할 수 있는 오행을 지니지 못해서다. 그래도 살아야 하므로 최소한의 기본 오행의 도움을 받아 의식구조는 이룬다.
- 이 유형에 속한 사람의 가장 큰 특성은 자신감과 결단력이 부족하다는 점이다. 그래서 자신감 넘치고 과감하게 Yes, No라는 의사 표현을 하기가 매우 어렵다.
- 분명 자기 자신을 위해 살고 있음에도 불구하고 '좋다, 싫다'라는 표현을 선뜻 하지 못하고, 자기 주도적인 삶을 살지 못하며, 남의 의견에 끌려가는 경우가 대부분이다. 이는 자신이 나서서 주장하거나 의견을 피력하는 것이 두렵고 겁이 나서다.
- 최악의 상황이 아니면 그냥 남들 따라 살아가고, 자신이 하고 싶은 일이나 주장을 할 때도 반드시 가족이나 지인의 동의를 얻은 다음에 한다. 그래서 늘 수동적이고 우유부단한 모습을 보인다.
- 통계적으로 볼 때 이러한 유형에 속한 사람들은 20명 중에 1~2명 정도이다.

무격사주(無格四柱)=불완전형

■ 여성(29세)

시	일	월	년
丙	乙	丙	戊
戌	巳	辰	辰

戊	己	庚	辛	壬	癸	甲	乙
申	酉	戌	亥	子	丑	寅	卯

기존 이론을 대입해보자. 을(乙) 일간이 성장하는 시기인 봄철에 태어났고, 나무를 성장시키는 병(丙)과 사(巳) 화성도 건강하다. 더운 기운이 강할 때지만, 진(辰) 속의 계(癸) 수성이 있어 화성도 겁내지 않는다. 다만 토성이 많은지라, 수성의 기운이 조금 부족하다고 볼 수는 있다. 여자 사주에 필요한 관성은 투출하지 않았지만, 식상과 재성 기운이 넘쳐나므로 남자의 도움 없이도 잘살 수 있을 것이라 볼 것이다. 특히

예술적인 재능이나 사업적인 분야에 뛰어난 소질을 보일 것으로 판단하며, 대운도 사주에 부족한 수성을 도와주는 방향으로 흐르고 있으니 일찍 대성하리라 추론할 수 있다. 또한, 남편과는 인연이 적다고 해도 자식 궁이 잘 발달하였으므로, 훌륭한 자식을 둘 수 있으리란 예측도 가능하다.

녹현역학을 대입하자. 토성: 1.56, 목성: 1.54, 화성: 1.4, 금성: 0.3, 수성은 0이다. 을(乙) 일간을 도와주는 오행은 목성(1.54)과 수성(0)으로 신강의 최소 한계 수치 1.24를 넘었으므로 신강한 사주이다. 가장 강한 오행은 토성. 토극수(土剋水)하여 수성이 피해 보고 있다. 수치가 0이라고 한 것은 실제로는 0.1이라 했으므로 사주에 수성이 없는 것이 아니다. 수성을 구하는 오행으로는 금성과 목성이다. 금성은 없지만, 목성은 1.54로 능히 토성을 억제하고 수성을 구할 수 있다. 그러나 목성은 진(辰)토성 안에 있지 겉으로 드러나 있지 않다. 이 같은 경우엔 수치는 인정하지만, 구제 오행 역할을 할 수는 없다. 마치 사회와 격리된 채 고립된 생활을 하는 것과 같아서다. 그래서 목성도 구제 역할을 하지 못하므로 구제오행이 없는 것이다. 여기까지는 병약사주하고 다를 바가 없다. 그러나 병약사주는 피해오행이 사주 상에 있고, 무격사주는 피해오행도 사주 안에 없다는 거다. 이렇게 길신이 사주 안에 하나도 없는 것이 '무격사주'라 하며, 심리학 용어로는 완전하지 못하다는 의미에서 불완전형(不完全形)이라 명명했다.

무릇 사람이 사는 곳에는 서로가 서로를 의지하고 서로에게 도움을 주고받으며 살아간다. 그래서 사람 인(人)자가 두 사람이 서로 기대고 있는 형상이라 하지 않던가. 그런데 무격사주는 이러한 방식의 삶이 적용되지 않는다. 왜? 사주 안에 일간에게 도움이 되는 길신이 없어서다. 길신이 없다는 것은 일간이 의지할 수 있는 것과, 도움을 받을 수 있는 것이 전무하다는 것이다. 명예를 얻어 출세하고 부를 쟁취하여 물질적 풍요로움을 누려도, 배우자와 자식이 있는 가정을 이루어도, 남의 도움은 전혀 받지 못한 채 스스로 노력해서 모든 것을 얻어야 하기 때문이다. 그래서 가족이나 친구들과의 관계도 원만치 못해 무척 외롭다고 한다. 아무튼, 이 사주에서는 구제오행으로 금성인 관성을, 피해오행은 수성으로 인성이 된다. 금성을 구제오행으로 선택한 것은 신강하기 때문이다. 무격사주의 운 순위를 보자. 용신이 1등, 희신이 2

등, 억제오행이 4등, 하나 남은 오행이 3등이다. 이 사주에선 용신인 금성의 운(申酉戌)이 1등, 희신인 수성의 운(亥子丑)이 2등, 목성의 운(寅卯辰)이 3등, 화성의 운(巳午未)이 4등이다. 초반 을묘(乙卯), 갑인(甲寅) 대운은 3등, 계축(癸丑), 임자(壬子), 신해(辛亥) 대운은 2등, 경술(庚戌), 기유(己酉), 무신(戊申) 대운이 1등이다.

실제 내담자가 살아가는 삶을 살펴보자. 디자인을 전공해 직장에 다니고 있으며, 결혼하면 남편에게 의지하고 싶다고 한다. 아마 관성이 용신이라 그런 생각을 하는 것 같다. 남자들의 관심을 받고자 온갖 멋을 부려, 덕분에 남자와는 쉽게 사귄다고 한다. 문제는 한 남자와의 만남이 오래가지 못한다는 거였다. 그 이유를 알고 싶어 상담 신청을 한 것이다. 내담자는 한 남자와 오래 사귀다가 결혼까지 이르고 싶은데, 만난 지 몇 개월도 지나지 않으면 헤어진다는 거다. 관성이 용신이고 희신이 인성인지라, 당연히 남자 만나 내조 잘하는 전업주부로 살고 싶을 것이다. 그러나 무격사주라서 남편을 사랑할 순 있으나, 남편으로부터 물질적 도움을 받기는 어려움이 있을 것이다. 그리고 한 남자와의 만남이 오래가지 못하는 것은 재성이 강한 탓이다. 재성이 강하면 이기적인 모습을 드러내거나 감정적인 모습을 드러내기 때문이다. 이기적이거나 감정적인 사람 옆에 오래 머물 사람이 몇이나 되겠는가? 생각은 보수적인 부분이 많지만, 행동은 이기적이니 좋아하는 남자를 만나면 행동을 조심하라고 했다. 기존 이론에서는 남자의 도움 없이도 잘살 수 있으리라 예상했지만, 실제로는 남자에게 의지하고자 했으며, 사업적인 분야 등 홀로 하는 것은 별 관심이 없음도 드러냈다. 이 부분만 살펴봐도 기존 이론의 추론 방식에 문제가 많음을 알 수 있는 대목이다.

- 이 유형은 생존에 필수적인 최소한의 기본 오행도 갖고 있지 않다. 그럼에도 불구하고 사람이기에 기본적인 의식 프레임은 갖춘다.
- 이 유형은 어느 누구로부터 도움을 받고 의지하기에는 어려운 의식 프레임을 지녔다.
- 이 유형에 속한 사람은 1,000명 중에 5~10명 정도로 극히 소수이다.
- 이 유형의 사람은 가족이 있어도 진정으로 마음을 터놓고 대화할 가족이 없고, 자신이 어려울 때 경제적으로 도와줄 사람도 없이, 모든 일상생활을 혼자서 해결해야만 하는 매우 힘들고 외로운 삶을 살아가야만 한다.
- 자신의 삶을 든든히 지탱해주거나 살아갈 수 있는 구조적인 상황이 아니므로, 본능적으로 스스로 자신의 삶을 지켜내며 살아갈 수 있도록 만든 것이다.

의식 성향 5종류

　의식(意識)이란 '깨어 있는 상태에서 자기 자신이나 사물에 대하여 인식하는 작용', 또는 '감각하거나 인식하는 모든 정신 작용', '삶이나 역사와 같은 대상에 대한 올바르고 제대로 된 인식이나 판단'이다. 사람으로 태어나면 자기만의 의식을 형성하는데, 그것은 바로 자신이 지닌 우주 에너지에 의해서다. 자신이 타고난 우주 에너지를 녹현방정식에 대입해서 얻은 결과물이 바로 의식이다. 녹현역학에서의 의식이란 일반사주는 이용+용신, 진가사주는 가용신+희신, 병약사주는 2약신+병신, 무격사주는 용신+희신의 육친들이 합쳐진 성향이다. 의식의 분류는 이상주의, 개혁주의, 진보주의, 평등주의, 현실주의, 성공주의, 발전주의, 핵가족주의, 박애주의, 협동주의, 인본주의, 대가족주의, 보수주의, 명분주의, 신분주의, 안정주의, 실용주의, 이기주의, 기회주의, 쾌락주의 등으로 나눌 수 있다. 이렇게 많은 의식이 존재하지만, 성향이 비슷한 것끼리 모으면 진보주의, 성공주의, 보수주의, 실용주의, 박애주의, 이렇게 다섯 종류의 의식으로 나뉜다. 재성+관성=성공주의 의식, 관성+인성=보수주의 의식, 인성+비견=박애주의 의식, 비견+식상=진보주의 의식, 식상+재성=실용주의 의식이 그것이다.

　혼합된 두 육친의 성향을 알기 전에, 각각의 육친 성향을 먼저 알 필요가 있다. 그래서 비견(比肩), 식상(食傷), 재성(財星), 관성(官星), 인성(印星)들의 성향부터 파악해보자. 재성(財星)이면 재물과 예술, 관성(官星)은 책임과 권위, 인성(印星)은 학문과 이미지, 식상(食傷)은 모험과 희생, 비견(比肩)은 의리와 건강으로 대다수의 역학자들은 알고 있을 것이다. 이러한 추론도 근래에 와서 붙인 것이다. 그러나 필자는 오염되지 않은 순수한 육친의 성향을 파악하고자, 사람들이 최초로 집단생활을 했던 먼 옛날 원시시대로 거슬러 올라간다. 왜냐하면, 사람들이 집단생활을 하면서

제2장

부터 다섯 가지 육친의 고유한 성향이 나타났기 때문이다.

　원시시대로 가자. 우거진 숲속 한가운데 굵은 나무들을 베어내고 넓은 공터를 만들어 나무와 잎, 흙 등을 이용해 집과 공동생활을 할 수 있는 큰 집을 짓는다. 동네를 지키기 위한 울타리를 만들고 죽은 후에 시신을 보관하는 장소도 만든다. 음식 장만은 숲속에서 작은 짐승이나 새들을 사냥하거나 강에서 물고기를 잡고, 먹을 수 있는 나무 열매나 뿌리 등으로 해결한다. 조금 발전되면 야생 짐승(돼지, 개, 닭)들을 길들여 우리에 가두고 키우거나 곡식을 심기도 한다. 옷은 부드러운 나뭇잎으로 중요한 곳만 가리는 정도이거나, 발전되면 나무나 줄기에서 실을 뽑아 부드럽게 만들어 짜서 입거나 염색하여 멋있게 만들어 입기도 한다. 식기는 넓적한 돌을 그대로 사용하거나 나무줄기로 엮어서 만들고 또는 흙으로 그릇을 빚어 불에 구워 도자기 등을 사용하기도 한다. 그리고 자신들에게 생명을 준 신(神)께 제사도 지내고 탄생과 죽음, 결혼과 싸움의 승리 등 마을의 큰일이 일어날 때마다 모두 모여 의식을 치른다. 또 마을을 지키기 위해 용감하게 싸울 수 있는 용사들도 키우면서 함께 살아간다. 보통 이런 모습이나 형태로 원시인들은 살아갈 것이다. 이렇게 사람들이 모여 살기 시작하면서부터 육친들의 고유한 성향이 드러나기 시작한 것이다.

　인성(印星)이란 육친부터 보자. 일간을 생해주는 오행을 인성이라 한다. 부모를 닮은 자식을 낳듯, 판박이처럼 찍어낸다는 의미로 도장이라는 뜻이 들어간 인(印)자를 넣었다. 그래서 인성이란 육친은 자신을 낳아준 부모에 비유된다. 그렇다면 원시시대의 인성은 어떠할까? 인성의 아이는 또래 아이들의 놀이에 끼지 않고, 오히려 어른들의 일에 관심을 갖는다. 자기보다 어린아이들을 돌보고 몸이 불편한 어른들을 도와주는 등 아이답지 않은 행동을 한다. 좋고 싫다는 내색도 하지 않는 등 감정 표출을 하지 않고 인내하는 모습을 보인다. 성인이 되었다. 어른들로부터 아이들을 돌보아라, 병든 사람을 돌보라는 임무를 부여받는다. 왜? 어려서부터 남 도와주는 일을 잘했고, 항상 인자하고 인내하는 모습만 보여주었기 때문이다. 현재의 인성을 보자. 부모는 자식이 고생하지 않고 살길 바란다. 특히 남들에게 욕먹지 않고 말이다. 그러자면 이미지 관리를 해야 하고 남의 이목을 중시해야 한다. 그래서 선뜻 어떤 모습을 드러내기가 쉽지 않다.

다시 말하면 망설인다는 거다. 망설인다는 것은 생각이 많아서다. 어떤 모습을 드러내야 모두에게 인정받는 신중하고 고상한 이미지를 심어줄 수 있을지 고민하고 있다는 말이다. 또한, 부모가 바라는 안정되고 편한 직업을 선택하자면 공부를 많이 해야 한다. 즉 스펙을 쌓아야 한다. 그래야만 남 보기 좋은 직장이나 직업을 지닐 수 있어서다. 그래서 인성이란 육친에는 현 사회체계 안에 살면서, 될 수 있으면 고상하고 안정적으로, 평화로우면서 지적으로, 이성적이면서 인내하는 모습을 드러내며, 자신의 안정만 깨지지 않는다면 체제에 대한 거부감도 드러내지 않는다. 인성의 특징으로는 생각 많음, 고상, 인내심, 지적 호기심, 음식 욕심, 논리적, 설득력, 포용력, 내숭, 무사안일, 동정심, 의존적, 의무감, 예의, 위선, 이미지 관리, 도덕성, 이목 중시, 양심적, 체면, 신분, 유교적 성향 등이다.

이번엔 인성과는 반대의 성향을 지닌 재성(財星)을 살펴보자. 일간이 유일하게 이기고 통제할 수 있으므로 돈을 뜻하는 재물 재(財)자를 넣었다. 재(財)자를 넣은 까닭은 사람이 좌지우지할 수 있는 것은 돈밖에 없다는 의미에서다. 돈이 많으면 즐겁고 재밌는 삶, 낭만적이고 예술적인 삶을 살 수 있다. 그렇다면 원시시대의 재성은 어떠했을까? 재성의 아이는 또래들과 놀 때도 다양한 놀이를 개발하고, 몸이나 옷에다가 예쁜 칠도 해서 멋도 부리고, 나무와 돌, 열매 등을 이용해 식기나 도구들도 예쁘게 만든다. 또한, 모두가 즐거울 수 있도록 분위기 메이커 역할도 하고, 희로애락적인 감정표현도 쉽게 한다. 성인이 되었다. 어른들로부터 예쁘고 아름답게 꾸미는 일을 맡으라고 하며, 마을의 축제나 제사 등의 일이 생겼을 때 앞장서서 이끌라는 임무까시 부여받는다. 왜? 어려서부터 남늘을 즐겁고 재미있게 만드는 데 일가견을 보였고, 다양한 손재주도 보여주었기 때문이다.

현재의 재성을 보자. 물질적 풍요로운 상황을 만들기 위해 남보다 바쁘게 열심히 움직인다. '남보다 좀 더'라는 것은 남들과의 경쟁에서 이겨야 한다는 뜻이다. 경쟁에서 이기지 못하면 물질적 풍요로움을 누릴 수 없어서다. 그러자면 자신이 타고난 능력이나 소질을 최대한 발휘해야 한다. 결국, 재성은 자신만의 재밌고 즐거운 삶을 위해 살아가는 이기적인 성향인 것이다. 그래서 재성이란 육친에는 세상 누구보다 자신을 사랑하고, 자신이 속한 사회에 잘 적응하고, 남보다 더 열심히 바쁘게 산다. 화려하고 감각적인 삶과 물질적 풍요로움이 넘치는 삶, 늘 재밌고 멋진 삶과 화려하면서도 낭만이 넘치는 삶을 좋아한다. 그래서 의리와 우정을 내세우는 동성 친구보다는 멋진 이성 친구와의 만남에 많은 시간을 할애한다. 재성의 특징으로는 이기심, 경쟁력, 재물 욕심, 계산적, 분석력, 효율성, 낭만, 감상, 감정, 예술성, 과시욕, 산만, 표현력, 소유력, 사교성, 언어능력, 자기애(나르시즘), 결벽증, 유행, 멋, 오락, 게임 등이다.

　재성과 반대의 성향을 지닌 비견(比肩)에 대해 알아보자. 일간과 같은 기운을 지닌 오행이 비견이다. 비(比)는 견주거나 따른다는 뜻이고, 견(肩)은 어깨라는 뜻이다. 어깨를 견준다. 어깨를 나란히 한다는 의미에서 어깨동무, 친구, 모두 함께라는 의미가 담겨 있다. 원시시대의 비견은 어떠했을까? 비견의 아이는 혼자 있기보다는 친구들과 함께 한다. 그래서 늘 친구들과 뛰어놀며 놀이를 하는 등 개구쟁이처럼 지낸다. 그리고 친구의 부탁이면 무엇이든 다 들어준다. 특히 친구가 어려운 일이나 곤경에 처했을 때는 마치 자신의 일처럼 발 벗고 나선다. 성인이 되었다. 어른들로부터 힘쓰는 일인 터전을 마련하거나 사냥을 나갈 때 함께 나가자고 부탁받는다. 궂은일에도 그냥 지나치지 못하므로, 동네 초상이 나면 앞에 나서서 모든 일을 진행한다. 현재의 비견을 보자. 속물이란 소리를 들을까 봐 세속적인 것에 욕심을 내지 않는다. 그래서 경쟁하기보다는 양보하고, 남의 앞에 서기보다는 남의 뒤를 따르는 것이 마음이 편하다. 설령 친구나 동료를 앞설 수 있지만, 서로의 관계가 어색해질까 봐 자신의 능력을 최대한 발휘하지 않는다. 덕분에 이기적이고 실속 있는 삶을 살지 못한다. 또한, 정신적 안정을 중시하기에 참선, 도, 무술, 웰빙 등에 관심을 갖는, 흔히 말하는 자연인에 가까운 생활을 한다. 따라서 비견이란 육친은 인간적인 의리와 우정을 중시하면서 인간미 넘치게 사는 성향이며, 모두가 함께 일하고 나누며 사는 공동체 생활을 중시하는 성향이다. 또한, 정신적인 것에 우선순위를 두기에 형이상학적인 삶에 무게 중심을 둔다. 비견의 특징으로는 욕심 적음, 수면욕, 협동심, 공동체, 방관자, 이타심, 순진성, 친화력, 배려심, 건강(웰빙), 의욕상실, 나태, 양보, 신앙심, 운동, 4차원, 유유자적, 내세, 염세주의, 집시(나그네) 등이다.

비견과 반대되는 관성(官星)을 살펴보자. 일간을 억제할 수 있는 유일한 오행이 관성이라 벼슬, 관청, 공무를 뜻하는 관(官)자를 넣었다. 관(官)자를 넣은 이유는 사회나 사람을 다스리거나 통제한다는 의미에서다. 그렇다면 원시시대의 관성은 어떠했을까? 관성의 아이는 친구들과 달리 위험한 놀이에 참여하거나 개구쟁이 짓은 하지 않는다. 친구들과 놀 때도 친구들의 앞에 나서거나 지시하면서 논다. 어른이 시키는 일은 완벽하게 해놓고, 말 한마디, 행동 하나하나가 언제나 똑바르며 믿음직하다. 성인이 되었다. 어른들로부터 또래들의 리더가 되어 무리를 이끌라, 마을의 질서를 담당하라, 사소한 다툼이나 의견 차이 등의 시시비비를 가리라는 부탁을 받는다. 왜? 어려서부터 친구들의 리더가 되었으며, 맡은 책임은 완벽하게 해냈으며, 늘 근면 성실하고 모범적인 생활을 했기 때문이다.

현대의 관성을 보자. 자신이 속한 사회에서 명예를 얻고자 노력한다. 그러자면 먼저 타의 모범이 되어야 한다. 그래서 스스로를 절제, 자제하여 주위 사람들의 믿음과 신뢰감을 쌓는다. 그리고 현재보다 더 높은 위치에 오르고자 윗사람에게 강한 충성심과 책임감을 드러낸다. 결국, 관성은 명예와 권위를 얻고자 모두가 부러워하는 모범적인 성향과 기존 체제 아래서 출세하고자 상명하복의 성향을 보인다. 그래서 관성이라는 육친에는 남보다 더 성실히 노력하고, 남보다 더 모범적인 생활을 하고, 남보다 더 강한 책임감으로 무장하며, 남보다 더 뛰어난 관리 능력을 발휘한다는 것이다. 그러한 성향은 자신이 원하든 원하지 않았든 간에 본능적인 것이다. 그래서 관성의 특징으로는 자기통제(절제), 준법성, 책임감, 근면·성실, 모범적, 상명하복, 집중력, 충성심, 획일주의, 원칙성, 긴장감, 리더십, 신뢰성, 집착, 관리능력, 모방성, 생활의 달인, 출세, 비판, 계획성, 목표지향, 객관성 등이다.

마지막으로 관성과 반대되는 식상(食傷)에 대해 알아보자. 일간이 도와주거나 생해주는 오행을 식상이라 한다. 식(食)이란 밥, 먹을거리란 뜻이고, 상(傷)이란 상처란 뜻이지만 식상의 뜻은 '같은 음식이나 일, 행동 따위가 되풀이되어 싫증이 남'이다. 한결같음이나 똑같은 모습을 싫어한다. 그렇다면 변화무쌍한, 예측하기 어려운, 호기심과 모험이 있는 그런 성향이다. 원시시대 식상은 어떠했을까? 식상의 아이가 노는 것을 보면 위험하기 짝이 없다. 유난히 높은 곳에 올라가 아슬아슬 뛰어놀고, 함께 놀더라도 하지 말라는 놀이만 하며, 가지 말라는 곳이나 해서는 안 되는 짓만 골라서 하고 유난히 말도 듣지 않는다. 몸도 사리지 않으며, 생각하지도 못했던 짓이나 하니 말이다. 성인이 되었다. 어른들에게서 온 마을이 이사하는 데 있어 터전 찾기, 사나운 짐승 잡기, 높은 나무에서 열매 채취, 적과의 전쟁 등에 앞장서라고 한다. 왜? 어려서부터 몸은 사리지 않고 하지 말라는 것과 위험한 일만 했기 때문이다. 이러한 까닭은 남들이 했던 것은 하지 않겠다는 성향과 자신이 직접 다 해보겠다는 성향이 강해서 그렇다.

현재의 식상을 보자. 법대로, 관습대로, 전통대로 따르는 것을 본능적으로 거부한다. 그래서 기존 체제나 구태의연한 사고방식을 맹목적으로 따르는 것은 당연히 반발하거나 반항한다. 덕분에 신분 철폐를 주장하고, 사회적 약자나 소외된 사람들을 위해 나선다. 용 꼬리보다는 뱀 머리가 되고자 선구자, 개척자의 길로 나선다. 변화를 바라기에 개방하고 개혁해서 새로운 사회를 만들어야 한다. 결국, 식상이란 육친에는 곧이곧대로 믿거나 따르기보다는 호기심과 의심이 많아 스스로 경험해보고, 변화를 원하기에 도전과 모험을 서슴지 않는 성향이다. 식상의 특징으로는 의심, 호기심, 모험, 개혁성, 개방성, 융통성, 반발, 유아독존, 야망, 봉사, 희생, 평등, 상상력, 창의성, 도전, 일탈, 반항, 성적 호기심, 충동적, 미식가, 섹스 테크닉, 관능미 등이다.

▌ 육친 분류표

	甲乙 일간	丙丁 일간	戊己 일간	庚辛 일간	壬癸 일간
인성	壬癸 亥子	甲乙 寅卯	丙丁 巳午	戊己 辰戌丑未	庚辛 申酉
비견	甲乙 寅卯	丙丁 巳午	戊己 辰戌丑未	庚辛 申酉	壬癸 亥子
식상	丙丁 巳午	戊己 辰戌丑未	庚辛 申酉	壬癸 亥子	甲乙 寅卯
재성	戊己 辰戌丑未	庚辛 申酉	壬癸 亥子	甲乙 寅卯	丙丁 巳午
관성	庚辛 申酉	壬癸 亥子	甲乙 寅卯	丙丁 巳午	戊己 辰戌丑未

지금부터는 두 육친이 합쳐져 의식 성향을 형성하는 과정을 살펴보자. 인성과 비견이 합쳐진 의식 성향을 알려면, 먼저 반대되는 재성의 성향을 파악해야 한다. 재성의 성향은 이기심과 경쟁력, 재물 욕심과 계산적, 낭만과 예술성, 감정과 표현력, 사교성과 유행, 자기애와 멋 등이다. 또한, 세상 누구보다 자신을 사랑하므로 자신의

감정에 충실한 채 하고 싶은 대로 하고, 물질적 풍요를 바탕으로 낭만적인 삶이나 예술적인 삶을 사는 성향이다. 이러한 재성과 반대가 되는 성향이 바로 인성과 비견의 합쳐진 성향이다. 물질적인 것을 중시하기보다는, 보이지 않는 내면의 안정을 우선한다. 자신만의 즐거움이나 쾌락을 위해서가 아닌, 남들의 즐거움과 쾌락, 나아가 고통까지 함께 나눌 수 있다. 누구나 부러워하는 부와 귀를 되도록 멀리하여 참인간답게 살 수 있다는 성향이다. 결국 인성과 비견의 소유자는 자신만을 위해 사는 삶이 아닌, 공동체를 위한 삶과 세속적인 것을 멀리하고, 참인간다운 삶 그리고 심리적으로, 정신적으로 안정된 삶의 성향임을 알 수 있다. 이러한 삶을 한마디로 표현하면 휴머니즘적인 삶, 이상주의적인 삶, 이타적인 삶이며, 이것을 통틀어 박애주의 의식이라 한다.

다음으로 비견과 식상의 경우를 보자. 비견과 식상의 반대가 되는 육친인 관성이다. 관성의 성향을 살펴보면 비견과 식상이 합쳐진 의식 성향을 파악하게 된다. 관성의 성향은 절제 및 자제, 법과 질서, 모범과 책임감, 명예와 권위, 상명하복과 충성, 리더와 신뢰, 모방과 관리, 원리원칙과 수직관계 등이다. 또한 명예와 권위욕 때문에 남들과 거리낌 없는 관계를 형성하기 힘들다. 명령이나 지시 없이 스스로 행동하기엔 어딘지 익숙지 않다. 자신이 속한 현실에서 남보다 더 근면 성실한 생활로 타의 모범이 되는 성향이다. 그렇다면 관성과 반대의 성향을 지닌 비견과 식상의 합쳐진 성향은, 남녀노소 누구를 막론하고 신분의 차이가 없는 평등한 관계를 원한다. 남의 명령이나 지시를 받아 움직이기 보다는 스스로 해야 할 것을 찾는다. 구태의연한 것이나 거추장스러운 기존의 모든 것에서부터 벗어나 자유로운 삶을 바란다. 대가가 따르지 않아도 희생과 봉사를 할 줄 아는 삶의 성향인 것이다. 그러한 삶을 한마디로 표현하면 신분의 차이가 없이 모두가 평등한 삶, 개혁과 변화가 있는 삶, 개방적이고 모험이 따르는 삶이며 이것을 통틀어 진보주의 의식이라 한다.

식상과 재성의 경우를 보자. 이들과 반대되는 육친은 인성이다. 그러므로 인성의 성향과 반대되는 성향이 바로 식상과 재성의 의식 성향이다. 인성의 성향은 생각 많음과 인내, 고상함과 지적 호기심, 논리력과 설득력, 전통과 예의, 포용력과 동정심, 내숭과 의존성, 의무감과 도덕성, 이미지 관리와 이목 중시 등이다. 그래서 삶의 이기나 편함보다는 전통과 예의를 지킨다. 무드 있는 삶보다는, 인내하거나 절제하는 삶이다. 밖으로 터뜨리기보다는 안으로 움츠리는 삶에 익숙하다. 변화가 많은 삶보다는 조용하고 안정된 삶을 바라는 성향이다.

그렇다면 인성과 반대가 되는 식상과 재성의 합쳐진 성향은 어떠할까? 전통과 예의를 지키기보다는 감각적으로 재밌고 즐거운 삶이다. 남의 이목이나 이미지 관리하기보다는 자신만 좋다면 무엇이든 즉각 행동으로 옮기는 삶이다. 조용하고 안정된 삶보다는 화려하고 멋진 그리고 이성 친구들의 인기를 받으며 본능에 충실한 삶의 성향인 것이다. 그러한 삶을 한마디로 표현하면 멋과 유행에 민감한 삶, 낭만과 예술이 있는 삶, 물질적 풍요로움이 넘치는 삶이며, 이것을 통틀어 실용주의 의식이라 한다.

다음으로 재성과 관성의 경우를 알아보자. 재성과 관성의 반대가 되는 육친은 비견이다. 비견의 성향을 알면 재성과 관성의 합쳐진 의식 성향을 알 수 있다. 비견의 성향은 욕심 적음과 유유자적, 협동심과 공동체, 이타심과 친화력, 배려와 이해심, 건강과 운동, 신앙심과 염세주의, 4차원과 내세 등이다. 그래서 경쟁하기보다는 배려하거나 이해하고, 부귀영화적인 삶보다는 신외지물적인 삶을 바라 속물이 되지 않는다. 순진한 맛과 인간미가 넘치고, 물질적 풍요로움보다 정신적 풍요로움을 바라는 성향이다. 그렇다면 비견과 반대되는 재성과 관성의 합쳐진 성향은, 자신이 속한 곳에서 남들과 정정당당하게 경쟁해 부귀영화를 누린다. 현실적인 삶에 애착을 지녀 즐거우면서도 재밌는 삶이다. 남들의 존경과 부러움을 한몸에 받으며, 자신이 책임진 배우자와 자녀를 위해 열심히 살려는 삶의 성향인 것이다. 그러한 삶을 한마디로 표현하면, 현실에 충실한 삶, 부와 귀를 동시에 바라는 삶, 배우자와 자녀만 아끼는 핵가족 제도에 알맞은 삶이며, 이것을 통틀어 성공주의 의식이라 한다.

마지막으로 남은 관성과 인성의 경우를 살펴보자. 식상이 관성과 인성의 반대 성향을 지녔다. 식상의 성향을 알아보자. 의심과 호기심, 개혁성과 개방성, 도전과 모험, 반발심과 유아독존, 봉사와 희생, 상상력과 창의성, 일탈과 본능, 성적 호기심과 관능미 등이다. 또한, 구태나 기존 관념에 갇히지 않는 독창적인 발상과, 인간적 의무나 지시보다는 자아와 본능에 충실한 삶이다. 모두가 평등한 사회를 만들기 위해 수직관계를 수평관계로 바꾸고, 삶의 이기를 위해 모든 것을 수용하고 개방하는 삶의 성향인 것이다. 그렇다면 식상과 반대가 되는 관성과 인성의 합쳐진 성향은 어떠할까? 자신의 권리와 기득권을 지키고자 급격한 변화보다는 단계적 변화를 택한다. 이미지 관리와 신분 상승을 위해 스펙을 쌓거나, 충동과 본능보다는 윤리와 도덕을 중시한다. 기존 체제나 질서 또는 전통과 예의에 순응하는 유교적인 삶의 성향인 것이다. 그러한 삶을 한마디로 표현하면, 인정받고 존경받는 삶, 의무와 도리를 다하는 윤리도덕인 삶, 전통과 예의를 지키는 삶으로, 이것을 통틀어 보수주의 의식이라 한다.

❖ 의식 성향 도표

인성 + 비견 비견 + 인성	비견 + 식상 식상 + 비견	식상 + 재성 재성 + 식상	재성 + 관성 관성 + 재성	관성 + 인성 인성 + 관성
박애주의	진보주의	실용주의	성공주의	보수주의
교육주의	개혁주의	낭만주의	현실주의	신분주의
인본주의	본능주의	기회주의	발전주의	안정주의
협동주의	평등주의	쾌락주의	일류주의	가문주의
신앙주의	행동주의	경제주의	부귀주의	명분주의
대가족주의	이상주의	예술주의	핵가족주의	위계질서주의

의식이란 생각이다. 생각은 무엇으로 아는가? 바로 말(言)이다. 말을 통해서 어떤 생각을 하고 있는지를 알 수 있다. 그래서 의식은 곧 말이다. 의식을 말로 표현할 때, 자신은 인지하고 있을 것이다. 그렇다면 말을 할 때마다 인지할 수 있을까? 그럴 순 없다. 이런 말도 있지 않은가? 생각 없이 말을 한다고 말이다. 생각 없이 말을 하면 무슨 얘기를 했는지 자신도 모를 때가 많다. 또한, 이런 말을 하고 있는데, 하고 있는 말과 다른 생각을 하게 되면 이런 말이 저런 말로 바뀌게 된다. 결국, 말을 함에서도 자신이 인지할 수 있는 순간과 인지할 수 없는 순간이 있다는 것이다. 병원을 운영하는 제자의 말에 의하면, 사람이 60초 동안 말을 하더라도 자신이 인지할 수 있는 순간은 15초가 넘지 않는다고 한다. 나머지 45초 동안은 인지할 수 없는 순간이란 것이다. 인지할 수 없는 순간들은 흔히 술에 취했을 때, 흥분했을 때, 싸움할 때, 기분이 상했을 때, 감정적인 상황일 때일 것이다. 또는 반복적인 말, 습관처럼 내뱉는 말, 쌍스러운 말을 할 때도 인지할 수 없는 순간일 것이다.

그렇다면 의식이라는 것도 60초 동안에 15초를 넘지 않는다? 자신이 타고난 의식 성향이 보수주의다? 그럼 보수주의 의식을 15초 동안 말로 표현했고, 나머지 45초 동안의 말은 어떤 의식 속에 내뱉은 것일까? 궁금하지 않을 수 없다. 거기엔 인지하지 못한 두 종류의 의식이 있다. 그중의 하나는 전환된 의식이다. 전환되었다는 것은 자신이 타고난 우주 에너지를 녹현방정식에 대입하여 얻은 의식의 반대 의식이다. 타고난 의식 성향은 긍정적인 측면이 많지만, 전환된 의식 성향은 부정적인 측면이 많다.

자, 전환된 의식 성향이 어떻게 형성되는지 살펴보자. 재성과 관성의 합쳐진 의식 성향은 성공주의이다. 성공주의 의식이란 자신이 속한 곳에서 남보다 뛰어난 경쟁력과 능력을 발휘해 부와 귀를 쟁취하고, 자신이 책임진 가정(배우자와 자식)의 행복을 위해 계속 노력하고 정진하는 성향이다. 그러나 늘 성공주의 의식의 영향만 받는 것은 아니다. 자신도 모르는 사이에 재성과 관성의 반대가 되는 비견 의식의 성향까지 받고 있다. 성공주의 의식과는 반대인 의식은 형이하학, 비현실적, 비경쟁적, 사적 관계, 바깥 중시, 고독, 의욕상실, 나태, 우유부단 등이다. 이러한 의식들이 자신도 모르는 사이에 성공주의 의식 속에 들어가 있는 것이다. 그래서 이를 이상주의(理想主義) 의식이라 했다. 이런 의식의 이름을 붙인 이유는 '현실의 가능성을 무시하여 현실을 벗어나 이상을 지향하는 공상적인 태도나 경향'의 성향이 강해서다. 그래서 자신도 모르는 사이에 '에이, 전부 포기하자!', '치사해서 싫다!', '에이, 양보하자!', '자연인처럼 살자!', '돈이면 다냐?', '에이, 결혼 안 하면 편하지!' 등등의 생각을 하게 된다. 자신이 타고난 의식인 성공주의 의식은 인지하고 있지만, 이상주의 의식은 인지하지 못한다. 그래서 45초 동안의 의식 중에 이상주의 의식도 들어가 있는 것이다. 다시 말하면, 성공주의 의식의 영향을 받다가 즉시 이상주의 의식의 영향을 받고, 그러다가 다시 성공주의 의식의 영향을 받고, 이렇게 계속해서 의식은 반복되는 것이다.

관성과 인성이 합쳐진 의식 성향은 보수주의이다. 보수주의란 남에게 인정받을 수 있는 스펙을 갖춘 뒤, 남보다 좋고 높은 신분을 유지한 채, 안정적이고 존경받는 업종에 근무하면서 기득권을 지키고, 권리를 맘껏 누리자는 성향이다. 그러나 자신도 모르는 사이에 관성과 인성의 반대가 되는 식상 의식의 성향까지 받고 있다. 보수주의 의식과는 반대인 의식은 유아독존, 윤리와 이목 무시, 충동적, 반항적, 일탈, 모험, 관능적, 안하무인, 막가파, 폭력적 등이다. 이러한 의식을 모험주의(冒險主義) 의식이라 했다. 이런 의식의 이름을 붙인 이유는 '성공 여부에 대한 과학적이고 객관적인 판단도 없이 우연적인 성공을 바라며, 위험을 무릅쓰고 일을 무리하게 추진하는 경향이나 태도'의 성향이 강해서다. 그래서 자신도 모르는 사이에 '까짓것, 한 번 해보자!', '뭐가 두렵냐?!', '안면 몰수하자!', '누가 보냐?!', '불륜이라고? 좋다!', '명예가 밥 먹어 주냐?!' '죽기밖에 더하냐?' 등등의 생각을 하게 된다. 이 역시 자신이 타고난 의식인 보수주의 의식은 인지하고 있지만, 모험주의 의식은 인지하지 못한다. 그리고 45초 동안의 의식 중에 모험주의 의식도 들어가 있다. 다시 말하면, 보수주의 의식의 영향을 받다가 즉시 모험주의 의식의 영향을 받고, 그러다가 다시 보수주의 의식의 영향을 받고 이렇게 계속해서 생각은 반복된다.

인성과 비견이 합쳐진 의식 성향은 박애주의이다. 박애주의란 자신보다 남을 먼저 생각하기에 경쟁보다는 양보하고, 앞서기보다는 뒤따르고, 물질적 풍요보다는 정신적 풍요를 바라며, 세속적인 사람보다는 참인간답게 살자는 성향이다. 그러나 자신도 모르는 사이에 인성과 비견의 반대가 되는 재성 의식의 성향까지 받는다. 박애주의 의식과는 반대인 의식은 자기애, 과시욕, 이기적, 경쟁, 시기와 질투, 분노, 계산적, 감정표출, 속물, 인정머리 무시 등이다. 이러한 의식을 개인주의(個人主義) 의식이라 한다. 이런 의식의 이름을 붙인 이유는 '다른 사람이나 사회 전체의 이익을 무시하고 자기 자신만의 이익만을 추구하는 이기주의적 사고방식이나 태도'의 성향이 강해서이다. 그래서 자신도 모르는 사이에 '나만 좋고 편하면 돼!', '세상에서 내가 제일 사랑스러워!', '내가 최고다!', '내가 먼저 해야 해!', '의리가 밥 먹여주냐?!' '나만 즐겁고 행복하면 돼!', '세상은 날 위해 존재해!' 등등의 생각을 하게 된다. 이 역시 자신이 타고난 의식인 박애주의 의식은 인지하고 있지만, 개인주의 의식은 인지하지 못한다. 그리고 45초 동안의 의식 중에 개인주의 의식도 들어가 있다. 다시 말하면 박애주의 의식의 영향을 받다가 즉시 개인주의 의식의 영향을 받고, 그러다가 다시 박애주의 의식의 영향을 받고, 이렇게 계속해서 생각은 반복된다.

제2장

비견과 식상이 합쳐진 의식 성향은 진보주의이다. 진보주의란 모두가 평등한 상태에서 누릴 수 있는 모든 권리와 삶의 이기를 함께 누리고, 소외된 사람이나 사회적 약자에게도 인간의 존엄성을 되찾아주고, 가치 있게 살자는 성향이다. 그러나 자신도 모르는 사이에 비견과 식상의 반대가 되는 관성 의식의 성향까지 받는다. 진보주의 의식과는 반대인 의식은 폐쇄적, 집착, 획일적, 기득권 유지, 소통 불가, 시시비비, 비판, 명예욕, 배타적, 극우 등이다. 이러한 의식을 신분주의(身分主義) 의식이라 한다. 이런 의식의 이름을 붙인 이유는 '혈통이나 가문 등 여러 요인에 따라 몇 개의 등급으로 구분한 사람의 지위나 자격. 제도적으로 등급에 따라 권리와 의무가 다르다는 개념'의 성향이 강해서이다. 그래서 자신도 모르는 사이에 '내가 누군데~~~', '건방지게 누구 앞에서 까불어!', '대접이 뭐 이따위야!', '내 뒤에 누가 있는 줄 알아!?', '너하곤 상대가 안 돼!', '까불지 말고 빨리 사라져라!' 등등의 생각을 하게 된다. 역시 자신이 타고난 의식인 진보주의 의식은 인지하고 있지만, 신분주의 의식은 인지하지 못한다. 그리고 45초 동안의 의식 중에 신분주의 의식도 들어가 있다. 다시 말하면 진보주의 의식의 영향을 받다가 즉시 신분주의 의식의 영향을 받고, 그러다가 다시 진보주의 의식의 영향을 받고, 이렇게 계속해서 생각은 반복된다.

식상과 재성이 합쳐진 의식 성향은 실용주의이다. 실용주의란 물질적 풍요 아래 멋진 이성 친구들과 함께 화려한 파티를 벌여 춤을 추고, 낭만과 예술이 살아 숨쉬고, '짧게 굵게'라는 말에 어울리듯 지금 이 순간만 즐겁고 재밌게 살자는 성향이다. 그러나 자신도 모르는 사이에 식상과 재성의 반대가 되는 인성 의식의 성향까지 받는다. 실용주의 의식과는 반대인 의식은 위선, 이목 중시, 체면, 우울, 유교적, 인내, 이미지 관리, 생각 많음, 실속 없음, 샌님 등이다. 이러한 의식을 명분주의(名分主義) 의식이라 한다. 이런 의식의 이름을 붙인 이유는 '신분이나 이름에 걸맞게 지켜야 할 도리, 일하기 위해 겉으로 제시하는 이유나 구실이 되는 개념'의 성향이 강해서다. 그래서 자신도 모르는 사이에 '끝까지 개겨야지!', '난 양반이니까!', '누구 집안의 자식인데!', '체면이 있지!', '학교 어디 나왔어?!', '얼마만큼 배웠냐?' '네 부모는 누구냐?', '폼생폼사다!' 등등의 생각을 하게 된다. 이 역시 자신이 타고난 의식인 실용주의 의식은 인지하고 있지만, 명분주의 의식은 인지하지 못한다. 그리고 45초 동안의 의식 중에 명분주의 의식도 들어가 있다. 다시 말하면, 실용주의 의식의 영향을 받다가 즉시 명분주의 의식의 영향을 받고, 그러다가 다시 실용주의 의식의 영향을 받고, 이렇게 계속해서 생각은 반복된다.

❖ 의식 성향 도표

타고난 의식		전환된 의식	
성공주의 (재성+관성)	살아 있는 동안 높은 권위와 물질적 풍요로움을 누리며 살자는 이념	이상주의 (비견)	세속적인 사람이 되지 않고자 부와 귀에 대한 집착을 버리고, 유유자적하게 지내려는 이념
실용주의 (식상+재성)	물질적 풍요로움 아래 낭만과 예술이 숨 쉬고, 멋진 이성 친구들과 지내려는 이념	명분주의 (인성)	남의 이목이 두려워 이미지 관리하느라, 감정 자제로 우울하게 지내려는 이념
박애주의 (인성+비견)	인간적인 삶에 충실하고자 자신보다는 남이 먼저라, 모든 것을 함께 나누자는 이념	개인주의 (재성)	자신만 잘 살면 되기에, 물질적인 풍요로움 아래 재밌고 즐겁게 지내려는 이념
보수주의 (관성+인성)	한 차원 높은 신분을 유지해 존경과 인정을 받은 뒤, 상류층의 생활을 하려는 이념	모험주의 (식상)	구태와 기존 체제를 개혁, 개방하면서 모험적, 충동적, 본능적으로 나가려는 이념
진보주의 (비견+식상)	출신 성분과 관계없이 모두가 평등하며, 개인의 존엄성과 권리를 보장받으려는 이념	신분주의 (관성)	명예로운 자리나 권위에 오르고자 기존 체제에 순응하며, 상명하복의 모습을 보이려는 이념

▍유명 인사들의 의식 성향

녹현역학 이론에 의해 밝혀진 의식 성향에 대한 검증에 들어가자. 실례들은 필자가 직접 만나기도 했고, 제삼자를 통한 것 또는 간접적으로 파악한 유명 인사들의 사주팔자들이다. 필자만의 얘기나 이론이 아닌, 우리 모두 공감할 수 있도록 누구나 알 만한 유명 인사들을 다루었다.

1. 남성(71세)

시	일	월	년
乙	丁	丁	丙
巳	亥	酉	戌

乙	甲	癸	壬	辛	庚	己	戊
巳	辰	卯	寅	丑	子	亥	戌

살아생전 자신의 문화관을 가진 유일한 작가이다. 먼저 타고난 우주 에너지의 비율을 살펴보자. 금성: 1.9, 화성: 1.4, 수성: 1, 토성: 0.3, 목성: 0.2이다. 정(丁) 일간을 도와주는 오행은 목성(0.2)과 화성(1.4)으로 합이 1.6이므로 최소 신강수치인 1.24를 넘어 신강한 사주다. 가장 강한 오행은 금성. 금극목(金剋木)하여 목성이 피해 보고 있다. 목성을 구하기 위한 오행은 수성과 화성. 둘 다 사주에 있으나 신강이므로 수성에게 부탁한다(1차 방정식). 수성을 억제하는 토성이 없으면 1차 방정식에서 끝나는데, 연지에 술(戌) 토성이 일지의 해(亥) 수성을 억제하는 바람에 또 한 번의 공식을 적용한다. 토극수(土剋水)로 수성이 피해 본다. 수성을 구제하기 위한 오행은 금성과 목성. 둘 다 사주에 있으나 신강하므로 금성을 선택한다(2차 방정식). 여기까지가 2차 방정식이다. 그런데 월지의 유(酉) 금성을 억제하는 화성이 있으므로 또다시 공식을 대입한다. 화극금(火剋金)으로 금성이 피해 본다. 금성을 구하기 위한 오행은 토성과 수성. 둘 다 사주 안에 있다. 그런데 수성도 일간의 기운을 억제하고, 토성도 일간의 기운을 빼 나가므로 둘 다 사용할 수 있다. 여기선 토성에게 금성을 구하라고 한다(3차 방정식). 연지의 술(戌) 토성을 시간의 을(乙) 목성이 억제할 수 없으므로 공식은 3차 방정식에서 끝난다. 그래서 용신은 술(戌) 토성이며, 희신은 유(酉) 금성이다.

여기서 의문이 생길 것이다. 목성은 능히 토성을 억제할 수 있다. 그래서 목극토(木剋土)하므로 다시 한 번 공식을 적용해야 하지 않은가? 그러나 공식은 더 진행되지 않았다. 그 이유를 알아보자. 먼저 구제오행은 지지에만 있고, 억제오행은 천간에만 있어야 한다는 조건에 맞아떨어져야 한다. 이 사주에서는 마지막 구제오행 술(戌) 토성은 지지에만 있고, 억제오행 을(乙) 목성은 천간에만 있으므로 이 조건에 부합된다. 이럴 때는 구제오행 비로 위 천간에 억제오행이 위치해야 공식이 더 진행된다. 그렇지 않으면 공식은 더 나아가지 않는다. 왜냐하면, 천간의 힘은 지지 힘의 5분의 1밖에 되지 않기 때문이다. 천간의 힘이 약하므로 바로 밑에 있어야만 그나마 억제할 수 있지, 그렇지 않으면 억제할 수가 없어서이다. 그래서 목극토(木剋土)가 되지 않는다.

그리고 앞서 언급하길, 구제오행은 신강약이나 음양의 차이를 기준 삼는다고 했다. 음양의 차이를 기준 삼을 때는, 비견이 재성을 억제하여 관성과 식상이 구제오행으로 나올 때이다. 이 사주에서는 화성(비견)이 금성(재성)을 억제하고, 수성(관성)과 토성(식상)이 구제오행일 때이다. 이럴 때 음양의 차이를 따진다. 이 사주의 음기(금성+수성)는 2.9, 양기(목성+화성)는 1.6, 중성(토성)은 0.3이다. 그래서 음기가 양기보다 1.3이 더 많다. 음양의 차이가 1.1 이하면 음양의 차이가 없는 것이고, 1.11 이상이면 음양의 차이가 있는 것이다. 이 사주에서는 1.3의 차이가 나므로 음양의 차이가 있다. 이렇게 음양의 차이가 있으면 부족한 기운의 오행을 구제오행으로 선택하고, 음양의 차이가 없을 때는 두 가지 구제오행 중 수치가 높은 오행을 구제오행으로 선택한다. 그래서 양기가 1.3이나 부족하므로 음기인 수성보다는 양기에 가까운 중성인 토성에게 금성을 구하라고 부탁한 것이다. 그리고 음양의 차이를 살피는 상황도 반드시 구제오행이 둘 다 사주 안에서 활동하고 있을 때이다. 그렇지 않고 한 오행만 활동할 때는 음양의 차이를 참고하지 않는다. 음양의 차이를 1.1과 1.11로 나눈 것에 대한 얘기는 뒤에 밝히겠다.

다시 이외수 작가의 사주로 돌아가자. 용신은 토성, 희신인 금성으로 식상생재성격이라 부른다. 즉 식상이 재성을 생하는 격국이란 뜻이다. 그리고 일반사주는 이용+용신의 육친이 합쳐져 의식 성향을 이룬다고 했다. 이용하는 육친이 붙는 까닭은 희신을 숨기기 위해서라 했다. 이 사주의 희신인 재성으로 그것과 반대가 되는 육친은 인성과 비견이다. 그 둘 중 용신인 식상과 친해야 한다고 했으므로 바로 비견이다. 그러므로 비견과 식상이 합쳐져 의식 성향을 이룬다. 그래서 진보주의 의식이란 뜻이다. 이외수 작가의 타고난 의식 성향은 진보주의 의식이다. 진보주의란 어떤 이념인가? 독자들도 아시다시피 '간섭과 구속을 당하지 않고자', '구태와 관습을 멀리하고 변화를 꾀하고자', '도전과 모험이 두렵지 않고자', '사회적 약자를 위하고자', '자신만의 전문성을 살리고자', '남녀 평등한 삶을 살고자,' '자존심과 카리스마 지키며 살고자', '삶의 의미와 가치관을 찾고자', '본능과 건강에 충실하고자', '자신만의 세계를 구축하고자', '개혁하고 개방된 삶을 살고자', '수직적 삶보다는 수평적 삶을 살고자', '법보다는 사람이 우선이라는' 등등이다. 여러분들이 책에서 느꼈던, 언론에서 보았던, 직접 만나봤던, 아니면 상상했던 이외수 작가의 실제 성향과 녹현역학으로 추론한 성향이 같을지의 판단은 상상에 맡긴다.

2. 남성(73세)

시	일	월	년
癸	戊	庚	甲
丑	申	午	申

戊	丁	丙	乙	甲	癸	壬	辛
寅	丑	子	亥	戌	酉	申	未

생전에 동상이 세워진 반기문 유엔 사무총장의 사주팔자이다. 먼저 우주 에너지의 비율을 보자. 금성: 2.2, 화성: 1.2, 토성: 0.7, 수성: 0.5, 목성: 0.2로, 무(戊) 일간을 도와주는 오행은 토성(0.7)과 화성(1.2)으로 수치가 1.9로 신강이다. 가장 강한 오행은 금성. 금극목(金剋木)하여 목성이 피해 본다. 구제오행은 수성과 화성. 신강하므로 수성에게 부탁한다(1차 방정식). 그런데 지지의 토성이 수성을 억제하므로 다시 공식에 들어간다. 2차 구제오행은 금성과 목성이며, 둘 다 사주 안에 있다. 금성은 식상, 목성은 관성이므로 음양의 차이를 살펴야 한다. 음기(3.4)가 양기(1.4)보다 2나 많으므로 양기인 목성에게 수성을 구해달라고 한다(2차 방정식). 금성이 목성을 억제하나, 1차 방정식 때 억제오행 역할을 했으므로 더 이상 공식은 진행되지 않는다. 용신은 목성으로 관성이며, 희신은 수성으로 재성이므로 격국은 관성보재성격이라 한다. 그리고 일반사주이므로 이용하는 육친이 용신 앞에 붙는다. 희신인 재성과 반대되는 육친은 인성과 비견인데, 용신인 관성과 친한 육친은 인성이다. 그래서 인성과 관성이 합쳐져 의식 성향을 이룬다. 바로 보수주의 의식이다.

반기문 유엔 총장의 의식 성향을 살펴보자. 보수주의란 '후덕하고 인자한 사람으로 보이고자', '윤리 도덕적으로 살고자', '이미지 관리에 최선을 다하고자', '인정받고 존경받고자', '유교적인 삶을 살고자', '원리원칙을 지키고자', '신분상승을 하고자', '상명하복식의 삶을 살고자', '안정된 조직이나 직장에 들어가고자', '이성적이고 고상한 삶을 살고자', '학문적 스펙을 위해 공부하고자', '기득권을 누리고자', '체면과 명분을 중시하고자', '기존 체제에 안주하고자', '책임을 다하고자' 등이다. 여러분이 직간접적으로 느꼈던 반기문 유엔 총장의 의식 성향과 같을지?

3. 남성(53세)

시	일	월	년
壬	乙	丙	甲
午	巳	子	辰

甲	癸	壬	辛	庚	己	戊	丁
申	未	午	巳	辰	卯	寅	丑

대한민국 정부도 못 하는 복지를 과감히 실시하고 있는 성남시장 이재명의 사주팔자이다. 타고난 우주 에너지는 화성: 2.2, 수성: 1.4, 목성: 0.7, 토성: 0.5 금성은 없다. 을(乙) 일간을 도와주는 오행은 목성(0.7)과 수성(1.4)이며, 수치는 2.1로 신강이다. 가장 강한 오행은 화성으로 화극금(火剋金)하여 금성이 피해 본다. 구제오행은 토성과 수성인데, 신강하므로 토성에게 금성을 구하라고 부탁한다(1차 방정식). 그런데 연지의 진(辰) 토성을, 바로 위 천간의 갑(甲) 목성이 억제하고 있다. 그래서 다시 한 번 공식에 적용해야 한다. 목극토(木剋土)하므로 화성과 금성이 구제오행이다. 그러나 금성은 없으므로 음양 차이는 보지 않고 화성에게 토성을 구하라고 한다(2차 방정식). 화성이 활동하려고 할 때, 수성이 억제하므로 또 한 번의 공식을 대입한다. 수극화(水剋火)하므로 목성과 토성이 구제오행이다. 신강하므로 토성에게 화성을 구하라고 부탁한다(3차 방정식). 목성이 토성을 억제하지만, 이미 억제오행 역할을 했으므로 공식은 여기서 끝난다. 용신은 토성으로 재성이며, 희신인 화성으로 식상이다. 그래서 재성보식상격이란 격국을 지닌다. 역시 일반사주로 이용하는 육친이 필요하다. 희신인 식상을 보호하기 위해 그것과 반대가 되는 관성과 인성이 이용하는 육친으로 나온다. 그런데 용신인 재성과 친한 관성이 이용하는 육친이 되며, 의식 성향은 관성과 재성이 합쳐져 성공주의 의식을 이룬다.

이재명 성남시장의 의식 성향을 살펴보자. 성공주의란 '경쟁에서 이기고자', '현실에 최선을 다하고자', '근면성실하게 살고자', '사회적으로 성공하고자', '공개적·객관적으로 파악하고자', '사적인 관계 청산하고 공적 관계를 중시하고자', '모범적인 삶을 살고자', '가정을 중시하는 삶을 살고자', '한시도 쉬지 않고 일하는 워커홀릭의 삶을 살고자', '능력을 최대한 발휘하고자', '배우자감 영순위가 되고자', '완벽한 사람이 되고자', '출세할 수 있는 데까지 이르고자', '시시비비를 가리고자' 등이다. 자, 이재명 성남시장의 의식 성향과는 같을지?

무의식 성향 15종류

　무의식(無意識)이란 '자기 행위를 자신이 인지하지 못하는 상태'라 한다. 행위라는 것은 어떤 모습 또는 행동이란 의미다. 의식과는 전혀 다른 개념이다. 세계 심리학계의 궁극적인 목표가 사람이 어떻게 행동할 것인가를 파악하는 것에 있다고 한다. 그래서 각종 실험 도구와 설문지 등을 이용했고, 나아가 연극의 상황극 같은 무대를 만들어 놓고 실험했다. 이처럼 전 세계 심리학자나 학계에서도 알아내기 어려운 사람의 행동 성향이 자신이 지닌 우주 에너지인 사주팔자만 보면 나온다는 것은 믿기지 않는다.

　필자의 경험에 의하면 실패, 좌절, 파산, 이별 등 좋지 않은 상황을 일부러 만들고 싶어 하는 사람은 거의 없다. 그런데 본의 아니게 그런 일들을 당한다. 생각한 대로만 행동하면 결코 그런 일들을 당하지 않을 텐데 말이다. 왜 사람들은 생각한 대로 행동하지 못할까? 늘 의문이었다. 항상 심장? 가슴? 행동? 마음? 본능? 이성(理性)? 의식? 무의식? 잠재의식 등의 단어들을 떠올리다가, 마음이 이끌리는 대로, 마음을 다스려야, 마음이 가는 대로, 마음대로 하라는 등, '마음'이 늘어간 말은 이성적인 통제가 불가능함을 알았다. 다시 말하면 생각한 대로가 아닌, 본능적으로, 동물적으로, 반사 신경적으로, 무의식적으로 반응하는 것이 자신도 알지 못하는 행동 성향이다. 그래서 사주 용어로는 심성체질(心性體質)이라 했다. 심성(心性)이란 '마음의 본체'란 뜻이고, 체질(體質)이란 '몸'이란 뜻으로, 몸이 마음을 따른다는 의미에서다.

　그렇다면 몸이 마음을 따르는 경우가 어떤 상황일까? 술에 취했을 때, 화가 났을 때, 흥분했을 때, 싸움할 때, 감정이 상했을 때, 위험한 순간일 때, 자신을 잘 아는 지인들과 함께 있을 때 등일 것이다. 왜 이럴 때일까? 굳이 이성적인 판단을 할 필요

제2장

가 없거나, 자신의 본 모습을 숨길 필요가 없거나, 생각을 깊게 할 필요가 없어서다. 그저 즉흥적·충동적·동물적·본능적으로 반응할 때다. 이렇게 심성체질을 찾아놓고 보니 과거에는 이해가 되지 않았던 사건들이 실타래 풀리듯 풀리는 것이었다.

필자의 절친 중 평소엔 매우 점잖고 예의 바른 친구가 있었다. 그런데 술에 취하면 마치 개망나니 같은 짓거리를 했다. 물론 요즘도 마찬가지지만, 나이 들어서 그런지 예전보다 덜한다. 그리고 예전엔 녹현역학을 알리고자 무료강의를 한다는 광고를 유명 일간지 D 신문에 꾸준히 홍보하고 있었다. D 신문의 광고를 담당한 사람이 필자의 사무실을 들락거리면서 광고비를 받아갔다. 그런데 홍보 문구가 잘못 인쇄되어서 그달의 광고비를 줄 수 없다고 버티자, 그동안의 친절하고 상냥했던 모습과는 다른, 마치 조폭 비슷한 폼을 잡고 협박을 하는 것이었다. 당시에는 무척 놀랐다. 훗날 그들의 심성체질이 무엇인지 안 순간, 그러한 의문들은 다 해소되었다. "아, 그럴 수밖에 없었구나!"라고 이해가 가는 부분이었다.

자, 그럼 사주팔자에서 심성체질 찾는 방법을 알아보자. 자신의 우주 에너지를 녹현방정식에 대입하여 얻은 결과는 격국(생각)인데, 심성체질(행동)은 무엇으로 알 수 있을까? 필자는 일간(자신)이 좋아하지 않아도 본의 아니게 이끌린다는 것을 염두에 두고 연구했다. 무엇 때문에 이끌리고 원하든 원하지 않든, 본능적으로 행동할 수밖에 없는가 말이다. 이 부분에 엄청난 시간과 노력이 들어갔다. 결론은 사주에서 수치가 강한 오행은 무엇을 하는가? 흉신(기신과 구신)들은 어떤 작용을 하는가? 그냥 수치만 강한 것이 아닐 것이고, 그냥 흉신만이 아닐 것이란 생각에 이르렀다. 그래서 수치가 어느 이상만 되면 일간은 끌려갈 수밖에 없음에 중점을 두었다. 예전에 읽었던 책에서 힌트를 얻었다. 4명이 모였을 때 의견이 다르면 보통 2 대 2로 나뉘지만, 3명이 모여 있을 때 의견이 달라도 쉽게 나뉘지 않고, 좀 더 강한 의견을 낸 자에게 이끌린다는 내용이었다. 그래서 사주팔자 우주 에너지 전체 수치는 4.8인데, 한 오행 수치가 4.8의 3분의 1인 1.6 이상만 넘으면 심성체질에 걸리는 것으로 예상하고 검증에 들어갔다.

기가 막혔다. 생각(격국)을 얘기하고 나서 행동(심성체질)을 얘기하면 내담자는 깜짝 놀란다. 필자가 내담자를 지켜봤다는 듯이 말한다는 것이다. 내담자의 행동을 어떻게 아는지 의아한 눈길로 쳐다본다. 기억에 남는 내담자가 있었다. 결혼한 지 얼마 안 된 신혼부부다. 자주 싸운다는 거다. 그래서 신랑이 집에 와서 하는 행동과 아내가 신랑에게 하는 행동을 얘기하고, 그래서 싸운다고 했더니 필자더러 "저희 집에 왔었냐고?", "본 듯이 얘기한다!"며, 앞으로 그러지 않겠다고 다짐하면서 상담을 마친 적이 있었다. 정말로 한 오행의 수치가 1.6이 넘어서면 그 오행의 성향이 이끄는 대로 행동하게 됨을 알았다. 필자 역시 사주팔자에 행동까지 나타날 줄은 꿈에서도 생각한 적이 없었다.

그런데 1.6이 넘는 오행이 한 가지만 나오는 것이 아니라, 두 가지 오행도 있고, 더러 세 가지 오행이 나오는 경우도 있다. 또는 1.6이 넘지 않는 경우도 있다. 한 가지 체질 5종류, 두 가지 체질 10종류, 세 가지 체질 10종류, 체질이 없는 경우 5종류 등 모두 30종류가 되었다. 그런데 검증 결과, 한 가지 체질과 체질이 없는 경우, 그리고 두 가지 체질의 경우가 대부분이며, 세 가지 체질의 경우는 극히 드물었다. 그래서 여기선 세 가지 체질의 경우만 제외하고 나머지 체질은 전부 소개하겠다.

기본적인 한 가지 체질

`권력형(權力形… 관성체질)` … 관성의 수치가 1.6 이상인 경우이다. 관성의 특성은 자기절제이다. 왜 자제 또는 절제해야 하는가? 그것은 남보다 좀 더 잘나 보이기 위해서다. 그러려면 못난 행동이나 모습을 보이지 말아야 한다. 누가 시켜서가 아니라, 스스로 지나치지 않고 욕먹지 않고자 해서다. 그래서 이를 '권력형'이라 했다. 권력형은 남보다 앞서 명예·권위적으로 높은 위치에 오르고, 타의 모범이 되고자 맡은 책임을 다하여 믿음과 신뢰감을 준다. 그래서 스스로 알아서 움직이기보다는, 윗사람의 명령이나 지시를 받아 움직인다. 관성은 남자에게는 자식, 여자에게는 남자다. 남자는 자식에게, 여자는 남자에게 끌려간다는 거다. 좋아하지도 않으면서 남자는 자식을 위해서 여자는 남자를 위해서 사는 모습이란 것이다. 즉 자식의 눈치를 보거나 남자의 눈치를 보는 삶인 것이다.

`안정형(安定形… 인성체질)` … 인성의 수치가 1.6 이상인 경우이다. 인성의 특성은 생각 많음이다. 왜 생각이 많아야 하는가? 그것은 남의 이목이 두려워서다. 어떻게 평가할지 두려워 섣불리 행동으로 옮기지 못하는 거다. 그래서 이를 '안정형'이라 했다. 안정형은 남보다 더 이성적이고 고상하고, 윤리 도덕적으로 완벽하고자 지적인 수준을 높인다. 그래서 사사로운 감정을 표현하기보다 인내하는 것이 기본이고, 값싼 동정심도 발휘한다. 인성은 부모다. 남녀같이 부모에게 이끌린다. 그래서 남자는 어릴 적 마마보이라는, 여자는 공주란 소리를 듣는다. 스스로 나서서 하기보다는 부모가 해주길 바라서다. 더 많은 것을 바라기에 부모가 기뻐할 수 있도록 공부하는 모습을 보인다. 그래서 남녀 모두 부모의 눈치를 보는 삶인 것이다.

`의리형(義理形…비견체질)` … 비견의 수치가 1.6 이상인 경우이다. 비견의 특성은 욕심이 없음이다. 왜 욕심이 없는 것일까? 그것은 남과 함께 어울리며 나누기를 좋아해서다. 그래서 부귀영화보다는 인간답게 살자는 거다. 그래서 이를 '의리형'이라 했다. 의리형은 타인을 배려하고 이해하며, 심신의 건강을 최우선으로 여긴다. 또한, 모두가 공존할 수 있는 이상적인 사회를 만들고, 누구보다 강한 의리와 우정을 드러낸다. 비견은 형제나 친구다. '친구 따라 강남 간다.'는 속담이 있듯, 남을 잘 따른다. 남녀가 똑같다. 형제자매는 잘되기를 바라지만, 친구들은 반드시 그렇지만은 않다. 그래서 비견체질의 소유자는 친구들의 영향을 많이 받는다. 여자인 경우는 훗날 친정의 영향을 많이 받기에 친정의 재산 상태에 따라 행과 불행이 엇갈린다. 즉 남자는 형제(친구)의 눈치를 보거나, 여자는 친정의 눈치를 보는 삶인 것이다.

`모험형(冒險形… 식상체질)` … 식상의 수치가 1.6 이상인 경우이다. 식상의 특성은 의심 많음이다. 왜 의심이 많아야 하는가? 그것은 남을 믿지 못해서다. 남을 믿지 못하므로 모든 것을 자신이 직접 해봐야만 한다. 그래서 이를 '모험형'이라 했다. 모험형은 몸을 사리지 않는다. 항상 호기심이 가득하고, 남들 하지 않는 것에 주목한다. 그래서 삶의 변화가 많고 안정적이지 않다. 용의 꼬리보다

는 뱀의 머리를 택하기에 전문성, 창의성, 카리스마가 없어서는 안 된다. 식상은 남자에게는 처갓집, 여자에게는 자식이다. 그래서 남자는 처갓집의 영향을 받고, 여자는 자식에게 끌려간다. 요즘은 장인 장모랑 같이 사는 사위도 많고, 남편과는 사이가 나빠도 자식 때문에 사는 여자들도 많다. 즉 남자는 처갓집의 눈치를 보거나, 여자는 자식의 눈치를 보는 삶인 것이다.

<u>물질형(物質形… 재성체질)</u> … 재성의 수치가 1.6 이상인 경우이다. 재성의 특성은 이기적인 것이다. 왜 이기적이어야 하나? 그것은 세상 누구보다 자기 자신이 소중하기 때문이다. 자신이 소중하므로 주위의 이목과 인기를 받아야 한다. 그래서 이를 '물질형'이라 했다. 물질형은 현실 감각이 뛰어나다. 사는 동안 인기도 얻고 이목을 끌려면 재밌고 즐겁게 살아야 한다. 그러자면 돈이 필요하다. 그래서 누구보다 열심히 돈을 모은다. 재성은 남자에게는 아내, 여자에게는 시부모다. 체질은 좋아하는 것이 아니라 끌려간다고 했다. 그래서 남자는 아내에게, 여자는 시부모에게 끌려간다는 것이다. 아내 앞에만 서면 애처가지만 밖에서는 인기남이고, 여자는 시부모 재산 정도에 따라 행과 불행이 엇갈린다. 즉 남자는 아내의 눈치를 보거나, 여자는 시부모의 눈치를 보는 삶인 것이다.

▍상생하는 두 가지 체질

<u>이타형(利他形… 인성 + 비견체질)</u> … 인성과 비견의 수치가 각각 1.6 이상이다. 인성은 비견을 도와주므로 친한 관계다. 그 두 육친이 합쳐져 '이타형'이라 부른다. 이타형의 특성을 알려면, 먼저 재성의 성향을 파악해라. 재성과 반대가 되는 성향이 바로 인성과 비견의 합쳐진 성향이기 때문이다. 재성의 특성은 이기적이다. 세상 누구보다 자신이 소중해서 자신만 재밌고 즐겁게 사는 성향이다. 그렇다면 그것과 반대가 되는 성향은, 자신보다 남이 소중하고 남들도 재밌고 즐겁게 사는 성향이다. 자신보다 남을 먼저 배려하고 이해하는 성향이므로 이타형이라 했다. 이타형은 변화가 많고 복잡한 분야보다는, 단순하면서도 몸이 편한 분야나 계산적이지 않은 분야가 맞다. 그래서 정신적·교육적·종교적·인문학적인 분야가 어울린다. 이타형은 가족도 자신이라고 여겨, 같이 사는 가족의 말보다는 밖의 지인이나

친구들의 말에 잘 따른다. 그래서 결혼 전에는 부모·형제, 결혼 후에는 배우자와 자식이 섭섭해할 수도 있다. 가장 큰 단점으로는, 늘 남을 의식하므로 인간관계로 인해 운명이 좌지우지될 수도 있다는 점이다.

> 진보형(進步形… 비견 + 식상체질)

… 비견과 식상의 수치가 각각 1.6 이상이다. 비견은 식상을 도와주므로 친한 관계다. 그 두 육친이 합쳐져 '진보형'이라 했다. 비견과 식상의 반대가 되는 육친인 관성의 성향을 파악한 뒤, 그것과 반대되는 성향이 바로 비견과 식상을 합친 성향이다. 관성의 특성은 자기 절제다. 남들의 모범이 되는, 기존 체제나 질서에 순응하여 권위를 찾는 성향이다. 그렇다면 그것과 반대가 되는 성향은, 자기 자신에 대한 존엄성과 구태나 기존의 것을 개혁, 개방하여 모두가 평등하게 사는 성향이다. 삶의 질을 높이기 위해 과감한 변화를 주는 성향이므로 진보형이라 했다. 진보형은 고용인이 되지 않고자 자립 혹은 독립할 수 있는 전문적인 분야나 타고난 몸을 맘껏 활용할 수 있는 분야가 맞다. 그래서 스포츠·프리랜서·인권보호·기능·기술직 분야가 어울린다. 진보형은 사회적 약자를 대신해 사회적 강자에 맞서거나 봉사와 희생을 한다. 그리고 남 보기엔 별 볼일 없는 것일지라도, 가치 있는 일에는 올인한다. 가장 큰 단점으로는, 가족에 대한 책임감이 적은 탓에 가족들이 평생 믿고 살기에는 적합하지 않다는 점이다.

> 쾌락형(快樂形… 식상 + 재성체질)

… 식상과 재성의 수치가 각각 1.6 이상이다. 식상은 재성을 도와주므로 친한 관계다. 그 두 육친이 합쳐져 '쾌락형'이라 한다. 식상과 재성의 반대가 되는 인성의 성향을 파악한 뒤, 그것과 반대되는 성향이 바로 식상과 재성을 합친 성향이다. 인성의 특성은 생각 많음이다. 윤리 도덕적인 모습을 보이는, 남의 이목을 중시해 감정 표출을 자제하는 성향이다. 그렇다면 그것과 반대가 되는 성향은, 자신의 감정에 충실한 채 유쾌하고 즐겁게 사는 성향이다. 짧고 굵으면서도 낭만이 있고 예술이 살아 숨 쉬는 성향이므로 쾌락형이라 했다. 쾌락형은 감성이 풍부하므로, 오감을 만족시킬 수 있는 분야나 물질적·금전적 풍요로움을 주는 분야가 맞다. 그래서 금융·증권·연예계·

예술계·관광호텔·미(美)를 창조하는 분야가 어울린다. 쾌락형은 낭만과 감성이 삶 자체에 흠뻑 젖고, 유행과 멋을 선도한다. 그래서 멋진 이성 친구와의 만남이나 사교에 빠져든다. 가장 큰 단점으로는, 감정의 기복이 있어 즉흥적·충동적으로 행동해서 한결같은 모습을 유지하기가 어렵다는 점이다.

이기형(利己形… 재성 + 관성체질)

… 재성과 관성의 수치가 각각 1.6 이상이다. 재성은 관성을 도와주므로 친한 관계다. 그 두 육친이 합쳐져 '이기형'이라 부른다. 재성과 관성의 반대가 되는 비견의 성향을 파악한 뒤, 그것과 반대되는 성향이 바로 재성과 관성의 합친 성향이다. 비견의 특성은 욕심 없음이다. 속물이 되지 않는, 그래서 누구나 좋아하는 부귀영화도 혼자가 아닌, 다 함께 나누는 성향이다. 그렇다면 그것과 반대되는 성향은 세속적인 모습으로 모두 함께가 아닌, 혼자만의 부귀영화를 누리는 성향이다. 오로지 현실에서 가질 수 있는 모든 것을 혼자서 독차지하는 성향이므로 이기형이라 불렀다. 이기형은 현재 자신이 속한 곳에서 가장 유망하거나 전망이 밝은 분야로 진출한다. 그래서 공무원·교육계·법조계·대기업·언론계 분야가 어울린다. 이기형은 타고난 능력과 경쟁력을 최대한 발휘하면서 근면·성실하게 산다. 그래서 경제적·명예적으로 남들보다 앞선 경우가 많다. 가장 큰 단점으로는, 가정적(배우자와 자식)으로 살기에 부모·형제나 친구, 동료 등 대인관계가 원만치 않은 점이다.

보수형(保守形… 관성 + 인성체질)

… 관성의 인성 수치가 각각 1.6 이상이다. 관성은 인성을 도와주므로 친한 관계다. 그 두 육친이 합쳐져 '보수형'이라 한다. 관성과 인성의 반대가 되는 식상의 성향을 파악한 뒤, 그것과 반대되는 성향이 바로 관성과 인성의 합친 성향이다. 식상의 특성은 의심 많음이다. 호기심이 왕성해서 스스로 해봐야 하는, 그래서 모험과 도전은 물론 변화와 개혁을 하는 성향이다. 그렇다면 그것과 반대가 되는 성향은 스스로가 아닌, 누군가의 지시나 명령에 의해 움직이는 성향이다. 상명하복식의 질서가 유지되고 신분이 높아지기만을 바라는 성향이므로, 보수형이라 했다. 보수형은 남에게 인정받거나 존경받을 수 있는 분야가 맞다. 그래서 정치·의약계·법조계·금융계·학계·종교계

분야가 어울린다. 보수형은 신분 상승을 위해 학위를 취득하고, 전통과 예의에 밝은 유교적인 생활을 한다. 가장 큰 단점으로는, 아랫사람을 무시하는 경향과 무사안일주의에 빠지는 경우가 발생한다는 점이다.

▌상극하는 두 가지 체질

권리형(權利形⋯ 식상 ↔ 관성체질) ⋯ 식상과 관성의 수치가 각각 1.6 이상이다. 그런데 식상과 관성은 상생 관계가 아닌 억제의 관계로 서로 합쳐질 수가 없다. 서로의 성향을 버리지 않고 팽팽히 맞서고 있기 때문이다. 맞서고 있는 이유를 찾아야 한다. 식상의 모습을 보이다가 관성의 모습을 보이는 이유가 뭘까? 바로 '권리' 때문이다. 권리란 '어떤 일을 자유롭게 처리하거나 당연히 주장하고 요구할 수 있는 자격 또는 힘'이다. 다시 말하면 자신의 권리를 지키기 위해 반항적인 모습을 보이다가 순순히 따르는 모습, 그러다가 다시 반항하고 다시 또 순응하고, 이런 행동을 되풀이한다. 이렇게 갈팡질팡하는 모습도 모두 자신의 권리를 지키기 위해서이다. 그래서 변화 대 관습, 욕정 대 절제, 일탈 대 현실, 독립적 대 조직적, 남편 대 자식(여자)으로 행동이 이리 왔다 저리 갔다 한다. 가장 큰 단점으로는 자신의 권리를 고수하고자 안정적인 삶의 모습이 사라져버린다는 점이다.

신분형(身分形⋯ 관성 ↔ 비견체질) ⋯ 관성과 비견의 수치가 각각 1.6 이상이다. 그런데 관성과 비견은 상생 관계가 아닌 억제의 관계로, 서로 합쳐질 수 없다. 그렇다면 관성의 모습을 보이다가 비견의 모습을 보이는 이유가 뭘까? 바로 '신분' 때문이다. 신분이란 '개인의 사회적 지위나 자격 또는 등급으로 구분한 사람의 지위나 자격'을 말함이다. 다시 말하면, 자신의 신분을 올리기 위해서 책임감 있는 모습을 보이다가 어느 순간 무책임한 모습으로, 그러다가 다시 최선을 다하다가 다시 또 나태해진 행동을 되풀이한다. 이렇게 갈팡질팡하는 모습도 모두 자신의 신분을 올리거나 지키기 위해서이다. 그래서 근면·성실 대 유유자적, 가정 대 바깥, 공적 관계 대 사적 관계, 남편 대 친구(여자) 등의 행동으로 오락가락한다. 가장 큰 단점으로는, 신분을 상승시키기 위해 변화가 있거나 모험이 있는 다채로운 삶을 살지 못한다는 점이다.

재물형(財物形… 비견 ↔ 재성체질) … 비견과 재성의 수치가 각각 1.6 이상이다. 그런데 비견과 재성은 상생 관계가 아닌 억제의 관계로 서로 합쳐질 수 없다. 그런데 비견의 모습을 보이다가 재성의 모습을 보이는 이유가 뭘까? 바로 '재물' 때문이다. 재물이란 '돈이나 값나가는 물건을 통틀어 이르는 말'이다. 다시 말하면 재물을 모으기 위해 타고난 능력을 개발하고 경쟁력 있는 모습을 보이다가, 어느 순간 욕심 버리고 나그네·참인간다운 모습으로, 그러다가 다시 세속적으로 돌아오고, 다시 또 속물이 되지 않는 행동을 되풀이한다. 이렇게 갈팡질팡하는 모습도 모두 재물에 대한 집착 때문이다. 그래서 형이상학 대 형이하학, 현실 대 이상, 소유 대 무소유, 아내 대 친구(남자), 친정 대 시댁(여자)으로 행동이 왔다 갔다 한다. 가장 큰 단점으로는, 재물에 집착하는 바람에 책임감 있는 모습이 드러나지 않아 믿음과 신뢰를 주지 못하는 삶을 산다는 점이다.

도덕형(道德形… 재성 ↔ 인성체질) … 재성과 인성의 수치가 각각 1.6 이상이다. 그런데 재성과 인성은 상생 관계가 아닌 억제의 관계로, 서로 합쳐질 수 없다. 그렇다면 재성의 모습을 보이다가 인성의 모습을 보이는 이유가 뭘까? 바로 '도덕' 때문이다. 도덕이란 '인간이 지켜야 할 도리나 바람직한 행동 규범'이다. 다시 말하면 도덕을 지키기 위해 이미지를 관리하는 모습을 보이다가 어느 순간 감정을 표출해버리고, 그러다가 다시 인내하는 모습으로 돌아오고, 다시 또 감정적으로 변하는 행동을 되풀이한다. 이렇게 갈팡질팡하는 모습도 모두 도덕에 대한 집착 때문이다. 그래서 이성적 대 감정적, 화려함 대 소박함, 의무 대 쾌락, 지적 호기심 대 예술 호기심, 부모 대 아내(남자)로의 행동이 오락가락한다. 가장 큰 단점으로는, 도덕적인 삶에 집착하는 바람에 인간적인 면모가 사라지거나 의리·우정이 없는 삶을 산다는 점이다.

명분형(名分形… 인성 ↔ 식상체질) … 인성과 식상의 수치가 각각 1.6 이상이다. 그런데 인성과 식상은 상생 관계가 아닌 억제의 관계로, 서로 합쳐질 수 없다. 그렇다면 인성의 모습을 보이다가 식상의 모습을 보이는 이유가 뭘까? 바로 '명분' 때문이다. 명분이란 '신분이나 이름에 걸맞게 지켜야 할 도리'이다. 다시 말하면 명분을 지키기 위해 관망하거나 지켜보다가, 어느 순간 참견하거나 개입하고, 그러다가 다시 관망하는 모습으로 돌아오고, 다시 또 참견하는 행동을 되풀이한다. 이렇게 갈팡질팡하는 모습도 모두 명분에 대한 집착 때문이다. 그래서 관망 대 개입, 이미지 관리 대 막무가내, 인내 대 욕정, 이목 대 유아독존, 친가 대 처가(남자)로의 행동이 오락가락한다. 가장 큰 단점으로는, 명분적인 삶에 집착하는 바람에 실속을 차리지 못하거나 물질적 풍요로움을 누리지 못한다는 점이다.

▎무체질

한 오행의 수치가 1.6이 넘지 않았을 때를 말함이다. 이런 경우를 가리켜 체질이 없는 '무체질'이라 한다. 체질이 없는 사람의 경우, 본능적으로나 무의식적으로 행동하지 않는다고 생각하면 오산이다. 왜? 사람은 감정적인 동물이기 때문이다. 단지 체질이 있는 사람보다는 없는 사람이 본능이나 감정적인 부분에서 크게 두드러지지 않을 뿐이다. 즉 그들도 실패, 좌절, 파산, 이별 등의 일을 겪지만, 체질이 있는 사람보다는 굴곡의 폭이 훨씬 적다는 말이다. 그래서 무체질의 사람은 감정적인 상황에 잘 빠져들지 않는다. 감정적인 상황이란 무엇인가? 바로 욕심이 만들어낸 것이다. '내가 조금 더 공부했으면…', '내가 조금 더 예뻤으면…', '내가 조금 더 많이 가졌으면…', '내가 조금 더 높았으면…', '내가 조금 더 머리가 좋았으면…' 등으로 무의식적으로 이런 생각들을 하게 된다. 이런 생각들은 모두 욕심에서 비롯된 것이다. 그런 욕심으로 인해 중용적인 모습을 보여주지 못한다. 중용적인 행동을 하지 못한다는 것은 곧 감정적인 행동을 한다는 말이다. 그러나 무체질의 사람들은 욕심이 크지 않은 탓에 감정적인 상황에 빠지는 경우가 그리 흔치 않다. 그럼에도 불구하고 무체질의 사람 역시 감정은 있게 마련이다. 무체질 사람들의 감정 찾는 방법에 대해 알아보자.

자신이 타고난 우주 에너지 비율을 찾아 녹현방정식에 대입한다. 방정식을 통해 찾아낸 길신들은 일간이 필요로 하는 오행으로 용신, 희신, 가용신, 병신 등이다. 그러나 길신의 활동을 방해하는 오행들도 있다. 기신과 구신이 그것으로, 흉신이라 부른다. 그들은 길신을 방해하므로 일간은 흉신을 좋아하지 않는다. 그런데 흉신에 해당하는 육친들이 마치 심성체질처럼 작용한다. 수치가 1.6이 넘지 않아도 말이다. 기신과 구신은 상생 관계이므로, 앞서 설명한 상생하는 두 가지 체질인 이기형, 이타형, 진보형, 보수형, 쾌락형 등으로 다섯 종류가 있다. 무체질도 상생하는 두 가지 체질과 같은 이름을 사용하지만, 실제의 작용력은 상생하는 두 가지 체질의 50% 이하로 떨어진다. 그럼에도 드러나는 성향은 상생하는 두 가지 체질도 대동소이하다.

❖ 무의식 성향 도표

분류	성향
권력형 = 관성체질	평소 모범적인 생활로 믿음과 신뢰감을 심어준 후, 명예적으로 높은 위치에 오른다. 근면·성실하고 책임감 강한 행동으로 출세를 거듭하는 형
안정형 = 인성체질	평소 동정심과 측은지심을 발휘해 인간적임을 인정받는다. 높은 향학열과 끝없는 인내심으로 남과는 차원이 다른 고상하고 안정된 삶을 사는 형
의리형 = 비견체질	평소 높은 친화력과 배려심으로 욕심 없음을 드러낸 후, 우정과 의리를 앞세워 인간미 넘치는 공동체 생활과 심신이 건강한 삶을 사는 형
모험형 = 식상체질	평소 몸을 사리지 않고 무엇이든 도전하는 모험적 행동을 보인 후, 남들 하기 힘든 변화가 많은 삶 또는 개혁·개방을 주도하는 삶을 사는 형
물질형 = 재성체질	평소 다재다능한 재능과 강한 경쟁력을 내세워 인기를 얻은 후, 물질적 풍요로움 아래 낭만과 예술이 흐르고 재미와 즐거움이 넘치는 삶을 사는 형
보수형 = 관성 + 인성체질	평소 원리 원칙적이고 윤리 도덕적인 생활로 신뢰감을 쌓은 후, 인간적 의무와 도리에 최선을 다하고, 위계질서가 엄격한 유교적인 삶을 사는 형
이타형 = 인성 + 비견체질	평소 신외지물적인 생활을 하면서 정신과 신체의 건강을 중시한 후, 어렵고 힘든 이웃을 위해 발 벗고 나서고, 신앙적·종교적으로 참인간답게 사는 형
진보형 = 비견 + 식상체질	평소 불합리적인 것과 불평등한 것에 대한 시시비비를 가린 후, 자유로운 삶을 규제하는 제도 및 관습을 뜯어고치고 개인의 권리를 요구하며 사는 형
쾌락형 = 식상 + 재성체질	평소 타고난 예술성과 유머감각을 발휘해 인기를 얻은 후, 물질적 풍요를 바탕으로 멋진 이성 친구들과 함께 오감을 통해 느낄 수 있는 감각적인 삶을 사는 형
이기형 = -재성 + 관성체질	평소 근면·성실함과 일에 빠지는 워커홀릭의 모습으로 능력 이상을 발휘해 부와 귀를 차지하고, 사적인 부분보다는 공적인 부분을 중시하는 삶을 사는 형
신분형 = 관성 ↔ 비견체질	평소 자신의 출신 성분에 불만이 많은 탓에 창의력과 융통성을 발휘하지 못하고, 오로지 신분 상승을 위해 책임감 있는 모습을 드러내다가, 순간 유유자적한 모습을 드러내는 형
재물형 = 비견 ↔ 재성체질	평소 소유할 수 있는 것에 대한 집착이 강해 신뢰성과 책임감이 사라지고, 오로지 돈을 모으기 위해 구두쇠처럼 생활하다가, 순간 신외지물 같은 모습을 드러내는 형

도덕형=재성↔인성체질	평소 도덕군자의 모습과 생활에 대한 집착이 강해 인간미와 싹수가 사라지고, 오로지 인간적 의무와 도리에 최선을 다하다가도 순간 감정을 주체하지 못하고 폭발하는 형
명분형=인성↔식상체질	평소 명분이 있는 삶에 대한 집착이 강해 실속과 낭만이 있는 생활은 사라지고, 오로지 사색하고 인내하는 모습을 드러내다가, 순간 충동적이고 즉흥적인 모습을 드러내는 형
권리형=식상↔관성체질	평소 자신의 권리를 지키는 것에 대한 집착이 강해 안정감과 평온함이 사라지고, 오로지 기존의 전통과 관습에 순응하다가, 순간 변화가 있는 개혁적인 모습을 드러내는 형

여기서 팁 하나를 제공한다. 기본적인 다섯 가지 체질 중에서 자신의 감정을 잘 표출하지 못하는 체질이 있다. 재성체질은 낭만적·사교적이라 감정표현의 달인이고, 식상체질은 하고자 하는 것은 꼭 하므로 감정이 쌓일 것 같지 않고, 비견체질도 친구나 지인을 만나면 남에게 하지 못한 말을 털어놓기에 감정이 잘 쌓이지 않는다. 그래서 이들 체질의 소유자는 스트레스를 크게 받지 않는다. 그러나 인성체질과 관성체질은 그렇지 않다. 인성체질은 남의 이목을 중시해 이미지 관리를 해야 하고, 관성체질은 모범적인 생활을 해야 하므로 하고 싶은 모든 행동을 드러낼 수가 없다. 즉 감정을 100% 모두 분출할 수가 없다. 이러한 상황이 하루 이틀이 아니고 평생 이어진다면 어떻게 되겠는가? 아마도 스트레스로 인해 병이 생기거나 원만한 사회생활을 할 수가 없을 것이다. 그래서 우리의 몸(신체) 스스로가 스트레스에서 벗어나고자 몸부림을 친다. 이 몸부림으로 인해 스트레스가 해소되어 정상적인 생활을 할 수 있는 것이다. 이러한 몸부림은 누가 시키거나 명령한 것이 아닌, 순전히 본능에 의해 일어난 행동들이다. 그래서 자기 자신 스스로가 인지하기 쉽지 않다. 이런 사실 하나만 가지고도 알 수 있는 것은, 사람은 생각에 의해 행동하며 살아가는 것이 아니라, 생각과는 달리 행동을 먼저 드러냄으로써 살아가는 존재인 것이다.

인성체질은 밖에서 품위 있는, 지적인, 고상한, 인내하는 모습만 드러낸다. 그래서 본능적으로 말과 행동을 함부로 하지 않는다. 경솔한 행동이나 말, 쌍스러운 말이나 행동, 비속어와 남의 흉을 보는 행동이나 말들은 사용하지 않는다. 그저 고상하고 우아하고 지적인 멋이 풍기는 말과 행동들만 한다. 관성체질도 마찬가지로, 되도록 자신의 감정을 숨기고 잘난 모습만 보여줘야 한다. 인성체질만큼 심하지 않지만 말이다. 어쨌든 감정대로 말하거나 행동하지 못하는 것은 마찬가지다. 그래서 인성체질의 몸부림은 재성체질 모습으로, 관성체질의 몸부림은 식상체질 모습으로 드러난다. 인성체질의 경우, 밖에서는 감정을 잘 자제하고 인내하는 행동을 보이지만, 집안에서는 매우 유아 같은 모습으로, 단 한 순간도 참지 못하고 감정을 분출하는 모습을 드러낸다. 그래서 가족들이 보기엔 마치 이중인격자처럼 보이기도 한다. 관성체질의 경우는 평소 완벽하고 모범적인 생활을 드러내다가도, 간간이 일탈의 모습을 드러낸다. 순간적으로 도박, 경마, 게임 등에 빠지거나 성(性)에 집착하는 모습을 드러내기 때문이다. 특히 해서는 안 되는 일이나 법을 어기는 사건들을 일으킨다. 그래서 가족과 지인들을 종종 놀라게 하기도 한다. 이와 같은 행동들은 누가 시켜서도, 혹은 의도적으로 하는 것이 아니다. 우리 몸이 건강한 상태를 유지하고자 몸 스스로가 알아서 하는 행동이다.

▌유명 인사들의 무의식 성향

1. 남성(76세)

시	일	월	년
乙	戊	辛	辛
卯	子	丑	巳

癸	甲	乙	丙	丁	戊	己	庚
巳	午	未	申	酉	戌	亥	子

　대통령 재직 시에 4대강 공사, 자원외교 등 온갖 비리로 자신의 실속을 채운 이명박 대통령의 사주팔자이다. 나라를 책임진 대통령임에도 불구하고 왜 자신의 잇속만 챙겼을까? 녹현역학으로 탈탈 털어보자. 먼저 우주 에너지의 비율을 보자. 수성: 1.84, 목성: 1.2, 화성: 1, 금성: 0.4, 토성: 0.36이다. 무(戊) 일간을 도와주는 오행은 화성(1)과 토성(0.36)으로 합이 1.36이라 최소 신강한계수치인 1.24를 넘었으므로 신강 사주이다. 가장 강한 오행은 수성으로 수극화(水剋火)한다. 화성을 구제하기 위한 오행은 목성과 토성이다. 신강하므로 목성에게 부탁한다(1차 방정식). 그러나 천간의 신(辛) 금성이 일간의 을(乙) 목성을 억제하므로 다시 공식에 대입한다. 금극목

(金剋木)으로 목성이 피해를 본다. 이차 구제오행은 수성과 화성이다. 역시 신강이라서 수성에게 부탁한다(2차 방정식). 그러나 수성 역시 토성에게 억제당하므로 또 한 번의 공식을 적용한다. 토극수(土剋水)로 수성이 피해를 본다. 삼차 구제오행은 금성과 목성이다. 음양의 차이가 0.4라 차이가 없다. 그렇다면 둘 중 강한 오행인 목성에게 수성을 구하라고 한다(3차 방정식). 목성을 방해하는 금성은 2차 방정식 때 억제역할을 했으므로 공식은 여기서 끝난다. 그래서 용신은 목성으로 관성, 희신은 수성으로 재성이므로 격국은 관성보재성격이 된다.

의식 성향을 알아보자. 일반사주이므로 이용+용신 육친이 합쳐져 의식 성향을 이룬다. 희신인 재성을 숨기기 위해 이용하는 육친으로는 인성과 비견이 나온다. 둘 중 용신인 관성과 친한 인성을 이용하는 육친으로 선택한다. 그래서 인성+관성으로 보수주의 의식 성향을 지녔다. 이명박 대통령의 의식 성향이 보수주의임은 대한민국 국민이면 모르지 않을 것이다. 경제정책의 핵심이 '대기업 주도형 성장주의', '재벌 법인세 할인', '규제완화 정책', '공기업 민영화' 등으로서 가진 자들 위주로 정책을 폈지 않았는가. 덕분에 서민들의 경제와 가계에는 어려움만 가중시켰다.

그렇다면 무의식 성향은 어떨지 살펴보자. 한 오행의 수치가 1.6 이상이면 무의식 성향이라 했다. 수성의 수치가 1.84이므로 재성체질인 것이다. 체질이라는 것은 좋아하지도 않으면서 끌려간다고 했다. 그래서 이명박 대통령은 자신도 모르는 사이에 재성체질, 즉 물질형의 행동을 드러낸다. 물질형은 말 그대로 가질 수 있는, 얻을 수 있는, 쌓을 수 있는 모든 것을 일컫는다. 어느 체질보다 매우 현실적인 성향을 지녔기 때문이다. 살아 있는 동안 즐겁고, 재밌고, 낭만적으로, 멋진 사교와 파티, 감상적으로 지내야 하므로 무엇보다 돈이 필요하다. 그래서 돈이 된다면 의리와 우정도, 의무와 도리도, 인간미와 동정심도 다 저버리고, 오로지 물불 가리지 않고 본능적으로 돈에 집착하게 된다. 의식 성향 역시 있는 자들의 성향인 보수주의이고, 무의식 성향 역시 자기 자신만 물질적 풍요로움 아래 재밌게 지내면 된다는 물질형이다. 이런 의식과 무의식 성향을 지녔기에 국민을 위한 민생, 경제, 정치는 애당초 기대하지 말았어야 했다.

그런데 이명박 대통령은 다른 재성체질의 소유자들과는 달리 유난히 돈에 더 집착했다. 대통령이 재벌 기업가들한테 정치자금을 받아 자신의 주머니를 채우는 것, 또는 지인들을 위해 사용하는 것이 관행이라고 치자. 그런데 이명박 대통령은 재벌 기업가들한테 특혜를 주고 정치자금을 받아 자신의 주머니를 부풀린 것 말고도, 국민들이 낸 세금까지 각종 국가사업 명목으로 빼돌려 자신의 주머니를 채웠다. 역대 어느 대통령도 시도하지 않았던 국민 세금 빼먹기를 이명박 대통령은 매우 계획적으로 치밀하게 진행했다. 이렇게 나라의 돈까지 탐을 낸 가장 큰 이유는 바로 희신도 재성이었기 때문이다. 희신이란 꿈 성향이다. 이명박 대통령의 꿈조차도 재성이고, 무의식 성향도 재성이었으니, 온통 돈밖에 모른다는 거다. 그래서 법을 위반한 건수가 무려 14번이라 한다. 건축법 위반, 도시공원법 위반, 업무방해 및 폭력처벌법 위반, 근로기준법 위반, 수뢰 의혹, 공직 선거 및 선거부정방지법 위반, 사기 혐의, 무고 혐의, 공직자윤리법 위반, 명예훼손 혐의, BBK사건-증권거래법 위반, 자녀 위장취업 의혹 관련 증여세 탈루 의혹, 황제 테니스-수뢰 직권남용, 성매매 방지 특별법 위반 등이다. 무의식 성향이 물질형이라 본능적으로 돈에 대한 집착이 있었고, 꿈조차도 물질적 풍요로움 아래 재밌고 즐겁게 살자는 감성형이니, 돈에 대한 애착이 얼마나 깊었는지 알 수 있는 대목이다.

2. 여성(66세)

시	일	월	년
甲	戊	辛	辛
寅	寅	丑	卯

己	戊	丁	丙	乙	甲	癸	壬
酉	申	未	午	巳	辰	卯	寅

현재 대통령인 박근혜의 사주팔자이다. 대통령에 당선되기 전의 언행(무상보육 실시, 고등학교 무상교육 실시, 65세 이상 노인 20만 원 지급, 공공 부분 비정규직 폐지 등)과 당선된 후의 언행이 다른 이유는 무엇일까? 먼저 박근혜 대통령이 타고난 우주 에너지의 비율은 목성: 3.2, 수성: 84, 금성: 0.4, 토성: 0.36, 화성: 0이다. 무(戊) 일간을 도와주는 오행의 합은 화성(0)과 토성(0.36)은 0.36으로, 신약 최대한계

수치인 1.21을 넘지 않았으므로 신약한 사주다. 가장 강한 오행은 목성. 목극토(木剋土)로 토성이 피해 보고 있다. 토성을 구제하는 오행은 화성과 금성이다. 신약한 사주이므로 일간을 도와주는 화성에게 도움을 요청해야 한다. 그러나 사주에 없으므로 어쩔 수 없이 금성에게 부탁한다(1차 방정식). 금성을 억제하는 화성이 없으므로 공식은 여기서 끝난다. 공식이 끝났을 때 일간이 진정 사용하고 싶은 오행이 있는 사주는 '진가사주'라 했다. 금성을 용신으로 선택했지만, 화성이 없어 대신 선택했으므로 가용신이다. 그래서 금성인 식상은 가용신, 토성은 희신으로 비견, 화성은 진용신으로 인성이다. 격국은 식상보비견격(인성)으로 부분완전형인 것이다.

진가사주이므로 의식 성향은 가용신+희신이므로 진보주의 성향을 지녔다. 여기서 이런 의문이 들 것이다. 박근혜 대통령의 의식 성향이 진보주의란 말인가? 진보주의 의식이면 사회적 약자와 가지지 못한 자들을 대변하여 사회적 강자나 있는 자들과 맞서야 하는 데 말이다. 그런데 전혀 그렇게 보이지 않으니 어찌 된 일인가? 박근혜 대통령이 타고난 의식 성향은 진보주의지만, 심리주기(대운)에 의해 타고난 의식 성향의 영향을 받지 못하고, 전환된 의식 성향인 신분주의의 영향을 받고 있어서다. 신분주의 의식 성향은 '명예로운 자리나 권위에 오르고자 기존 체제에 순응하며, 상명하복의 모습을 보이려는 이념'이다. 원래는 '출신 성분과 관계없이 모두가 평등하며, 개인의 존엄성과 권리를 보장받으려는 이념'인 진보주의였으나, 40대 이후 신분주의 의식의 영향을 받기 시작한 것이다. 그리고 심성체질도 관성체질(목성 3.2)로, 무의식 성향 역시 신분을 중시하는 권력형의 모습을 띤다.

권력형의 소유자는 1인자의 위치보다는 2인자의 위치가 안성맞춤이다. 스스로 판단해서 움직이는 것보다는 누군가의 지시를 받아 움직이는 것이 훨씬 더 편하기 때문이다. 그래서 박근혜 대통령을 십상시가 움직인다는 소문도 있지 않았던가. 어쨌든 생각도 신분주의 이념에 행동도 권력형이면 어떤 삶을 살까? 오로지 남과는 신분 자체가 다른, 권위가 설 수 있는, 남을 강제할 수 있는, 지시나 명령만 내리는, 마치 예전 절대군주인 왕처럼 생각하고 행동하게 된다. 박근혜 대통령의 사주팔자를 가지고 더 이상 왈가왈부하고 싶지 않아, 예전 필자가 예측했던 자료로 대신하고자 한다. 필자가 18대 대선 전, 모 대학 강의에서 누가 대통령이 될 것인지에 대해

강의했던 모습이 유튜브에 올라가 있다. 당선되기 전과 후의 박근혜 대통령 뇌 구조와 취임 후 한 달도 안 된 시점에 페이스북에 올린 내용들이다.

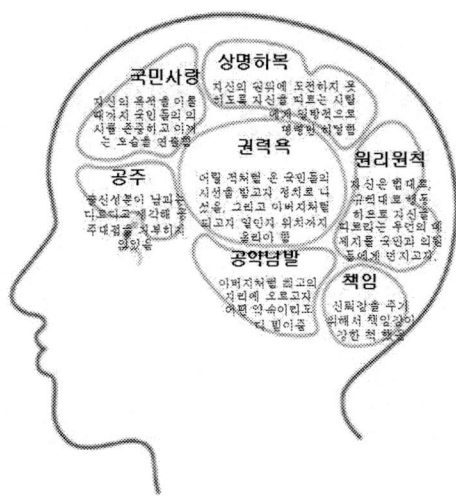

❖ 대통령 당선되기 전의 뇌 구조

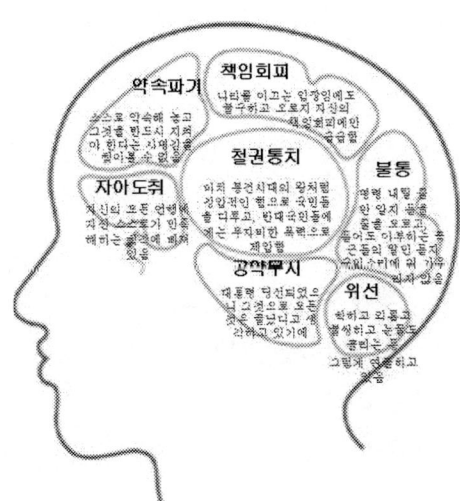

❖ 대통령 당선된 후의 뇌 구조

2007년에는
[이명박대통령이 당선될 것이고, 그러면 나라의 안정은 오고, 경제적으로 발전하겠지만, 대부분은 있는 자들의 얘기이고, 없는 자 즉, 서민들의 살림은 무척 어려워질 것이다.]라고 했고,
2012년에는
[박근혜가 당선될 것이고, 당선되면 철권의 정치가 이뤄질 것이다.] 왜? 의식과 무의식이 모두 권위형이라 스스로 매우 높은 곳에 홀로서기를 좋아하지, 국민과 함께 하기를 좋아하지 않기 때문이다. 그리고 권위형의 특징은 측근의 말만 믿는다. 그래서 국민의 자유는 상당부분 없어질 것을 각오해야 한다.]고 예측했었다.
그런데 당선된지 3개월도 안 된 시점이지만, 국민의 눈에 보이는 모습은 절대 권력자의 모습일 뿐이다. 자신이 지명한 사람이나 새로 만들려는 기관들은 무조건 찬성하라는 식이다. 한걸음 더 나아가 세계인이 하나가 된 시기에 오로지 대한민국 국민들만 하지 말라는 식의 정치를 펴고 있다. 즉, 박근혜가 대통령이 되면 국민의 자유가 사라질 것이다 예측했지만 너무 빨리 다가오고 있어 심히 우려가 된다. 남은 임기인 4년 9개월을 대한민국 국민들은 어떻게 지낼 것인지 답답할 뿐이다.

좋아요 · 댓글 달기 · 공유하기

❖ 페이스북 자료

3. 남성(60세)

시	일	월	년
乙	甲	癸	丁
丑	申	丑	酉

乙	丙	丁	戊	己	庚	辛	壬
巳	午	未	申	酉	戌	亥	子

　　　새누리당 원내대표였던 유승민 국회의원의 사주팔자이다. 박근혜 대통령의 공약이 거짓이라고 여당 내에서 유일하게 외쳤던 의원이다. 덕분에 배신자라는 낙인이 찍혀 20대 국회의원 공천을 받지 못했다. 무소속으로 출마하여 당선된 뒤 다시 새누리당으로 복귀했다. 배신자라는 누명을 씌워 내쫓은, 더구나 아직도 박근혜 대통령의 영향력이 큰 새누리당으로 복귀한 이유는 무엇일까 살펴보자. 타고난 우주 에너지의 비율은 금성: 2, 수성: 1.74, 토성: 0.66, 화성: 0.2, 목성: 0.2이다. 갑(甲) 일간을 도와주는 오행은 수성(1.74)과 목성(0.2)으로 합이 1.94로 최소 신강한계수치인 1.24를 넘었으므로 신강한 사주이다. 가장 강한 오행이 금성, 금극목(金剋木)으로 목

성이 피해 본다. 목성을 구할 오행으로는 수성과 화성인데, 신강이므로 화성에게 부탁한다(1차 방정식). 수성이 화성의 활동에 방해하므로 또 한 번의 공식을 대입한다. 수극화(水剋火)로 화성이 피해 본다. 목성과 토성이 이차 구제오행인데, 신강이므로 토성에게 부탁한다(2차 방정식). 그러나 을(乙) 목성이 천간에 있지만, 바로 밑에 축(丑) 토성이 있으므로 억제가 가능하다. 목극토(木剋土)하니 삼차 구제오행은 화성과 금성이다. 신강약으로 선택할 수 없으므로 음양의 차이를 본다. 음기가 양기보다 4나 많아 한계수치인 1.11을 넘었으므로 부족한 기운을 채워줘야 한다. 그래서 금성보다는 약하지만 부족한 양기를 채우기 위해 화성에게 토성을 구하라고 부탁한다(3차 방정식). 다시 목성이 토성을 억제하나 2차 때 억제 역할을 했으므로 공식은 여기서 끝난다. 그래서 용신인 화성으로 식상, 희신은 토성으로 재성, 격국은 식상생재성격이라 부른다. 그리고 일반사주이므로 용신인 식상 앞에 비견이 이용하는 육친으로 나오고, 비견과 식상이 합쳐져 진보주의 의식 성향을 이룬다.

진보주의 의식이란 '사회적 강자나 많이 가진 자들보다는 사회적 약자나 가지지 못한 자들을 위해 대신 나서서 그들의 권리를 찾아주는 이념'이다. '사람 위에 사람 없고, 사람 아래 사람 없다'는 기본 정신을 바탕으로 '대통령은 국민을 위해 존재해야 한다.'는 대한민국 헌법에 충실하자는 거다. 이러한 의식 성향을 지녔으면 여당보다는 야당에 더 잘 어울리는 국회의원일 텐데, 왜 쫓겨난 여당에 다시 들어가는 것일까? 그것은 바로 무의식 성향 탓이다. 금성(2)과 수성(1.74)이 심성체질 한계수치인 1.6을 넘어 관성체질과 인성체질이 되어서이다. 관성체질과 인성체질은 상생하므로, 합쳐져 보수형이라는 무의식 성향을 만들어냈다. 보수형의 모습은 어떨까? '평소 원리 원칙적이고 윤리 도덕적인 생활로 신뢰감을 쌓은 후, 인간적 의무와 도리에 최선을 다하고, 위계질서가 엄격한 유교적인 삶을 사는 형'이다. 이런 행동을 하는데, 야당 국회의원으로 적당하겠는가. 이런 생각을 해보자. 대재벌 삼성으로 출퇴근하는 사람들이 즐비하다. 그들을 삼성맨이라 부른다. 삼성이라는 회사에 다니고 있어서다. 그러나 그들의 생각까지 같을 수 있을 것인가. 절대 그렇지 않다. 그럼에도 우리는 그들을 삼성맨이라고 부른다. 유승민 국회의원도 행동은 새누리당으로 출퇴근하는 것이 더 잘 어울린다. 그러나 생각은 진보적이란 말이다. 그래서 예전 필자가 유승민 국회의원의 뇌 구조를 살폈을 때 썼던 내용을 소개한다.

「새누리당 원내대표」유승민 의원은 박근혜 대통령의 지시에 따르지 않았다. 2004년 박근혜 대통령의 권유로 한나라당 비례대표 국회의원이 되었음에도 말이다. 박근혜 대통령이 배신의 정치인이라며 원내대표에서 물러나라고 경고했음에도 최대한 버티었다. 새누리당 안의 자신의 세력도 없는 유승민 원내대표가 대통령의 지시에도 불구하고 13일 동안 버티어왔던 까닭은 무엇일까? 그것은 바로 의식 성향이 진보주의자였기 때문이었다. 진보주의 의식의 영향이 미치고 있으므로 '사람 위에 사람 없고, 사람 아래 사람 없다'는 평범한 진리를 믿고 있어서다. 그리고 삼권분립의 정신에 충실하고자 했던 것이다. 국회의원 유승민의 입장에서 보면 나라의 대통령은 오로지 국민을 위해 존재해야 한다. 그런데 박근혜 대통령은 국민을 위한 정치를 하지 않았다. 그런 모습의 대통령이 마음에 들지 않았다. 그래서 '청와대 얼라들!'이라는 말도 튀어나왔던 것이다.

유승민 국회의원의 의식 성향은 진보주의, 무의식 성향은 보수형이다. 심리주기도 1, 2등으로 의식 성향과 무의식 성향을 다 발휘하도록 흐르고 있다. 물론 사람은 행동을 보고 판단하는 것이 맞다. 그래서 보수형의 행동을 하는 유승민 국회의원은 틀림없이 새누리당원이 틀림없다. 그러나 의식 성향이 진보주의 영향을 받고 있다는 것은 마치 '쾌걸 조로'와 같은 심리구조를 지녔다고 할 수 있다. 즉 귀족의 자제지만 검은색 망토와 가면을 쓰고 독재자와 악당들과 맞서 싸우는, 굶주리고 불쌍한 백성들을 위해 독재자와 악당들을 물리치는, 그래서 민중의 영웅이 되는, 그런 사람이 유승민이라고 할 수 있지 않을까 싶다. 마치 '쾌걸 조로'처럼 말이다. 몸은 보수정당 (기득권 유지, 신분상승 유지, 재벌 위주, 안정과 질서 유지)에 담고 있지만, 생각은 국민들을 위한 정치를 해야 한다는 진보주의(가치와 정의, 소외계층 우선, 평등과 개혁, 봉사와 희생, 사람이 우선, 인간의 권리 중시)의 영향을 받고 있으니 말이다.

더욱이 2013년부터 2018년까지는 진보주의적인 영향이 강한 시기라, 새누리당 안에서 좌 클릭 보수 성향을 발휘할 것이라 예상된다. 그러나 우 클릭 보수 성향이 강한 새누리당 안에서 얼마나 버틸지 우려된다. 더욱이 배신의 정치인이라고 국민들이 선거로 심판해달라는 박근혜 대통령과 대척점에 서서 말이다. 그러나 국회의원 유승민이 '쾌걸 조로'처럼 국민의 영웅이 되려면, 청와대와 새누리당의 모든 압박과 무시, 질시와 견제, 왕따에서 당당히 살아남아야만 한다. 그리고 오로지 국민만 보고 나가야 한다. 국민은 늘 '쾌걸 조로' 편이었으니 말이다. 그 길만이 정치인 유승민이 추구하는 좌 클릭 보수 정치인으로 남는 길임을 잊어서는 안 된다.

꿈 성향 10종류

　꿈이란 '실현시키고 싶은 희망이나 이상'이란 뜻으로, 사람으로 태어나면 누구나 꿈을 꾸게 된다. 그런데 대다수의 사람들은 꿈을 자신이 살고자 하는 의식 성향과 혼동하기도 한다. 필자가 내담자에게 꿈이 무엇인지 물으면, 대다수의 내담자들은 자신이 살고 싶은 삶(의식 성향의 삶)을 말하는 경우가 많다. 그러나 내담자에게 살고 싶은 삶을 만족스럽게 산 다음, 세상을 떠나기 전에 마지막으로 하고 싶은 것이 무엇인지 물으면, 그때야 자신의 꿈이 무엇인지 정확하게 밝힌다. 녹현역학에서는 자신의 꿈이 무엇인지를 일반사주와 무격사주는 용신+희신, 진가사주는 희신+진용신, 병약사주는 병신+1약신의 육친 성향으로 알아냈다. 그리고 어떤 사람은 꿈 성향의 삶을 무의식 성향에 드러내기도 하고, 어떤 사람은 꿈을 잊고 살아가기도 함을 알았다. 꿈의 분류는 권위형, 도전형, 리더형, 협동형, 자유형, 안락형, 고상형, 감성형, 낭만형, 이상형 등 10종류가 있다.

　한 가지 팁을 제공하면, 필자는 꿈은 산소(공기)와 같다고 주장한다. 산소의 고마움을 평소엔 잘 못 느끼지만, 불이 나거나 산소가 부족한 곳에서는 산소의 소중함을 더 말할 나위 없이 느낀다. 꿈도 이와 같은 이치로 우리에게 다가온다. 대운의 흐름이 평생 1~2등으로 완만하게 흐르면, 굴곡이 심하지 않은 인생 탓에 꿈에 대한 기대 내지 희망을 크게 품지 않는다. 그러나 대운의 흐름이 1~2등으로 흐르다가 3~4등으로 내려가는 인생의 소유자는 굴곡이 있는 삶 탓에 꿈에 대한 기대나 희망이 한층 강해진다. 그것은 타고난 의식 성향의 삶이 이뤄지지 않은 탓에 꿈에 대한 바람이 오히려 한층 강해졌기 때문이다.

❖ 꿈 성향 도표

분류	성향
안락형(비겁 + 인성)	욕심내지 않고 서로 이해·배려하며 조용하고 평온하게 사는 삶
고상형(관성 + 인성)	스스로 자제·절제하면서 인품과 품위가 서고 고상하게 사는 삶
감성형(관성 + 재성)	남보다 높은 명예나 위치에서 감상적이고 화려하게 사는 삶
낭만형(식상 + 재성)	자기만의 개성과 색깔을 살려 풍요로움과 낭만을 느끼며 사는 삶
이상형(식상 + 비견)	누구에게도 구속·간섭받지 않으면서 나그네·자연인처럼 사는 삶
협동형(인성 + 비견)	남에게 인정과 존경을 받으면서 무리를 이끌고 함께 사는 삶
권위형(재성 + 관성)	물질적 풍요로움을 이루고 체계를 세워 무리를 지배·통솔하는 삶
지도자형(인성 + 관성)	지적으로 우월함을 인정받은 후에 책임감 있게 무리를 이끄는 삶
자유형(비견 + 식상)	싸가지·의리 있게 살면서 하고 싶은 것 만끽하며 자유롭게 사는 삶
도전형(재성 + 식상)	멋진 이성들의 인기·이목을 받으며 본능과 끼를 부리며 사는 삶

검증에 들어가자. 먼저 이명박 전 대통령은 일반사주로 용신과 희신인 관성+재성 육친의 성향이 꿈 성향이 된다. 관성+재성이면 감성형으로, 인생의 마무리를 '남보다 높은 명예나 위치에서 감상적이고 화려하게 사는 삶'으로 하고 싶은 것이다. 그래서 전국에 자전거 도로를 만들고, 전국을 운하로 만들고자 한 것일까? 이명박 대통령은 퇴임 후에도 각국의 대통령이나 총리들과 면담을 하고, 미국 부시 전 대통령의 초청으로 텍사스를 방문하고, 카터와 클린턴 대통령도 만나고, 세계적인 회의나 총회에 참석하는 등, 현 대통령보다 더 많은 활발한 활동을 하고 있다고 한다. 이를 바로 화려하고 멋지게 사는 삶이라고 이명박 전 대통령은 스스로에게 얘기할 것이다. 꿈을 이루며 살고 있다고 말이다.

박근혜 대통령의 꿈 성향을 살펴보자. 진가사주로 희신과 진용신인 비견+인성 육친의 성향이 꿈 성향이다. 비견과 인성이면 안락형으로 '욕심내지 않고 서로 이해·배려하며 조용하고 평온하게 사는 삶'이다. 그래서 식사도 혼자 하고, 장관들의 보고도 서면으로 받고, 기자들과 인터뷰도 안 하고, 청와대 생활을 너무 조용히 하는 것이 아닌가란 생각도 든다. 그리고 사주학적으로 진용신 인성은 부모를 의미한다. 그래서 부모에 대한 효심이 강하다. 그러나 부모 살아생전 다하지 못한 효도를 위해 21세기 대한민국을 박정희 대통령 유신 시절로 되돌리고 있는 것 같다. 그래서 민주주의의 후퇴니, 유신이 부활하니, 철권통치를 하니 등의 말을 듣는 것이 아닌가 싶다.

제2장

성남시장 이재명의 꿈 성향을 살펴보자. 일반사주라 용신과 희신인 재성+식상의 육친 성향이 꿈 성향이 된다. 재성과 식상이면 도전형으로 '멋진 이성들의 인기·이목을 받으며 본능과 끼를 부리며 사는 삶'이다. 그런데 이재명 성남시장도 이명박 대통령처럼 심성체질과 희신이 같은 육친인지라 한 종류의 삶에 올인하는 경향이 강한 편이다. 심성체질도 식상체질, 희신도 식상이라, 오로지 식상이 의미하는 삶으로 이끌려 간다. 식상은 많이 가지지 못한 자나 사회적 약자들의 권리를 찾아주고자, 많이 가진 자와 사회적 강자를 상대로 대신 나서 다투고 투쟁하는 성향이다. 그래서 이재명 성남시장을 일컬어 '싸움닭'이라 하지 않나? 자신을 나쁘게 말하거나 험담하는 극우적 인사나 보수층 인사들을 상대로 고소, 고발하여 훼손된 명예를 되찾으며 살고 있다.

심성체질은 전생의 업보

녹현역학 이론을 창안한 후에도 필자는 많은 검증 과정을 거쳤다. 심성체질 부분도 마찬가지이다. 대부분의 내담자들은 "뻔히 아닌 것을 알면서도 하게 된다.", "좋아하지 않으면서도 만난다.", "백 번, 천 번 다짐해도 직접 보면 허물어진다."는 등의 말들을 한다. 아닌 것을 알면서도, 사랑하지도 않으면서도, 원수 같은 사람인데도, 죽일 것 같은데도 직접 보면 애처로워서, 도와주면 안 되는데 또 돈을 주거나, 감싸거나 보호하면 안 되는데 또 감싸는 등의 행동을 한다고 한다. 결코, 자신에게 이익은커녕 손해, 피해, 이별, 파산 등 힘들고 어려운 일들만 당하게끔 하는데도 말이다. 몇 번 그런 일을 경험하게 되면 자연스럽게 그런 사람이나 일과는 멀리해야 하는데 말이다. 내담자들도 자신에게 피해나 손해를 끼치는 그들을 만나면 안 된다는 것을 다 알고 있다고 한다. 그러나 무엇에 홀린 것처럼 그들에게 연락이 오면 또는 연락이 오지 않으면 자신이 직접 그들에게 연락해서라도 만나 예전처럼 행동한다는 것이다.

녹현역학에서는 심성체질이 행동이라고 했다. 의식적으로 인지하고 행동하는 것이 아닌, 본능적으로 몸이 반응하는 모습, 잠재 의식적으로 반응하는 모습, 하고 나서야 인지하는 모습 등이 무의식 성향 즉, 행동인 것이다. 예를 들어 관성체질의 여자는 남자의 말에 무작정 따르고, 남자는 직장 상사에게 맹목적인 충성을 하는 모습을 보인다. 남자가 자신을 괴롭히고 학대하더라도 직장 상사가 무리한 요구나 지시를 해도 반발하지 못하고 그저 따르게 된다. 물론 본인 자신들도 옳지 않은 관계나 지시임은 안다. 그럼에도 불구하고 그런 일들이 되풀이된다는 것이다. 결국, 자신이 타고난 심성체질 육친에 의해 손해, 이별, 피해, 파산 등의 일을 당하게 된다. 도대체 심성체질에 해당하는 육친과는 어떤 관계에 있었을까 필자는 고민하지 않을 수가 없었다.

살아가면서 지니는 것이 아닌, 태어날 때 지니는 심성체질. 그렇다면 현생인 이승에 머물면서 쌓은 것이 아니라, 전생인 저승에서 쌓았다는 말이 된다. 그즈음 현생에서 살아가는 것을 보면 전생을 알 수 있다는 예전 스님의 말이 떠올랐다. 티베트 불교의 고승이 입적한 후 환생했다는 동자 스님이 한국을 방문했을 때 한 말이었다. 그래서 전생에서 누구에게 못 했거나 죄 지은 것을 현생인 이승에서 갚기 위해 심성체질은 존재하고 있구나란 사실을 깨달았다. 재성체질의 남자는 전생에 아내나 여자에게, 여자는 시부모에게 잘 대해주지 않았거나 원한 맺힌 일을 한 것이고, 인성체질이면 남녀 같이 부모에게 불효했거나 부모를 잘 모시지 않았다고 볼 수 있다. 그래서 필자는 심성체질은 전생의 업보라 생각하게 되었다.

그렇다면 체질이 없는 사람은 전생에 지은 죄가 극히 작거나 없었다는 말일까? 행동거지는 상생하는 두 가지 체질의 모습을 띠지만, 체질로 끌려가는 모습은 거의 볼 수 없으니 말이다. 그래서 세상에 대한 욕심도 적은 것이 아닌지 모르겠다. 심성체질에도 등급이 있다. A급은 체질의 수치가 1.6~2.2, B급은 2.21~2.8, C급은 2.81~3.59, 3.6 이상이면 D급이 된다. 그런데 두 가지 체질은 C급 또는 D급이 된다. 그리고 토성은 수치로 체질에 걸리기보다는, 사주에 있는 개수로 따져야 한다. 토성이 지지에 두 개와 천간에 두 개는 A급, 지지에 두 개와 천간에 세 개면 B급, 지지에 세 개 이상이면 C급, 지지에 네 개 이상은 D급이다. 심성체질의 등급이 C급이나 D급이 되면 전생의 업보가 너무 커서 평생 벗어나기 힘들고, A급이나 B급은 대운의 흐름에 따라 벗어나기도 한다.

❖ 전생의 업보 도표

분류	여성	남성
인성체질	부모, 부모의 형제, 사위, 친손주	부모, 부모의 형제, 외손주
비견체질	친정, 형제, 사촌, 동서, 남편의 여자, 친구, 동료, 선후배	형제, 사촌, 며느리, 아내의 남자, 친구, 동료, 선후배
식상체질	자식, 조카, 아랫사람, 제자	장인·장모, 사위, 친손주, 부하, 제자
재성체질	시부모, 외손주, 이성 친구	아내, 아내 형제, 이성 친구
관성체질	남편, 남편 형제, 며느리, 형부, 제부, 애인, 직장 상사	자식, 조카, 직장 상사
인성 + 비견체질	친정식구	부모·형제
비견 + 식상체질	친정식구와 자식	장인·장모와 동서
식상 + 재성체질	자식과 돈(시부모의 재산)	처가식구와 아내
재성 + 관성체질	시댁식구와 남편	처자식
관성 + 인성체질	친정부모와 남편	부모와 자식
인성 ↔ 식상체질	부모와 자식	친가와 처가
식상 ↔ 관성체질	남편과 자식	처가와 자식
관성 ↔ 비견체질	남편과 형제	형제와 자식
비견 ↔ 재성체질	시댁과 친정	아내와 형제
재성 ↔ 인성체질	시부모와 부모	부모와 아내

1. 여성(79세)

시	일	월	년
甲	戊	癸	戊
寅	午	亥	寅

乙	丙	丁	戊	己	庚	辛	壬
卯	辰	巳	午	未	申	酉	戌

자녀들이 찾아와 어머니의 운명을 상담한 경우이다. 어머니가 어떤 삶을 살았기에 자녀들이 궁금해하는지, 필자 역시 진지하게 상담에 임했던 기억이 있다. 먼저 우주에너지의 비율은 목성: 2.2, 수성: 1. 4, 화성: 1, 토성: 0.2, 금성: 0이며, 무(戊) 일간을 도와주는 오행은 화성(1)과 토성(0.2)으로 1.2이다. 최소 신강한계수치인 1.24를 넘지 않았으므로 신약한 사주다. 가장 강한 오행은 목성. 목극토(木剋土)로 토성이 피해 보고 있다. 토성을 구하는 오행은 화성과 금성이다. 금성이 활동하고 있다고 해도 일간은 신약이므로 화성에게 부탁한다(1차 방정식). 화성의 자유로운 활동을

수성이 방해하므로 또 한 번의 공식을 적용한다. 수극화(水剋火)로 화성이 피해 보고 있다. 이차 구제오행으로는 목성과 토성. 신약이므로 토성에게 화성을 구하라고 부탁한다(2차 방정식). 목성이 토성을 억제하는 것은 1차 방정식 때 사용했으므로 더 이상 공식은 진행하지 않는다. 그래서 용신인 토성으로 비견, 희신은 화성으로 인성이므로 격국은 비견보인성격이다. 일반사주로 용신 앞에 이용하는 육친으로 식상이 나온다. 그래서 의식 성향은 식상+비견 육친의 성향으로 진보주의 의식이며, 목성의 수치가 2.2로 심성체질은 관성체질(A)이며, 무의식 성향은 권력형이다.

여기서 팁 하나 제공한다. 가족이라고 모두 사랑스럽고 정이 가는 것은 아니다. 자신에게 아무런 피해나 손해를 끼치지 않아도 누구는 부담스럽고 누구는 피하고 싶다. 반면 자신에게 손해를 끼치고 힘들게 해도 누구는 자꾸만 보고 싶고 누구는 도와주고 싶다. 이처럼 가족이라도 마음이 더 가는 가족이 있는 반면, 마음에 들지 않는 가족도 있다. 마음에 드는 가족에게는 한없이 부드럽고 마음에 들지 않는 가족에게는 그렇지 않다. 마음에 드는 가족은 일반사주와 무격사주는 용신+희신, 진가사주는 희신+진용신, 병약사주는 병신+1약신의 육친들이다. 극단적인 예를 들자. 마음에 들지 않는 가족이 자신에게 유산을 물려주거나 물질적 도움을 줘도 고마움을 느끼지 못하고, 마음에 드는 가족으로 인해 자신의 전 재산을 탕진해도 그를 크게 미워하지 않는다. 이렇듯 애정이 가는 가족과 그렇지 않은 가족을 대하는 마음가짐이 판이하게 다른 것이다.

또 하나, 남이 평가하는 자신과 가족이 평가하는 자신은 같을 수가 없다. 그러한 이유는 남과는 속 깊은 얘기를 나누거나 자신의 생각을 전부 밝히기가 어렵기 때문이다. 그러나 가족끼리는 생각을 공유하거나 읽을 수 있어서다. 왜? 생각은 말이고, 말은 곧 생각이기 때문이다. 그러다가 시간이 지나면 말을 하지 않아도 가족의 생각을 알 수 있게 된다. 녹현역학에서는 행동과 생각을 알 수 있으므로, 남이 평가할 때의 자신과 가족이 평가하는 자신이 어떠함을 알게 된다. 예를 들어, 남편은 평소 아내를 좋아하지 않는다. 그런 남편이 일찍 퇴근해서 아내의 가정일을 돕는다. 아내는 남편의 도움을 고맙게 생각하겠는가? 남편은 아내를 무척 좋아한다. 그러나 퇴근이 늦어 아내의 가정일을 도와주지 못한다. 이 아내는 남편의 늦은 퇴근으로 가정일을 도와주지 못한 남편을 미워할까? 그래서 남들은 행동으로, 가족은 생각으로 자신을 평가한다고 말한 것이다.

어머니의 의식 성향은 어딘가에 얽매이거나 누군가에게 간섭받는 것이 싫고, 가정을 지킨 것도 자식들의 앞날을 위해서라고 말할 수 있다. 그런데 어머니의 무의식 성향은 권력형으로, 남편에게 이끌리는 모습을 드러낸다. 아마도 이분은 전생에 남편에게 잘 대해주지 못했거나 죄를 지었기에 관성체질로 타고났을 것이다. 그래서 책임감 강한 모습, 믿음직한 모습, 근면 성실한 모습, 가정적인 모습, 여자다운 모습 등을 드러낼 것이다. 물론 관성을 좋아하지도 않으면서 말이다.

자녀들이 기억하는 어머니의 삶은 이중적인 삶이라 한다. 늘 성실한 자세와 완벽한 모습으로, 살림에서도 전혀 하자가 없도록 처리했다. 아버지가 바람을 피워도 누구도 알지 못하게 쉬쉬하면서 넘겼다. 그리고 자식들의 교육을 위해 얼마나 열성적으로 학교생활을 했는지, 학생이나 학부모들 그리고 선생님 중에 어머니를 모르는 사람이 없을 정도였다고 한다. 그러나 집안에서의 사정은 달랐다. 아버지가 바람만 피우면 부부싸움으로 이어졌고, 친할머니, 삼촌, 고모, 자녀들한테는 냉정하리만큼 차갑게 대했다. 그런데 외할머니, 외삼촌, 이모들에겐 늘 각별했고, 아버지 몰래 재정적인 도움까지 줬다. 이런 어머니의 모습을 보면서 어린 나이에도 이상하다는 생각을 했다고 한다. 아버지의 친가 식구나 자기들이 실수하거나 뭔가 잘못하면 무섭게 화를 내지만, 어머니의 친가 식구에게는 세상 누구보다 자상했다고 한다. 그래서 어머니의 실제 모습이 어떤 모습인지 궁금해서 상담 신청을 했다는 것이다.

어머니의 용신과 희신은 비견과 인성이다. 비견은 형제자매, 인성은 부모이니 당연히 부모·형제 즉, 친정식구에게 마음이 가는 것은 어쩔 수 없다. 의식 성향을 이루고자 이용하는 육친으로 나왔던 식상은 말 그대로 이용하는 것일 뿐 좋아하는 것은 아니다. 그래서 자식에게도 냉정했다. 그리고 모범적이고 완벽했던 모습은 관성체질인 탓이다. 필자는 어머님의 삶이 이중적인 것이 아니라, 타고난 팔자대로 산 것뿐임을 자녀들에게 알려주면서 상담을 마쳤다.

제2장

2. 남성(42세)

시	일	월	년
己	癸	戊	癸
未	未	午	丑

庚	辛	壬	癸	甲	乙	丙	丁
戌	亥	子	丑	寅	卯	辰	巳

타고난 우주 에너지의 비율을 살펴보자. 화성: 2.6, 토성: 1.7, 수성: 0.5, 금성과 목성은 없다. 계(癸) 일간을 도와주는 오행은 금성(0)과 수성(0.5)으로 합이 0.5로, 최대 신약한계수치인 1.21을 넘지 않았으므로 신약한 사주이다. 가장 강한 오행은 화성이다. 화극금(火剋金)하여 금성이 피해 보고 있다. 일차 구제오행은 토성과 수성이다. 그러나 신약하므로 수성에게 금성을 구하라고 부탁한다(1차 방정식). 그런데 토성이 수성의 활동을 방해하므로 다시 공식에 대입해야 한다. 토극수(土剋水)할 때 이차 구제오행은 금성과 목성이다. 그러나 두 오행 모두 사주 안에 없다. 그래서 억제당하고 있는 수성을 구제할 수가 없는 상태로 공식은 끝난다(2차 방정식). 결국 피해 보고 있는 수성이 용신으로 비견, 그러나 억제당하고 있으므로 병약사주라 부른다. 목성은 2약신으로 식상, 금성은 1약신으로 인성이 된다. 그래서 의식 성향은 2약신과 용신인 식상과 비견으로 진보주의, 꿈 성향은 용신과 1약신인 비견과 인성으로 안락형, 무의식 성향은 화성과 토성으로 재성+관성체질로 D급의 이기형이 되었다.

운의 흐름은 30세 전에는 3~4등으로 전환된 의식인 신분주의 영향을 받다가 30세 후부터는 1~2등의 운을 만나므로 타고난 의식인 진보주의 영향을 받는다. 다만 무의식 성향이 D급인지라, 운의 변화가 있어도 행동적으로 체질의 영향에서 크게 벗어나지 못한다. 그리고 무의식 성향인 이기형은 '근면·성실함과 일에 빠지는 워커홀릭의 모습으로 능력 이상을 발휘해 부와 귀를 차지하고, 사적인 부분보다는 공적인 부분을 중시하는 삶을 사는 형'이다. 무의식 성향이 이기형이다 보니, 어쩌면 체질에 맞는 의식 성향은 전환된 신분주의 의식일지도 모른다. 물론 자신은 인지하지 못할지라도, 신분주의 영향을 받으면 나름 책임감을 느끼고, 성실하게 노력하면서 살자고 하기 때문이다.

1998년(戊寅)에 당시 각광받는 증권사에 취직했다. 이 시기는 대운과 세운 모두 3~4등으로 신분주의 의식에 이기형의 무의식이 작용할 때이다. 그래서 가장 유망한 직종에 들어간 것이라 본다. 2003년(癸未年)까지는 동료보다 실적도 많이 올려 상당히 빠른 출세를 했다. 이런 성공적인 삶을 지켜본 친구, 지인, 친척, 심지어 아내까지도 이 친구가 하는 말을 믿지 않을 수 없었다. 그런데 2005년(乙酉年) 봄에 장모와 아내가 상담을 신청했다. 신청한 까닭은 장인으로부터 돈을 빌려 갔는데, 돈 갚을 날짜를 자꾸만 미루었다는 것이다. 그래서 혹시나 하고 찾아왔다가 남편의 실체를 알고, 끝내 이혼까지 했다.

필자에게 상담 받은 후에 장모와 아내가 알아본 바로는 친척, 친구, 처갓집 등 개인적인 빚만 있는 것이 아니라, 회사 돈 30억 원까지 개인적으로 사용했다고 한다. 사실 장모와 아내가 필자를 찾았을 때는 결혼한 지 얼마 안 된 시점으로, 서로간의 문제도 없이 잘 지내고 있었다. 그런데 필자가 헤어져야 한다는 말에 아내는 필자를 원망하고 의심의 눈초리로 쳐다봤다. 뭔가 희망 섞인 조언을 들으러 왔다가, 헤어질 준비나 하라는 말에 그럴 만도 하다고 생각했다. 그러다가 이혼하기 전에 이 친구가 아내에게 털어놓은 말은, 2003년(癸未年)까지는 투자한 것마다 많은 이득이 생겨 투자한 사람마다 이익금을 나눠줬으나, 2004년(甲申年)부터는 이득이 나지 않았다는 것이다. 그래도 약속을 지켜야 했고, 그러기 위해 더 많은 돈을 끌어 들어야 했다. 그런데 그것마저 여의치 않자 회사 공금까지 손을 댔다는 것이다.

필자가 이런 추론을 한 이유는, 대운의 흐름이 신분주의 의식에서 진보주의 의식의 영향을 받기 시작했기 때문이다. 신분주의 의식이란 '명예로운 자리나 권위에 오르고자 기존 체제에 순응하며, 상명하복의 모습을 보이려는 이념'인데, 진보주의 의식은 '출신 성분과 관계없이 모두가 평등하며, 개인의 존엄성과 권리를 보장받으려는 이념'이다. 이렇게 되면 전보다는 책임감이 적어진, 믿음과 신뢰를 주지 못하는, 그냥 자신만 편하고 가볍게 살면 된다, 이런 생각들을 하게 되므로 무거운 짐을 어깨에서 내려놓으려고 할 것 같다고 예측했기 때문이다. 또한 이 친구의 애정은 비견과 인성으로 부모·형제지, 처자식이 아니라는 거다. 결혼할 때쯤은 신분주의 의식에 이기형의 모습이 나왔으므로, 아내는 이 친구가 가정과 자신을 위해 열심히 일하고 있다고 생각했을 것이다. 그러나 진보주의 의식의 영향을 받으면서부터는 아내와 가정에 대해서도 관심을 거두기 시작했다고 볼 수 있다. 결국, 이 친구는 전생에 아내하고 자식에게 몹쓸 짓을 해서 업을 짓더니, 이승에서 아내로 인해 자기의 잘못이 드러나고 말았다. 그리고 갓 태어난 딸도 아내가 데리고 갔다.

3. 남성(71세)

시	일	월	년
丁	戊	丙	丙
巳	寅	申	戌

甲	癸	壬	辛	庚	己	戊	丁
辰	卯	寅	丑	子	亥	戌	酉

파란만장한 생을 살고 떠난 노무현 대통령의 사주팔자이다. 마지막 가는 길에 왜 그런 선택을 했는지 살펴보자. 타고난 우주 에너지의 비율은 금성: 1.9, 화성: 1.6, 목성: 1, 토성: 0.3, 수성: 0이다. 무(戊) 일간을 도와주는 화성(1.6)과 토성(0.3)으로 합이 1.9로 최소 신강한계수치인 1.24를 넘었으므로 신강한 사주이다. 가장 강한 오행은 금성. 금극목(金剋木)으로 목성이 피해 본다. 일차 구제오행은 수성과 화성. 신강이라서 수성에게 목성을 구하라고 하고 싶지만, 수성이 없어 화성에게 부탁한다(1차 방정식). 화성을 억제하는 수성이 없으므로 공식은 끝난다. 공식이 끝났을 때 일간이 진정 사용하고 싶은 구제오행이 있었다면 진가사주라 했다. 사주에 나와 있는 구제오행인 화성은 가용신으로 인성, 피해 보고 있는 목성은 관성, 진짜 사용하고 싶은 오행인 수성은 진용신으로 재성이다. 그래서 격국은 인성보관성(재성)이다. 의식 성향은 가용신 인성과 희신 관성으로 보수주의, 꿈 성향은 희신과 진용신이므로 감성형, 무의식 성향은 금성과 화성 즉 인성과 식상체질로 명분형 C급이다.

가장 중요한 행동 성향을 보자. 명분형이란 '이름에 걸맞게 지켜야 할 도리가 있는 삶에 대한 집착이 강해 실속과 낭만이 있는 생활은 사라지고, 오로지 사색하고 인내하는 모습을 드러내다가 순간 충동적이고 즉흥적인 모습을 드러내는 형'이다. 대한민국 역사상 퇴임 후 최초로 시골로 내려간 대통령, 대통령 재직 시 돈 한 푼 받지 않았던 대통령, 가장 서민적인 대통령으로 영원히 국민들의 마음속에 남고자 했다. 그래서 자신의 고향인 봉하마을에 집을 짓고 내려갔고, 국민들은 그를 만나기 위해 봉하마을까지 찾았던 것이다. 그만큼 노무현 대통령은 한 치의 흠도 없이 당당했다.

그런데 국민의 인기가 많은 노무현 대통령이 꼴 보기 싫은 세력들에 의해 부인과 자녀, 형제들까지 탈탈 털리기 시작한 것이다. 누구에 비하면 새 발의 피에 불과한 액수지만, 그들은 풍요롭게 살지 못했었기에 적은 돈에도 마음이 흔들렸다. 생각해 보자. 가족 중에 누군가가 대통령의 자리에 있다. 그러면 최소한 대통령과 가까운 가족들은 생활환경이 달라져야 하는 것이 아닌가? 전두환, 노태우, 이명박 대통령들을 봐라. 얼마나 많은 돈을 가족들이 챙겼는지 천하가 다 아는 사실 아닌가, 그러나 무의식 성향이 명분형인 노무현 대통령은 자신의 실속이나 이득을 챙기지 못했다. 왜냐하면, 명분형의 약점이 바로 실리를 차지하지 못한다는 것이기 때문이다. 그러니 처자식과 형제들은 유혹에 약할 수밖에 없었을 것이다. 얼마 전에 노무현 대통령의 누님이 기초생활보장 수급자가 되어 보조비로 생계를 이어간다는 소식도 있었다.

그리고 검찰에서는 노무현 대통령을 만천하에 드러내놓고 망신 주기 위해 서울까지 올라와 조사를 받게 했다. 명분형의 무의식 성향을 지닌 노무현 대통령을 개망신 주고자 꾸민 작업이었다. 사회적 위치에 걸맞은 도리를 하지 못하면, 살아 있어야 할 의무가 사라져 충동적으로 행동한다고 하지 않던가. 그렇다. 국민 볼 면목, 즉 명분이 사라져버린 것이다. 또 가족을 지켜야 한다는 그런 이런 것들을 염두에 두고 그런 길을 택한 것이리라. 그러나 녹현역학에서는 노무현 대통령 심성체질이 인성과 식상체질로 전생에 친가와 처가에 대한 업이 장난이 아니었음을 알 수 있으며, 끝내 그들로 인해 그러한 선택을 할 수밖에 없었을 것이다.

4. 남성(55세)

시	일	월	년
丁	乙	壬	壬
丑	未	寅	寅

庚	己	戊	丁	丙	乙	甲	癸
戌	酉	申	未	午	巳	辰	卯

　19대 대통령 후보군 중의 한 명인 안철수 국회의원의 사주팔자이다. 타고날 때 지닌 우주 에너지의 비율은 목성 2.2, 토성: 1, 수성: 0.9, 화성: 0.7, 금성: 0이다. 을(乙) 일간을 도와주는 오행은 수성(0.9)과 목성(2.2)으로 그 합이 3.1로 최소 신강 한계수치인 1.24를 넘었으므로 신강한 사주이다. 가장 강한 오행은 목성. 목극토(木剋土)로 토성이 피해 본다. 토성을 구하는 일차 구제오행은 화성과 금성. 금성은 없으므로 화성에게 부탁한다(1차 방정식). 그런데 천간의 임(壬) 수성이 시간의 정(丁) 화성을 방해하므로 다시 공식을 대입한다. 수극화(水剋火)일 때는 목성과 토성이 이차 구제오행이다. 신강하므로 토성에게 화성을 구하라고 부탁한다(2차 방정식). 1차 때 목성이 억제오행 역할을 했으므로 여기서 공식은 끝난다. 일반사주이므로 용신 앞에 이용하는 육친으로 관성이 나온다. 그래서 격국은 (관성)재성보식상이며, 의식 성향은 이용인 관성과 용신인 재성이 합쳐져 성공주의, 무의식 성향은 비견체질과 재성체질로 재물형, 꿈 성향은 용신인 재성과 희신인 식상으로 도전형이다.

　의문이 생길 것이다. 비견체질은 목성의 수치가 2.2로 맞는 것이지만, 재성체질인 토성의 수치는 1로, 심성체질 한계수치인 1.6을 넘지 않았는데도 체질에 걸렸다고 하니 말이다. 앞서 토성의 경우는 수치의 합보다는 개수로 심성체질을 정한다고 했다. 최소 심성체질에 걸리는 개수가 지지에 두 개+천간에 두 개일 때부터다. 그런데 지지에 두 개밖에 없는데 어떻게 체질에 속한다고 했는지 궁금할 것이다. 이러한 경우를 가리켜 특수한 지지구조에 걸린 사주라고 한다. 사주 네 지지를 서로 싸우는 두 가지 오행들로 나눠 차지하고 있을 때를 일컫는다. 목성 두 개와 금성 두 개가 있다고 하자. 한 오행의 수치는 얼마인가? 최소 2는 넘어 심성체질에 속한다. 화성과 금성, 수성과 화성이 싸울 때도 마찬가지다. 그런데 목성과 토성, 토성과 수성이 싸울 때는 토성의 수치는 2는커녕 1도 안 될 때가 있다. 그래서 특수한 지지구조에 걸려 싸우고 있어도 토성은 심성체질에 속하지 못한다. 이런 공평하지 못한 점을 개선하고자 목성과 토성이, 수성과 토성이 싸울 때, 토성 수치가 1.6이 되지 않더라도 체질에 속하게 한 것이다. 다만 목성과 토성과 싸울 때는 진(辰) 토성, 수성과 토성이 싸울 때는 축(丑) 토성은 없어야 한다. 진(辰) 토성은 목성과, 축(丑) 토성은 수성과 친하기 때문에 둘로 나뉘어 있어도 싸우지 않기 때문이다.

행동 성향이 재물형이다. 재물형은 '현실에서 소유할 수 있는 것에 대한 집착이 강해 신뢰성과 책임감이 사라지고, 오로지 돈을 모으기 위해 구두쇠처럼 생활하다가, 순간 신외지물 같은 모습을 드러내는 형'이다. 필자는 안철수 국회의원이 18대 대통령 선거에 나올 때부터 많은 예측을 했다. 남들은 그 사람의 행동거지를 보고 판단한다고 했다. 필자 역시 안철수의 무의식 성향을 보고 미래를 예측했다. 현실에서 모을 수 있는 모든 것을 최대한 많이 모으고자 애쓰는 형인데, 한순간에 다 버리고 김삿갓처럼 빈털터리 나그네의 길을 간다고 하니 말이다. 더구나 사주 지지가 목성과 토성으로 반분하여 싸우고 있으니, 일간 을(乙)은 헷갈리기만 하다. 한 번은 비견으로 기울다가 한 번은 재성으로 기우는, 마치 시소를 타는 것처럼 행동에 일관성이 없다. 그래서 필자는 안철수 국회의원이 18대 대선 예측과 창당한다고 할 때의 예측까지 정확하게 말할 수 있었던 것이다.

현재는 국민의당을 창당하고 대표가 되었다. 그러나 결코 야당의 대통령 후보는 되지 못할 것이다. 이유는, 재물형의 단점은 책임감과 신뢰감을 주지 못하기 때문이다. 이러한 모습으로는 온실 밖의 잡초처럼 생명력 강한 야당의 대통령 후보로는 적합하지 않다. 그렇다면 여당의 대통령 후보가 되어야 하는데, 반기문 유엔 사무총장이 여당의 대통령 후보가 되겠다고 선수를 치는 바람에 그 길마저도 수월치 않다. 임기를 얼마 남겨놓지 않은 반기문 총장이 갑자기 국내에 들어와 누구 보란 듯이 "나, 대통령 후보가 되겠소!", "다른 데는 쳐다보지 말아요!" 이렇게 선수를 친 것이다. 박근혜 대통령과 친박계에서는 대통령 후보감이 마땅치 않아 여차하면 안철수 대표를 여당의 대통령 후보로 끌어들일까 봐서다. 현재로써는 대통령 후보가 문제가 아니라, 국민의당 대표까지도 위태로운 상황이다. 책임감과 신뢰성이 없어서는 공당의 대표로서는 어울리지 않기 때문이다. 그리고 안철수 대표의 심성체질은 비견과 재성체질로, 전생의 업은 아내와 형제에게 있다. 아내에게 이끌리는 것은 그나마 다행이지만, 형제라는 속에는 친구, 지인들이 들어 있다. 그래서 그들에게 지은 죄가 있어 안철수 국민의당 대표는 공적 관계보다는 사적 관계에 끌려갈 것이고, 그로 인해 피해를 입을 것이다.

❖ 페이스북 자료

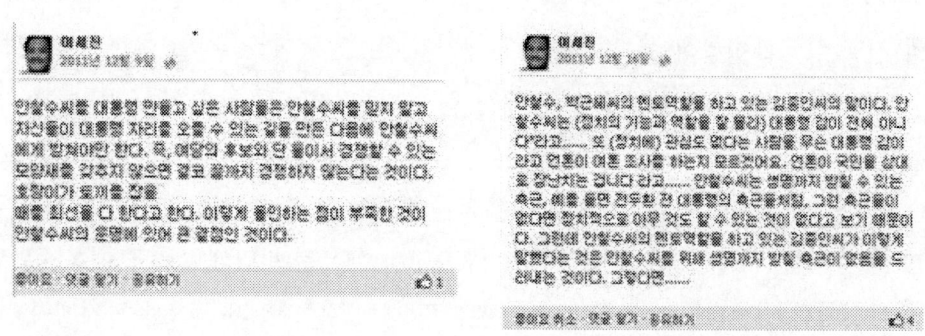

예전 대통령 선거 때 문재인에게 양보할 것이고, 당을 창당하지 못할 것이라 예언했던 바로 그 안철수 의원이다. 그렇게 예언했던 것은 안철수 의원의 뇌 구조가 이래서였다. 권위욕이 있는 것은 사실이지만 그에 앞서 책임 질 줄 아는 리더십이 있어야 하는데 그렇지 않아서다. 더구나 한 번 하겠다면 죽이 되던 밥이 되던 끝까지 밀어붙여야 하는데…, 마음속으로 갈등하거나 결정한 것을 번복해서다. 문재인 대표가 제안한 문·안·박 삼자가 연대해서 총선을 치르자는 제안에 대해서도 스스로 결정을 못 하고 방황할 것이다. 그러다가 주위 사람의 말을 듣거나 끝내는 문 대표가 수용하기 어려운 역제안을 함으로써 합류하지 않을 것이다. 안타깝다. 그냥 학생들의 멘토로 남았다면 이런 수모를 당하지 않을 텐데… 주위 사람들의 잘못된 유혹에 빠져 정치판에 발을 들여놓은 것이 커다란 실수인 것 같다…   -2015년 11월

녹현역학으로 본 뇌과학

사람을 소우주라 한다. 우주의 축소판이란 의미다. 그렇다면 사람의 어느 부분을 가리켜 소우주라 했을까? 그것은 바로 뇌이다. 뇌는 작지만, 우주의 축소판이라 정복하기가 쉽지 않다. 아마 인간이 소우주인 사람의 뇌를 정복하는 날이 오면 우주도 정복할 것이다. 뇌과학이란 인지하는 부분, 인지하지 못하는 부분, 행동하는 부분, 기억하는 부분, 사고하는 부분, 감성적인 부분 등, 모든 것들이 어떤 원리에 의해 작동하는지 알아내는 과학이다. 서양에서는 뇌의 신비를 밝혀내기 위해 수학·물리학·화학·생물학 등 기초과학 분야는 물론, 의학·공학·인지과학 등을 복합적으로 적용하고 있다고 한다.

필자는 역학적으로, 심리학적으로 뇌에 접근하는 방법을 연구했다. 인간이 태어날 때 지니는 우주 에너지를 가지고 말이다. 왜냐하면, 사람은 지구의 영향력을, 지구는 태양계의 영향력을, 태양계는 은하계의 영향력을, 은하계는 우주의 영향력을 받고 있음을 파악했기 때문이다. 그렇다면 우주 에너지로 사람의 모든 것을 파악하는 이 작업은 결국, 사람의 뇌를 분석하는 것과 같은 작업이라 볼 수 있다. 더구나 시시각각 변하는 뇌 구조를 심리 주기만 대입하면 알 수 있으니 말이다. 그래서 독자들의 이해를 돕기 위해 유명 인사 및 정치인들의 뇌 구조를 소개한다. 그들의 삶은 소셜미디어나 언론, 또는 자신의 말이나 책을 통해서 독자들이 알 수 있어서이다. 그래서 독자들과 함께 필자의 뇌과학 이론을 검증한다.

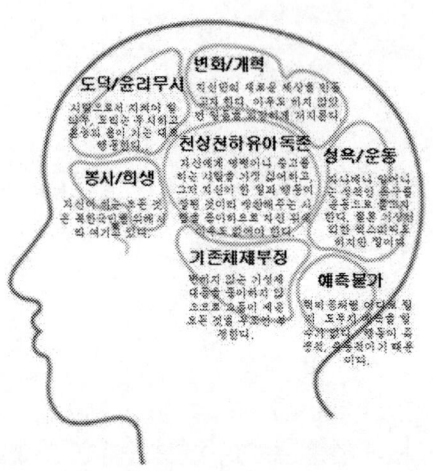

❖ 북한 김정은의 뇌 구조

- 타고난 우주 에너지 - 수성: 2.74, 금성: 1, 토성: 0.66, 화성: 0.2, 목성: 0.2
- 의식 성향 - 타고난 의식: 지식형의 보수주의 ↔ 전환된 의식 성향: 모험주의
- 무의식 성향 - 모험형
- 꿈 성향 - 감성형

북한의 김정은 뇌 구조를 보면 '천상천하유아독존'에다가 '예측 불가'라는 부분까지 있는데, 거기다 올해와 내년 사이가 '이판사판, 죽기 아니면 살기' 식의 모험을 감행할 가능성이 높은 시기이다. 그런데 이 시기에 유엔(실은 미국이 주도하는)이 북한에 대해 초강력 제재 조치를 취하고 있다. 김정은이 가장 불편하고 불안한 시기에 이런 조치가 취해진다는 것이 대한민국 국민의 한 사람으로서 우려가 되지 않을 수 없다. 필자는 예전에 2017년이 되면 김정은이 모험을 감행할 가능성이 크다고 예측했다.

그런데 세계 모든 나라가 김정은이 그런 모험을 감행하도록 부추기고 있는 것 같다. 큰일 아닌가? 전쟁이 나면 가장 피해를 많이 보는 곳이 대한민국인데 말이다. 세계 모든 예언가들이 대한민국이 엄청 발전해서 모든 면에서 세계 최고의 국가가 될 것이라 예언하고 있다. 그런데 하나같이 커다란 시련과 위기를 잘 넘겨야만 한다고 했다. 이 역시 현재 상황과 묘하게 일치하고 있다. 쥐를 몰 때도 도망갈 구멍은 남겨놓고 몰아가라고 했다. 쥐가 구석에 몰리면 고양이에게 덤빈다고 하지 않았나. 그렇다. 그런데 작금의 상황은 전혀 그렇지가 않다. 앉아서 맞으나 서서 맞으나 마찬가지라면, 김정은이 택할 마지막 수단은 무엇일까? 제발 북한의 김정은이 막가파 행동을 하지 못하도록 모든 국민들이 나서야 하지 않을까 싶다.

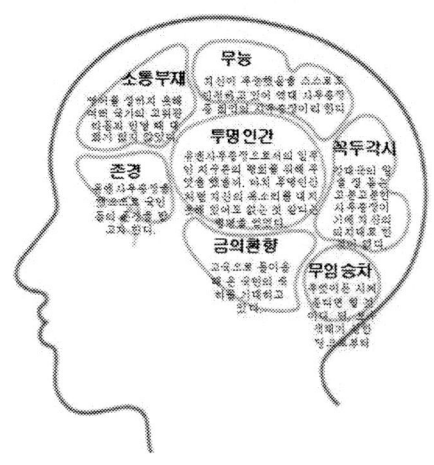

❖ 반기문 유엔 사무총장 뇌 구조

- 타고난 우주 에너지 - 금성: 2.2, 화성: 1.2, 토성: 0.7, 수성: 0.5, 목성: 0.2
- 의식 성향 - 타고난 의식: 지식형의 보수주의 ↔ 전환된 의식 성향: 모험주의
- 무의식 성향 - 모험형
- 꿈 성향 - 감성형

반기문 유엔 사무총장이 박근혜 대통령에게 전화를 걸어 위안부 협상이 잘되었다는 축하의 말을 전했다. 그리고 김종필 씨 생신에 축하 서신을 보냈다. 표창원 교수는 "사무총장은 유엔의 역할 상 국가 간의 분쟁을 조정하고 화해를 이끌어내는 일을 한다."며 "유엔 내 헌법에 해당하는 유엔규칙 200조에는 '한 국가의 이익을 위해서나 내정에 간섭해서는 안 된다'는 규정이 있다."라고 말했다. 또 "만약 반기문 총장의 이번 발언이 한국 내 국내 정치에 관여한 것이라면 200조 위반이 된다."고 주장했다. 그리고 우리나라 언론에서는 보도되지 않지만, 유럽 언론에서는 반 총장이 미국의 하수인에 불과하고, 독립적이고 중립적이어야 할 UN의 수장으로 해야 할 역할

을 제대로 못 한다는 비판의 목소리가 있다고 한다.

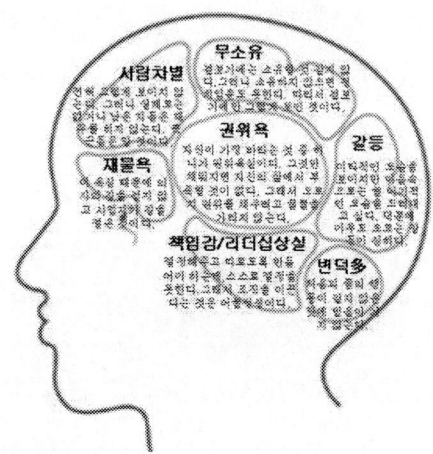

❖ 안철수 국회의원 뇌 구조

- 타고난 우주 에너지 - 목성: 2.2, 토성: 1, 수성: 0.9, 화성: 0.7, 금성: 0
- 의식 성향 - 타고난 의식: 모범형의 성공주의 ↔ 전환된 의식 성향: 이상주의
- 무의식 성향 - 재물형
- 꿈 성향 - 도전형

예전 대통령 선거 때 문재인 후보에게 양보할 것이라 예언했던 것도 안철수 의원의 뇌 구조가 이와 같아서다. 권위욕이 있는 것은 사실이지만, 그에 앞서 책임질 줄 아는 리더십이 있어야 하는데 그렇지 않아서이다. 더구나 한 번 하겠다면 죽이 되든 밥이 되든 끝까지 밀어붙여야 하는데, 마음속으로 갈등하거나 결정한 것을 번복해서이다. 그냥 학생들의 멘토로 남았다면 모두의 존경을 받았을 텐데, 지인들의 잘못된 유혹에 빠져 정치판에 발을 들여놓은 것이 커다란 실수인 것 같다.

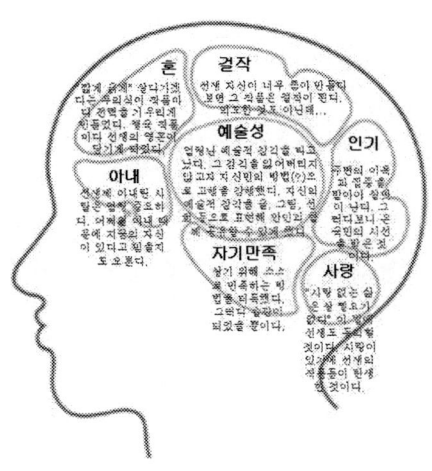

❖ 이외수 작가 뇌 구조

- 타고난 우주 에너지 - 금성: 1.9, 화성: 1.4, 수성: 1, 토성: 0.3, 목성: 0.2
- 의식 성향 - 타고난 의식: 순수형의 진보주의 ↔ 전환된 의식 성향: 신분주의
- 무의식 성향 - 물질형
- 꿈 성향 - 낭만형

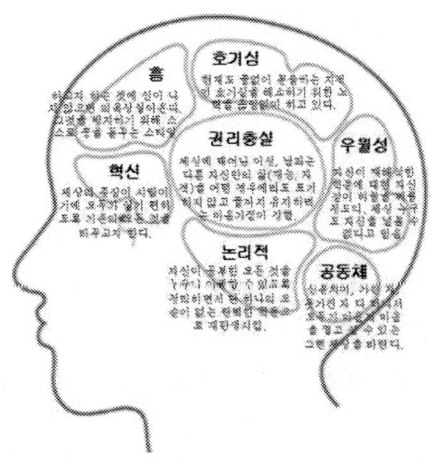

❖ 도올 김용옥 박사 뇌 구조

- 타고난 우주 에너지 - 수성: 2.4, 화성: 2.2, 토성: 0.4, 목성: 0, 금성: 0
- 의식 성향 - 타고난 의식: 책임형의 보수주의 ↔ 전환된 의식 성향: 모험주의
- 무의식 성향 - 권리형

- 꿈 성향 - 협동형

특이한 점은 무의식 성향이 권리형이란 점이다. 권리형은 '자신의 권리를 지키는 것에 대한 집착이 강해 안정감과 평온함이 사라지고, 오로지 기존의 전통과 관습에 순응하다가, 순간 변화가 있는 개혁적인 모습을 드러내는 형'이다. 그래서 자신이 당당히 주장하거나 요구할 수 있는 자격 또는 힘을 가진다. 그래서 한 치의 흠도 드러내지 않고 완벽하게 펼치는 자신만의 논리에 대한 자신감과 자부심이 대단한 것이다. 그래서 무엇이든지 간에 김용옥 박사의 손에 들어가면 전혀 색다른 논리나 해석을 하게 된다. 간혹 자신만의 논리에 빠져 듣기에 따라선 궤변 같은데도, 궤변이 아닌 진리가 되고 있다. 그리고 강력한 카리스마를 지니고 있는 김용옥 박사가 정치에 입문한다면, 아마 국민을 위한 정치를 하면서도 강력한 지도자가 되었을 것이다.

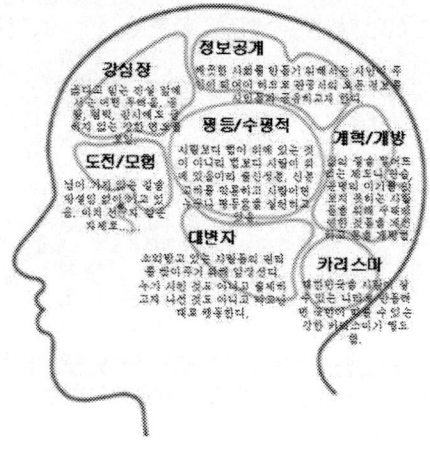

❖ 성남시장 이재명 뇌 구조

- 타고난 우주 에너지 - 화성: 2.2, 수성: 1.4, 목성: 0.7, 토성: 0.5, 금성: 0
- 의식 성향 - 타고난 의식: 모범형의 성공주의 ↔ 전환된 의식 성향: 이상주의
- 무의식 성향 - 모험형
- 꿈 성향 - 도전형

[정봉주의 전국구를 어제 들었습니다. 우선 대통령 후보군에 오르신 것에 진심으로 축하드립니다. ^^ 그래서 아침에 출근하자마자 님 사주팔자를 갖고 살펴보고

있습니다. 의식(생각) 성향은 모범형의 성공주의, 무의식(행동) 성향은 모험형, 꿈 성향은 도전형, 심리주기는 64세까지 1~2등으로, 성공주의의 삶을 이루고자 몸을 사리지 않고 과감한 모험도 마다하지 않는 흐름입니다. 거기에다가 꿈도 도전형이기에, 마치 앞만 바라보고 달리는 싸움소 같은 모습입니다. 그러나 2010년부터 운이 상승하기에, 싸움소의 모습이 조금은 덜 드러났습니다. 그 흐름이 2016년까지 이어질 것입니다. 그러나 그 이후의 흐름이 하강하기에, 싸움소의 모습이 강하게 드러날 것입니다. 싸움소로 인해 대리만족하는 사람도 늘어나겠지만, 강한 싸움소 모습에 두려움을 느끼는 사람들도 늘어날 것입니다.]

-페이스북 메신저로 나눈 대화 내용

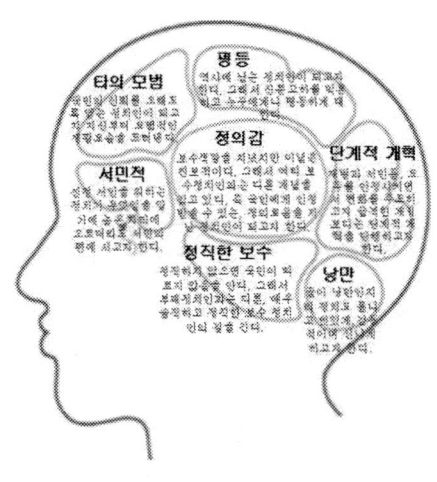

✤ 유승민 국회의원 뇌 구조

- 타고난 우주 에너지 - 금성: 2, 수성: 1.74, 토성: 0.66, 화성: 0.2, 목성: 0.2
- 의식 성향 - 타고난 의식: 순수형의 진보주의 ↔ 전환된 의식 성향: 신분주의
- 무의식 성향 - 보수형
- 꿈 성향 - 낭만형

[박근혜 대통령에 의해 새누리당에서 쫓겨나 무소속으로 20대 총선에 입후보해 당선된 유승민 의원의 뇌 구조다. 그것도 박근혜 대통령의 텃밭인 대구에서 말이

다. 새누리당 원내대표에서 쫓겨날 때도 얘기한 바 있지만, 정말 멋진 보수 정치인의 뇌 구조를 지녔다. 보수 정치인이 이런 뇌 구조를 지녔다면, 대통령이 되더라도 많이 가진 자나 사회적으로 높은 위치에 있는 자들만을 위한 정치는 결코 하지 않을 것이다. 야당에는 대통령의 후보군이 많지만, 여당은 그렇지가 않다. 이럴 때 유승민 국회의원을 여당의 19대 대통령 후보로 천거함이 어떨까 싶다. 그러면 야당의 진보적 후보가 대통령이 되어도 국민을 위한 정치를 할 것이고, 유승민 의원이 보수의 대통령이 되어도 국민을 위한 정치를 하니, 이 어찌 기쁘지 않겠는가?]   -2016년 4월 22일, 블로그 사주마인드닷컴 유명인 뇌 구조에 게재

특수한 지지구조

독자들도 지지구조(地支構造)란 용어가 생소할 것이다. 글자 그대로 지지가 특수한 구조로 이뤄졌다는 의미이다. 특히 지지구조 이론은 녹현역학에서 가장 중요한 부분을 차지하고 있다. 가장 큰 이유는 운의 순위가 바뀌기 때문이다. 녹현방정식에 의해 나온 길신들의 운이 항상 1~2등을 차지하는 것이 아니라, 흉신들의 운이 1~2등을 차지하는 경우도 있어서다. 명리학이 존재하기 시작했던 무렵부터 현재까지 어느 누구도 다루지 않았던 이론을 필자는 어떻게 발견했을까? 어마어마한 이론에 비하면, 발견은 너무나 간단했다. 필자의 상담 방식은 필자의 말만 일방적으로 주장하는 것이 아니라, 내담자의 말을 듣는 방식이기 때문이다. 그래서 공식에 의해 나온 1~2등의 운임에도 불구하고 내담자는 만족스럽거나 행복하지 않았고, 반대로 좋지 않은 3~4등의 운에 만족했고 즐거웠다는 것이다. 물론 내담자 모두 다 그런 것은 아니었다. 그래서 그런 경우의 사주들만 면밀하게 살폈다. 거기에서 공통된 점을 발견할 수 있었다.

사주의 지지 모양이 보통의 사주 지지 모양과는 다르게 구성된 것을 발견했다. 지지가 특수하게 구성되면 공식에 의한 운 순위가 적용되지 않았다. 일간의 필요에 의해서, 또는 지지의 구성 여부에 따라 운 순위가 정해지고, 당사자는 그 운 순위에 의해 운명의 흐름이 결정된다. 그래서 필자는 지지구조란 특수한 상황을 이렇게 이해했다. 우주 속에 태양계, 태양계 안에 지구, 지구 속에 인간이 존재한다. 즉 우주가 존재하지 않았으면 인간 역시 존재하지 않았다. 그래서 사람은 우주와 같다고 하지 않았던가. 틀림없이 인간의 몸에는 우주의 기운이 흐르고 있다. 그러나 인간의 삶에 커다란 영향을 미치는 것은 지구이다. 봐라. 화성과 달, 모두 우주 안에 있지만, 인간이 거기서 머물거나 살 순 없다. 왜냐하면, 화성과 달의 환경이 인간에게 미치는 영향력이 훨씬 더 크기 때문이다. 그래서 지구라는 곳에 인간이 머물고 있으므로, 인간은 지구의 영향을 받을 수밖에 없다.

그렇다면 지구의 작은 변화도 인간에게는 엄청난 충격으로 다가올 수 있다. 지구는 시시각각 지진, 화산폭발, 해일, 홍수, 폭설, 태풍, 가뭄 등을 일으킨다. 인간의 삶을 위협하는 가장 무서운 지구의 공격이다. 이 중에서도 인간에게 가장 큰 피해를 주는 것은 지진이다. 만약 인간이 달에 산다면, 지표면에 변화가 와도 인간의 삶을 크게 위협하지는 않는다. 달의 중력은 지구의 6분의 1이라, 인간이 지표면에 의지할 필요가 없어서이다. 그러나 지구의 사람들은 모두 지표면에 의지해서 살아간다. 그런데 지표면을 변화시키는 지진이 일어나봐라. 우리의 삶이 어떻게 되겠는가? 지구의 종말을 다룬 영화 <2012년>을 보았는가? 그래서 필자도 천간보다 다섯 배나 영향력이 큰 지지의 동태를 살피지 않을 수가 없었다. 그 결과 지지가 특수하게 배열되면 무조건 지지를 안정시키는 방향으로 운이 흘러야 만족스럽게 살 수 있음을 알았다. 그리고 특수한 지지구조에 걸린 운명의 소유자는 30%에서 40% 정도이며, 지지구조의 종류는 모두 세 종류로 나눠짐을 파악했다. 그중에 어느 한 종류는 뛰어난 능력을 자랑해 보통 사람보다 나은 삶을 살고, 어느 한 종류는 평생 갈등하며 살고, 어느 한 종류는 평탄치 않은 복잡다단한 삶을 산다. 세 종류 모두를 밝히겠다.

• 지지가 두 종류 오행으로 나눠 다툴 때

금성 <—> 목성 ↙ ↘ 수성 화성	화성 <—> 금성 ↙ ↘ 토성 수성	수성 <—> 화성 ↙ ↘ 목성 토성
목성 <—> 토성 ↙ ↘ 화성 금성	토성 <—> 수성 ↙ ↘ 금성 목성	

네 지지를 서로 다투는 두 종류의 오행이 두 지지씩 반분된 경우이다. 이럴 때는 두 오행의 싸움을 말리는 오행이 1~2등을 차지한다. 이 지지구조에서는 일간이 운 순위를 결정한다. 먼저 신강약을 기준하고, 그것으로 결정하지 못할 때는 음양 차이로 결정한다. 그리고 목성과 토성, 토성과 수성이 다툴 때는 예외적인 부분이 있다.

목성과 토성과 다툴 때는 진(辰) 토성이 없어야 하고, 토성과 수성이 다툴 때는 축(丑) 토성이 없어야 한다.

시	일	월	년
丁	乙	壬	壬
丑	未	寅	寅

목성과 토성이 지지를 양분하여 다투는 구조이다. 이 다툼을 말리는 오행은 화성과 금성이다. 화성은 목생화, 화생토로 중간에서 다툼을 상생으로 바꾸고, 금성은 금극목, 토생금으로 두 오행의 기운을 빼내는 역할을 한다. 다만 두 가지 오행 중 어느 오행에게 부탁하는 것이 가장 효과적인가는 일간이 선택한다. 을(乙) 일간은 신강이다. 그러나 금성이나 화성의 선택은 신강약으로 할 수가 없다. 이럴 때는 사주 전체의 음양 차이를 보고 선택한다. 양기가 3.4, 음기는 1.4로 음기가 부족하다. 그래서 음기인 금성에게 1등, 나머지 화성은 2등, 그리고 수성과 목성이 남았다. 일간은 신강한 사주로 지지에서 다투고 있는 목성을 수성보다 멀리할 것이다. 그래서 싸우고 있는 목성인 4등, 수성은 3등이 된다. 공식에 의한 운 순위는 화성이 1등, 목성이 2등, 수성이 3등, 금성이 4등인데 말이다. 안철수 국회의원의 사주팔자이다. 이렇게 되면 목성인 비견의 성향을 드러내다가 순간 토성인 재성의 성향을 드러내는 등, 중심을 잃고 갈팡질팡하는 모습을 띤다. 그래서 갑자기 국민의당 대표직을 사퇴한 것일까?

시	일	월	년
甲	己	甲	戊
子	巳	子	午

수성과 화성이 양분되어 다투고 있다. 싸움을 말릴 수 있는 오행은 목성과 토성이다. 목성은 수생목, 목생화로 중간에서 다툼을 상생으로 바꾸고, 토성은 토극수, 화생토로 두 오행의 기운을 빼내는 역할을 한다. 기(己) 일간이 신강이므로 목성이 1등, 토성의 운은 없으므로 화성, 금성, 수성이 남았다. 신강이므로 일간을 도와주는 화성의 운이 4등이 된다. 금성과 수성 중 일간의 기운을 더 많이 약화시키는 오행은 지지에서 다투고 있는 수성이다. 그래서 수성이 2등, 금성이 3등이 된다.

시	일	월	년
辛	壬	甲	甲
亥	子	戌	辰

　토성과 수성이 양분되어 다투고 있다. 둘의 싸움을 말리는 오행은 금성과 목성이다. 금성은 토생금, 금생수로 중간에서 다툼을 상생으로 바꾸고, 목성은 목극토, 수생목으로 두 오행의 기운을 빼내는 역할을 한다. 임(壬) 일간은 신강이다. 그래서 목성이 1등, 금성이 2등이다. 토성은 없으므로 화성과 수성이 남았다. 화성이 일간의 힘을 빼내므로 3등이 되고, 수성이 4등이다. 여기서 진(辰)이나 술(戌) 토성 대신 축(丑)이 끼면 수성과 다투지 않으므로 지지구조에 걸리지 않음을 잊어서는 안 된다.

• 한 종류 오행이 두 지지를 차지하여 한 지지를 억제할 때

지지구조	운 순위	지지구조	운 순위
화화금토	①금 ②수 ③목 ④화	수화화금	①수 ②금 ③목 ④화
금목금수	①수 ②목 ③화 ④금	목화금금	①화 ②목 ③수 ④금
목화토목	①화 ②금 ③수 ④목	금목목토	①금 ②화 ③수 ④목
수화목수	①목 ②화 ③금 ④수	수수토화	①화 ②목 ③금 ④수
토수금토	①금 ②수 ③목 ④화	목수토토	①목 ②수 ③금 ④화

　두 지지가 한 종류의 오행이 되어 다른 한 지지의 오행을 억제하고 있을 때, 다른 한 지지에서 억제당하고 있는 오행을 구하는 지지구조이다. 이미 지지 자체적으로 억제하고 피해 보고 구제하고 있는 구조이다. 이럴 경우 구제 역할을 하는 오행이 1등, 억제당하고 있는 오행이 2등, 억제하고 있는 오행은 4등, 나머지 한 오행은 3등이 된다. 여기서도 예외는 있다. 토성이 두 지지를 차지하여 수성을 억제하고 있을 때 축(丑) 토성은 없어야 하며, 목성이 두 지지를 차지하고 토성을 억제하고 있을 때 진(辰) 토성은 없어야 한다. 이 지지구조에 걸린 사주의 소유자들은 보통 사주의 소유자보다 한 차원 높은 삶을 살 가능성이 매우 높다. 몇 년 전 은행에서 설날 특집으로 우수 고객들에게 사주 서비스를 한 적이 있었다. 그 당시 필자의 제자가 이틀 동안 우수 고객들의 사주를 본 적이 있었다. 제자가 이벤트 행사에 갔다 와서 하는 말이 "우수 고객들의 70%가 특수한 지지구조에 걸렸다."는 것이다. 제자가 이벤트

에 참여한 은행은 바로 대치동에 있는 은행이었다. 그리고 지금 소개하는 이런 지지 구조인 것이다.

시	일	월	년
甲	甲	癸	甲
戌	午	酉	午

필자의 사주팔자이다. 화성이 두 지지를 차지하여 금성을 억제하고 있다. 술(戌) 토성이 금성을 구하고 있는 형국이다. 이럴 때는 공식에 의한 운 순위는 적용되지 않고, 지지에서 구제 역할을 하는 오행이 1등이 된다. 토성은 없으므로 금성이 1등, 수성이 2등, 목성이 3등, 화성이 4등이 된다. 그래서 필자는 운 순위가 하강했기에, 30대 이후 타고난 의식 성향인 보수주의 영향을 받지 않고, 전환된 의식 성향인 모험주의 영향을 받았다. 덕분에 세상에 존재하지 않았던 이론을 창안한 것이다.

1. 남성(62세)

시	일	월	년
辛	癸	戊	乙
酉	卯	寅	未

庚	辛	壬	癸	甲	乙	丙	丁
午	未	申	酉	戌	亥	子	丑

박원순 서울시장의 사주팔자이다. 타고난 우주 에너지의 비율은 목성: 2.4, 금성: 1.2, 토성: 0.7, 화성: 0.5, 수성: 0이다. 계(癸) 일간을 도와주는 오행은 금성(1.2)과 수성(0)으로 그 합이 1.2로 최소 신강한계수치인 1.24를 넘지 못했으므로 신약한 사주다. 가장 강한 오행은 목성. 목극토(木剋土)로 토성이 피해 보고 있다. 구제오행으로는 화성과 금성이다. 화성은 활동하지 못하므로 금성에게 부탁한다(1차 방정식). 금성을 억제하는 화성이 없으므로 공식은 끝난다. 일반사주로 용신은 금성으로 인성, 희신은 토성으로 관성이다. 용신인 인성 앞에 이용하는 육친인 비견이 나온다. 격국은 (비견)인성보관성격으로 의식 성향은 박애주의, 무의식 성향은 목성(2.4)인 식상체질로 모험형, 꿈 성향은 리더형이다. 운 순위는 지지가 특수한 구조에 걸려

있으므로, 지지에서 구제 역할을 하는 금성이 1등, 화성이 2등, 수성이 3등, 억제 역할을 하는 목성이 4등이다. 첫 번째 대운부터 세 번째 대운인 을해(乙亥)까지는 3등이었다가 네 번째 대운인 갑술(甲戌)부터 1등으로 흐른다. 그다음에 오는 화성의 운도 2등이다. 여기선 운 순위만 설명하고 박원순 서울시장 인생에 대한 얘기는 뒤로 미루겠다.

시	일	월	년
庚	丁	乙	壬
子	卯	巳	子

수성: 2.2, 화성: 1.2, 목성: 1.2, 금성: 0.2 토성: 0이다. 정(丁) 일간을 도와주는 오행은 목성(1.2)과 화성(1.2)으로 그 합이 2.4로 최소 신강한계수치인 1.24를 넘어 신강한 사주이다. 가장 강한 오행은 수성. 수극화(水剋火)로 화성이 피해 보고 있다. 화성을 구제하는 오행은 목성과 토성이다. 신강한 사주라 토성을 사용하고 싶으나, 토성이 없으므로 목성에게 부탁한다(1차 방정식). 그러나 시간의 경(庚) 금성이 월간의 을(乙) 목성을 억제하므로 한 번 더 공식에 들어간다. 금극목(金剋木)으로 목성이 피해 본다. 목성을 구할 이차 오행으로는 수성과 화성이다. 신강이므로 수성에게 부탁한다(2차 방정식). 수성을 방해하는 토성이 없으므로 공식은 여기서 끝난다. 일반 사주로 용신은 수성으로 관성, 희신은 목성으로 인성, 이용하는 육친은 재성으로 격국은 (재성)관성생인성격이다. 운 순위만 살펴보자. 공식에 의한 용신인 수성이 1등, 희신인 목성이 2등, 길신을 생하는 금성이 3등, 나머지 화성이 4등이다. 그러나 지지가 특수한 구조에 걸렸다. 자(子) 수성 두 개가 사(巳) 화성을 강력하게 억제하고 있다. 그런데 다행히도 묘(卯) 목성이 수성의 강한 압박에서 화성을 구제하고 있다. 이런 지지의 틀을 깨뜨려서는 안 된다. 그래서 지지에서 구제 역할을 하는 목성이 1등, 피해 보고 있는 화성이 2등, 억제하고 있는 수성은 4등, 나머지 남은 금성은 3등이 된다.

• 토성이 낀 한 종류 오행이 두 지지를 차지하여 한 지지를 억제할 때

이 지지구조는 한 종류 오행이 두 지지를 차지하여 한 지지를 억제할 때의 경우와 비슷한 구조이다. 다른 점은 억제하고 있는 두 지지 중 한 지지가 토성이라는 점이

다. 금성이 목성을 억제하고 있을 때, 신(申)이나 유(酉) 두 금성이 두 지지를 차지한 채 인(寅) 혹은 묘(卯)를 억제하고, 다른 한 지지에 수성이나 화성이 있어 목성을 구하는 구조인 데 반해, 이 지지구조는 지지에 신(申) 혹은 유(酉) 하나만 있고 다른 지지에 금성의 기운을 지닌 술(戌) 토성이 있어 목성을 억제하고, 다른 한 지지에서 수성이나 화성이 있는 구조이다. 그 대신 까다로운 조건이 붙는다. 월지가 반드시 억제하는 오행과 같은 시기(화성이 억제오행이면 巳午未월 / 금성이 억제오행이면 申酉戌월)여야만 한다. 왜냐하면, 토성 안에 본 오행 기운이 70%가 되어야 하기 때문이다. 토성 안에 본 오행 기운이 70%가 되지 않으면 억제할 때 강력한 힘을 발휘할 수 없어서이다. 따라서 월지가 억제하는 오행의 월이어야만 가능하다.

그런데 문제는 겉으로 보기엔 토성이니까, 앞서 소개한 지지구조와 비교하면 어딘가 깨끗하거나 깔끔하지 못한 구석이 있다. 그래서 토성이 낀 지지구조의 소유자와 깨끗하게 걸린 지지구조의 소유자하고는 많은 차이점을 드러낸다. 우선 토성이 끼지 않은 상태에서 걸린 지지구조는 운 순위에 따라 길흉이 확실한 반면, 토성이 낀 지지구조는 운 순위에 따라 길흉의 달라짐이 확실하지 않다. 따라서 토성이 낀 지지구조는 토성이 끼지 않는 지지구조에 비해 격국의 크기가 떨어지는 편이다. 이러한 까닭은 토성으로 인해 억제당하고 있는 오행이 심하게 핍박받고 있음을 느끼지 못하고, 구제 역할을 하는 오행도 억제오행을 더욱 강력하게 제압하지 못해서이다. 그럼에도 불구하고 지지구조에 걸린 운의 순위를 적용해야만 실제 살아가는 모습이 드러난다.

· 술(戌) 토성이 낀 지지구조

시	일	월	년
金	木	戌	水

시지에 금성이 하나 있지만, 특수한 지지구조에 걸린다. 술(戌) 토성이 월지를 차지하여 금성의 기운을 70% 발휘하므로, 시지의 금성과 합심해서 강력하게 일지의 목성을 억제할 수 있다. 이럴 때 다른 지지에서 목성을 구해준다면 특수한 지지구조

에 걸린 사주라고 하는데, 이 사주에서는 연지의 수성이 목성을 구하고 있으므로 토성이 낀 지지구조에 걸린 사주가 된다. 그래서 공식에 의한 운 순위와는 관계없이 지지에서 목성을 구하고 있는 수성의 운이 1등, 피해 보고 있는 목성의 운이 2등, 억제하고 있는 금성의 운이 4등, 하나 남은 화성의 운은 3등이 된다.

시	일	월	년
金	戌	水	木

그러나 이와 같은 지지로 이루어지면 술(戌) 토성 속에 있는 금성의 기운이 50%밖에 되지 않으므로, 술(戌)이 금성과 합심하여 목성을 억제할 수가 없다. 이럴 때는 공식에 의한 운 순위대로 살펴야만 현실에 부합되는 해석을 할 수 있다.

시	일	월	년
火	木	金	戌

위와 같은 구조라면, 연지의 술(戌) 토성 속에 금성의 기운이 70%를 차지하고 있다. 그러므로 일지의 목성을 능히 억제하고 시지의 화성이 금성의 기운을 막아 목성을 구할 수 있으므로, 토성이 낀 지지구조에 걸린 사주라 한다. 이런 상황이면 공식에 의한 운 순위가 적용되지 않고, 지지구조에 걸린 운 순위가 적용된다. 그래서 구제하고 있는 화성의 운이 1등, 피해 보고 있는 목성의 운이 2등, 억제하고 있는 금성의 운은 4등, 하나 남은 수성의 운은 3등이 된다.

• 미(未) 토성이 낀 지지구조

시	일	월	년
水	未	火	金

월지가 화성의 시기이므로 미(未) 토성 속에 화성의 기운이 70% 들어 있다. 그렇다면 화성이 금성을 강하게 억제하고 시지의 수성이 화성의 공격을 막아주므로, 지

지구조에 걸린 사주이다. 따라서 수성의 운이 1등, 금성의 운이 2등, 목성의 운이 3등, 화성의 운이 4등이 된다.

시	일	월	년
火	水	未	金

위와 같이 위치해 있다고 해도 미(未) 토성 속에 화성의 기운이 70% 발휘되므로 금성을 억제할 수 있다. 그리고 다른 한 지지의 수성이 화성을 억제하고 금성을 구제하므로 지지구조에 걸린 사주이다. 그래서 운 순위는 수성의 운이 1등, 금성의 운이 2등, 목성의 운이 3등, 화성의 운이 4등이 된다. 여기서 한 가지 알아두어야 할 점은, 화성이 금성을 억제할 때는 구제오행으로 수성과 토성이 나온다. 그러나 수성이 있을 때만 특수한 지지구조에 걸리는 것이지 토성이 나타나 금성을 구한다면 이것은 특수한 지지구조에 걸린 사주가 아니다.

시	일	월	년
火	土	未	金

틀림없이 미(未) 토성 속에 70%의 화성 기운이 있어, 시지의 화성과 더불어 강력한 힘을 발휘해 연지의 금성을 억제한다. 또한, 일지의 토성이 있어 능히 화성의 공격을 막아내고 금성을 구제할 수 있다. 그렇다면 이 역시 특수한 지지구조에 걸려야 마땅한데, 전혀 그렇지 않다. 왜 그럴까? 지지구조란 지지 구성이 한 치의 흠도 없이 완벽하게 짜여 있어야 한다. 그래서 공식의 운 순위를 따르지 않고 지지의 흐름대로 순위가 정해지는 것이 아닌가? 한마디로 강력하게 공격하고, 처절하게 피해 보고, 아낌없이 도와주어야만 지지구조가 이루어지는데, 위의 상황은 그렇지가 않다. 그것은 미(未) 토성과 시지의 화성이 강력하게 연지의 금성을 공격해야만 하는데, 미(未) 토성이 일지의 토성이 있는 관계로 그의 눈치를 보기 때문이다. 어차피 미(未)는 토성이지만 화성의 기운이 강한 관계로 금성을 억제하고 싶지만, 일지의 토성 때문에 강한 공격을 하지 못한다. 왜냐하면, 겉으로 봐서는 토성이라, 일지의 토성과 행동을 같이할 필요가 있어서다. 70%의 화성 기운을 지녔어도 일지의 토성과 같은 행동을

함으로써 화성에게 자신의 힘을 다 실어주지 못해서 공격을 받는 금성 역시 다급한 상황으로 인식하지 않아, 구조의 손길을 보내지 않는다. 그래서 특수한 지지구조에 걸리지 않는 것이다.

• 축(丑) 토성이 낀 지지구조

시	일	월	년
水	木	丑	火

월지가 수성의 시기로 축(丑) 토성 속에 들어 있는 수성의 기운은 70%가 된다. 그래서 시지의 수성과 힘을 합쳐 화성을 억제하고, 다른 지지의 목성이 화성을 구제하고 있는 상태이므로 지지구조에 걸렸다. 그래서 목성의 운이 1등, 화성의 운이 2등, 3등이 금성의 운, 4등이 수성의 운이다.

시	일	월	년
火	土	水	丑

축(丑) 토성 속에 수성의 기운이 70%로, 월지의 수성과 함께 화성을 공격할 수 있다. 그런데 일지의 토성 때문에 축(丑) 토성이 강력하게 화성을 억제할 수가 없다. 그래서 지지구조에 걸리지 않는다. 위 같은 경우는 공식에 의한 운 순위대로 정해야만 한다.

• 진(辰) 토성이 낀 지지구조는 존재하지 않는다

토성을 억제하는 오행은 목성이다. 그렇다면 인(寅) 혹은 묘(卯) 하나에 진(辰) 토성이 낀 채 다른 지지의 토성(未, 丑, 戌 중 하나)을 억제해야 한다. 그러면 지지에 토성은 두 개가 있어야 한다. 앞서 밝혔지만, 토성이 두 개 있으면 강력하게 억제하거나, 필사적인 구제요청을 하거나, 강하게 구제하지도 않기 때문이다. 그래서 목성이 토성을 억제하는 경우는 존재하지 않는다고 말한 것이다.

시	일	월	년
乙	戊	辛	辛
卯	子	丑	巳

癸	甲	乙	丙	丁	戊	己	庚
巳	午	未	申	酉	戌	亥	子

앞서 설명한 이명박 전 대통령 사주팔자이다. 격국은 (인성)관성보재성격이 된다. 공식에 의한 운 순위는 목성의 운이 1등, 수성의 운이 2등, 길신을 생하는 금성의 운이 3등, 나머지 남은 화성의 운이 4등이다. 이런 순위를 적용하면 태어나 기해(己亥)대운까지 2등이었다가, 무술(戊戌) 대운부터 병신(丙申) 대운까지 3등, 을미(乙未) 대운부터는 4등으로 흐른다. 이렇게 되면 아주 어릴 때만 타고난 의식 성향인 보수주의 영향을 받았고, 자라면서부터 현재까지도 전환된 의식인 모험주의 의식의 영향을 받는다. 이렇게 운이 흐른다면, 보수진영을 대변하는 대통령이 될 수 있었을까 하는 의문이 든다.

그런데 축(丑) 토성이 낀 지지구조에 걸린 사주라면, 얘기는 달라진다. 축(丑) 토성 속에 수성이 70%를 차지하여 일지의 자(子) 수성과 함께 연지의 사(巳) 화성을 강력하게 억제하고 있다. 다행히도 시지의 묘(卯) 목성이 수성의 공격으로부터 화성을 구하고 있다. 그래서 토성이 낀 지지구조에 걸린 사주인 것이다. 그 덕분에 운 순위가 달라진다. 지지에서 구제 역할을 한 목성의 운이 1등, 억제당하고 있는 화성의 운이 2등, 억제하고 있는 수성의 운이 4등, 하나 남은 금성의 운이 3등이다. 이를 적용하면 태어나 병신(丙申) 대운까지 3등과 4등으로 흐르다가, 을미(乙未) 대운 이후 2등의 운을 만났다.

그래서 초중반 전환된 의식인 모험주의 의식의 영향에 물질형의 행동이 나왔고, 병신(丙申) 대운 이후로는 타고난 의식인 보수주의 의식의 영향을 받고 물질형의 행동이 나온 것이다. 그래서 오로지 돈밖에 몰랐던 모습에서 이미지 변신을 하고자 국회의원, 그것도 현대 정주영 회장이 만든 당이 아닌, 보수의 색채가 강한 한나라당에 입당한 것이다. 그러다가 보수 정당인 한나라당의 대통령 후보로 나와 대통령에 당선되었다. 그런데 토성이 낀 지지구조라서 행동거지가 담백하거나 깨끗하거나 순수하지 못한 측면이 있다. 단적인 예가 있다. BBK는 말할 것도 없고, 국민들이 그렇게 반대했던 쇠고기 수입과 4대강 운하건설 반대 데모로 인해 국민 앞에 나와 절대로 하지 않겠다고 약속해놓고, 뒤로 밀어붙이는 꼼수를 봐라. 그리고 현대에 근무할 당시 세금 적게 내려고 전과 14범까지 되지 않았던가. 꼼수의 달인이라 부르고 싶다.

시	일	월	년
丁	戊	丙	丙
巳	寅	申	戌

甲辰	癸卯	壬寅	辛丑	庚子	己亥	戊戌	丁酉

노무현 전 대통령의 사주팔자다. 진가사주로 격국은 인성보관성격(재성)으로 의식성향은 보수주의, 무의식 성향은 명분형, 꿈 성향은 감성형이다. 공식에 의한 운 순위는 진용신인 수성이 1등, 희신인 목성이 2등, 가용신인 화성이 3등, 하나 남은 금성이 4등이다. 이대로 운이 적용되면 초반 두 번째 대운까지만 4등에 있다가, 세 번째 대운부터 여덟 번째 대운까지 1등과 2등의 운을 맞이한다. 이런 흐름이라면 인생 전체적으로 굴곡 없는 삶을 살 가능성이 매우 높다.

그런데 노무현 대통령의 인생은 유난히 굴곡이 심했다. 부산 상고를 나와 늦은 나이에 사법고시에 합격하고 대전 지방판사로 임용된 뒤 7개월 만에 변호사로 개업했다. 열심히 돈 벌다가 1981년 부림사건 이후 인권 변호사로 활약했다. 1986년부터 변호사 일보다는 민주화 쟁취 운동에 전념했고, 1987년 6월 항쟁의 주역이 되었다. 1988년 국회의원에 당선되어 5공 청산 청문회의 스타로 발돋움했으며, 1990년 3당 합당할 당시, 명분을 내세워 꼬마 민주당을 창당했다.

이런 흐름으로 보아 노무현 대통령은 41세인 1986년부터 나라를 걱정하는 마음이 들었던 것 같다. 그전과 후의 삶이 판이하기 때문이다. 판이하게 다르다면, 틀림없이 운의 흐름에 변화가 있어야 한다. 그렇다면 토성이 낀 지지구조에 걸린 상태의 운 순위를 대입해보자. 지지에서 구제 역할을 하는 화성이 1등, 피해 보고 있는 목성이 2등, 억제하는 금성은 4등, 하나 남은 수성은 4등이다. 이 운 순위를 적용하면,

다섯 번째 대운까지 3~4등에 있다가 여섯 번째 대운부터 1~2등으로 흐른다. 이런 흐름이라면, 40대 전과 후의 인생이 판이할 것이라 예측된다. 이렇게 실제로 살아온 노무현 대통령의 삶을 대입하면 공식에 의한 운 순위보다는 지지구조에 걸린 운 순위가 더 잘 맞음을 확인할 수 있다. 한 가지 아쉬운 점은, 토성이 낀 지지구조라 대통령으로서 국가와 국민을 위해 열심히 일했음에도 불구하고 국민 지지도가 5.7%까지 떨어진 적이 있었으며, 역사상 처음으로 탄핵소추안이 통과되어 대통령 직무가 2개월가량 정지된 적도 있었다.

2. 남성(54세)

시	일	월	년
癸	甲	癸	乙
酉	子	未	巳

乙	丙	丁	戊	己	庚	辛	壬
亥	子	丑	寅	卯	辰	戌	酉

기억에 남는 내담자라 소개한다. 우주 에너지의 비율을 보자. 화성: 1.84, 수성: 1.4, 금성: 1, 토성: 0.36, 목성: 0.2이다. 갑(甲) 일간을 도와주는 오행은 수성(1.4)과 목성(0.2)이다. 그 합이 1.6으로 최소 신강한계수치인 1.24를 넘었으므로 신강한 사주다. 가장 강한 오행은 화성으로 화극금(火剋金)된다. 금성을 구제하는 오행은 토성과 수성이다. 신강이므로 토성에게 부탁한다(1차 방정식). 연간의 을(乙) 목성이 있으나 지지의 미(未) 토성을 억제할 수 없다. 그래서 공식은 끝난다. 일반사주이며 용신인 토성으로 재성, 희신은 금성으로 관성, 이용하는 육친은 식상이다. 그래서 의식 성향은 실용주의, 무의식 성향은 모험형, 꿈 성향은 권위형이다. 공식에 의한 운 순위는 지지에 토성이 없는 관계로 금성이 1등, 화성이 2등, 목성이 3등, 수성이 4등이다. 이를 적용하면 세 번째 대운부터 여덟 번째 대운까지 3~4등으로 인생의 굴곡이 거의 없는 삶을 살아야 한다.

그런데 이 친구의 삶을 보면, 학생 때 공부는 잘했지만 반골 기질이 강해 데모를 주도했고, 덕분에 도망 다니다가 공부에 흥미를 잃은 채 졸업했다고 한다. 직장생활도 할 수 없는 상황에 몰리자 택한 것이 사법시험 공부였다. 합격만 하면 잃어버린 모든 것을 찾을 수 있다고 생각했다. 그래서 1992년(壬申年)부터 고시공부에 매달리기 시작했다. 그러나 자꾸만 실패하는 바람에 근 10여 년을 허비했다. 그러다가 40세 가까운 나이에 합격했다. 그러나 부모는 아들이 공부에만 파묻혀 지내는 것이 안타까워 공부하는 중간에 결혼을 시켰다. 결혼해서 가정을 이루면 사법고시를 포기하겠지 하는 생각에서 반강제적으로 1997년(丁丑年)에 결혼을 시킨 것이다. 그러나 신혼여행에서 돌아오자마자 바로 산으로 도망을 갔다. 결국, 부모도 이 친구의 고집을 꺾지 못했고, 마침내 2003년(癸未年)에 합격했다. 이 친구의 삶이 파란만장하지 않은가.

토성이 낀 지지구조에 의한 운 순위를 보자. 지지에서 구제 역할을 하는 수성이 1등, 피해 본 금성이 2등, 공격하는 화성이 4등, 하나 남은 목성이 3등이다. 이 순위를 적용하면 역시 다섯 번째 대운까지 3~4등이었다가, 여섯 번째 대운부터 1~2등으로 흐른다. 그렇다면, 40세 전과 후의 인생이 판이함을 확인할 수 있다. 이 친구 역시 공식에 의한 운 순위보다는, 지지구조에 걸린 운 순위를 적용해야만 실제의 삶과 유사하게 추론됨을 알 수 있다.

제3장

녹현역학으로 본 운명

운이 나빠야 돈 벌고 출세하는 운명

    대다수의 사람들은 사회적으로 출세한 자나 성공한 자, 돈을 많이 번 자나 유명인사가 된 자, 유명 스포츠 스타가 된 자나 인기 있는 연예인이 된 자들을 보고는 "운이 좋아서 그럴 거야!"라고 생각하거나 판단해버린다. 어느 누구도 운이 좋지 않아서 그렇게 되었다는 것은 상상도 못 한다. 내담자 대다수 사람들에게 하강하는 심리주기 그래픽을 보여주면 "운이 나쁜데 돈 벌어요?", "운이 내려가는데 합격해요?", "운이 3~4등인데 취직이 돼요?"라며 필자에게 되묻는다. 아마 기존 역학을 공부하고 그것으로 추론하는 자들에게도 마찬가지일 것이다. 그러나 녹현역학을 공부하고 그것으로 추론하는 제자들은 운이 나쁘게 흘러야 돈 벌고 출세함을 알고 있다. 그러면 필자는 과거 운이 나빴던 시기를 가리키고, 당시엔 어떠했는지를 되묻거나 되돌아보게 한다. 그러면 대다수 내담자들은 그때는 돈을 좀 더 많이 벌었거나, 좀 더 좋은 곳에 근무했다고 대답한다. 그런데 기존 역학자는 사회적으로나 대내외적으로 성공했거나 유명해진 사람들은 무조건 운이 좋았을 것으로 판단한다. 일반인들도 그들과 마찬가지로 운이 뒷받침해줘야 가능하다고 믿는다. 아마 이 책을 읽는 독자들도 그렇게 생각하고 있을 것이다. '운이 나쁜데 어떻게 유명해지고 돈 벌고 출세하지?!'라고 말이다.

    앞에서 운을 얘기할 때, 만족스럽게 살아가는지 아니면 만족스럽지 못한 채 사는지를 알 수 있다고 했다. 자신이 바라는 대로 살아간다면 만족스러운 거고, 바라는 대로 살 수 없으면 불만족스러운 것이다. 그렇다면 사람들은 오로지 돈, 스펙, 인기, 출세, 성공, 권위 등만 바랄까? 의식 성향을 공부할 때 그렇지 않음을 설명했다. 사회적 출세나 성공과는 관련이 깊지 않은 박애주의, 진보주의, 이상주의, 모험주의 의식도 있고, 무의식 성향에서도 의리형, 모험형, 이타형, 진보형, 안정형, 명분형도 있고, 꿈 성향에서도 협동형, 자유형, 이상형, 안락형 등도 있다. 사회적 출세나 성공과는 그다지 관련이 없는 운명일 경우, 운이 좋게 흘러야만 자신이 뜻한 바대로 살 수 있지, 운이 나쁘게 흐르면 어쩔 수 없이 돈을 벌거나 출세를 하게 된다. 반면, 사회적 출세나 성공을 바라는 운명은 운이 좋아야지, 그렇지 않으면 매우 만족스럽지 못한 삶을 살 것이며, 실제의 삶에도 물질적으로나 명예적으로 매우 어려운 생활을 해야 하기 때문이다.

공부하고 싶은데 현실적 여건 때문에 돈을 버는 사람의 경우는, 운이 좋았을까 나빴을까? 자유롭게 살고 싶은데 부모로 인해 사업하거나 취직했다면, 운이 좋았을까 나빴을까? 운동하고 싶은데, 책상 앞에서 공부하고 있다면 운이 좋았을까 나빴을까? 봉사와 희생적인 삶을 살고 싶은데 이상하게도 명예롭고 높은 위치에 오른다면, 운이 좋았을까 나빴을까? 수많은 역학자나 사람들은 이런 생각을 전혀 하지 못하고, 그저 인기가 있거나, 돈 벌었거나, 높은 자리에 오르거나 하면 무조건 운이 좋아서라고 보는 것이 현실이다. 그렇다면 현재 잘나가고 있는 국회의원, 고위 관료, 사법부, 재벌, 교수, 연예 및 예술인, 언론인, 스포츠 스타, 전문직 종사자, 고액 연봉자 등 밖에서 보기에 '삐가뻔쩍'한 많은 사람들은 모두 운이 좋단 말인가? 그러나 실제로는 운이 좋은 사람도 있고 그렇지 않은 사람도 있다. 만약 운이 나쁜 사람들도 끼어 있다면, 운이 좋아야 성공한다는 지금까지의 고정관념은 무너져야 한다.

녹현역학에서는 돈에 대해서만 논한다면, 당연히 돈을 의미하는 육친인 재성을 첫 번째로 살피고, 재성을 살필 수 없을 때는 식상을 두 번째로 살피고, 식상마저 살필 수 없을 때는 관성을 세 번째로 살핀다. 취직에 대해 물으면 관성을 첫 번째로 살피고, 관성을 살필 수 없을 때는 재성을 두 번째로 살피고, 그마저도 살피기 어렵다면 인성을 세 번째로 살핀다. 그리고 운이 상승하면 타고난 의식 성향인 격국(일반=이용+용신, 진가=가용신+희신, 병약=2약신+병신, 무격=용신+희신)의 사건이나 일들이, 운이 하강하면 전환된 의식 성향(일반, 무격=희신, 진가=진용신, 병약=1약신)의 사건이나 일들이 발생한다. 이 공식을 이용하면 내담자가 궁금해하는 어떤 질문이라도 정확하고 명확하게 알려줄 수 있다.

▌ 해당 질문의 육친 도표

실례를 보자.

사건 / 사고	살펴야 할 육친 순위
남녀=조부모 / 남=자식, 친조카, 누이 남편 / 여=남편, 남편 형제, 며느리, 자매 남편, 상사, 관청인(기관인), 공문서, 승진, 취직, 권력, 명예, 국가시험, 회사, 부서이동, 법규, 이직, 소송, 관재구설	관성>재성
남녀=아랫사람, 제자 / 남=장인·장모, 사위 / 여=자식, 조카, 자립, 독립, 투기, 신체사고, 이민, 유학(기능), 발명, 전문 직종, 서비스 직종, 임신 여부(여), 불륜(性), 일탈	식상>비견
남녀=형제자매, 사촌, 배우자의 애인 / 남=며느리, 동업, 이별, 독립, 이동, 유산 문제, 운동(건강, 웰빙), 귀농(자연인), 종교, 분가, 대인관계,	비견>인성
남녀=부모, 모친·부친 형제 / 남=외손주 / 여=사위, 친손주, 문서이동, 신분상승, 집안 초상, 스카우트, 진학, 체면, 이미지 관리, 학위 획득, 생산직종, 상속, 유학(공부), 사기,	인성>관성
남녀=이성 친구 / 남=처, 처형제, 형수·제수 / 여=시부모, 외손주, 재물, 바람(애인), 재테크, 여행, 유행(사치), 도박, 유혹, 연예, 예술, 성형수술,	재성>식상

1. 남성(36세)

시	일	월	년
己	甲	庚	辛
巳	戌	寅	酉

壬	癸	甲	乙	丙	丁	戊	己
午	未	申	酉	戌	亥	子	丑

　　대한민국 최고의 축구 스타 중 한 명인 박지성의 사주팔자이다. 태어날 때 지닌 우주 에너지는 금성: 1.7, 목성: 1.2, 화성: 1, 토성: 0.9, 수성: 0이다. 갑(甲) 일간을 도와주는 오행은 수성(0)과 목성(1.2)으로 그 합이 1.2로 최대 신강한계수치인 1.24를 넘지 않았으므로 신약한 사주이다. 가장 강한 오행은 금성. 금극목(金剋木)으로 목성이 피해 보고 있다. 목성을 구할 오행은 수성과 화성이다. 신약한 사주니까 수성이 있다면 수성을 선택했을 것이다. 그러나 수성은 없으므로 어쩔 수 없이 화성에게 부탁한다(1차 방정식). 화성을 방해하는 수성이 없으므로 공식은 끝난다. 공식이 끝났을 때 일간이 진정 사용하고 싶은 구제오행이 있으면 진가사주라 했다. 그래서 가용신은 화성으로 식상, 희신은 목성으로 비견, 진용신은 수성으로 인성이므로 격국

은 식상보비견(인성)이다.

의식 성향은 가용신+희신의 합이므로 진보주의, 꿈 성향은 희신+진용신의 합이므로 안락형, 무의식 성향은 1.7의 금성으로 관성체질이다. 대운의 순위는 진용신인 수성이 1등, 희신인 목성이 2등, 가용신인 화성이 3등, 나머지 남은 금성이 4등이다. 그래서 초반에 맞이한 기축(己丑), 무자(戊子), 정해(丁亥) 대운은 1등, 중반에 맞이하는 병술(丙戌), 을유(乙酉), 갑신(甲申) 대운이 4등이다. 이런 흐름이라면 정해(丁亥) 대운인 20대 이후 운이 하강하는 흐름이므로 만족스럽지 못한 삶을 살았으리라 예측된다. 실제로 그랬을까 추론해보자.

박지성 선수는 일본 프로축구 무대인 J리그에서 데뷔했다. 초등학교 시절 축구를 시작해서 2000년(庚辰年)에 명지대 입학했고, 그해 6월 휴학하고 일본 J리그 교토 퍼플상가팀에 입단했다. 한국 선수로는 최연소로 J리그에 진출했다. 그러다가 히딩크 감독 눈에 띄어 2002년(壬午年) 국가대표 선수로 발탁, 멋진 활약을 보임으로써 차세대 축구 스타로 주목을 받게 되었다. 월드컵 당시 뛰어난 활약을 한 덕분에 2003년(癸未年)에 히딩크 감독이 지휘봉을 잡고 있던 네덜란드 프로축구 PSV 에인트호번팀으로 스카우트되었다. 부지런하고 지칠 줄 모르는 힘과 끈기, 그리고 뛰어난 드리블과 감각적인 패스 등으로 에인트호번팀을 우승으로 이끌었고, 나아가 에인트호번팀을 UEFA(유럽컵) 대회 4강까지 이끄는 활약을 보였다. 그 뒤 유럽 프로축구 무대에서도 꿈의 무대라고 일컫는 영국 프리미어리그 팀 중에서 명문 구단인 맨체스터 유나이티드 FA로 2005년(乙酉年)에 이적해 맹활약하다가, 2012년(壬辰年)에 퀸즈파크 레인저스 FC 팀으로 이적했고, 다시 2013년(癸巳年)에 에인트호번으로 임대되었다가, 2014년(甲午年)에 은퇴했다.

박지성 선수가 맨유에서 한창 활약할 때는 세계적인 축구 스타들인 호날두, 라이언 긱스, 루니, 테베즈, 나니, 에브라 등 유명한 선수들과 함께 했다. 현재도 많은 선수들이 활발하고 왕성하게 선수 생활을 하고 있다. 박지성 선수도 부상만 없었다면, 선수 생활을 하는 그들처럼 현재도 운동장을 누비고 있을 것이다. 맨유에서 선수로 뛸 때도 늘 아쉬웠다. 주전으로 뛸 수도 있었을 텐데, 2%가 부족한 것 때문에 늘 교체 선수 또는 비중이 약한 팀과의 경기에 주전으로 나서는 경우가 많았다. 아마 박지성 선수 자신은 우리보다 더 안타까워했을 것이다. 세계적인 선수들과 함께 뛰면서 그들처럼 인기도 얻고 최고의 축구 선수가 되고 싶었을 것이다. 그리고 박지성 선수는 맨유에서 은퇴하고 싶어 했다. 그런데 부상으로 인해 본의 아니게 맨유에서 다른 팀으로 이적한 상태에서 은퇴하고 말았다. 이런 결과를 보면 박지성 선수 자신도 만족스러운 선수 생활을 했다고 여기지는 않을 것이다. 그럼에도 불구하고 박지성 선수는 최고의 명예를 얻었다.

운이 없음에도 불구하고 박지성 선수는 대한민국 축구 선수로서 유일무이한 인기와 명예를 얻은 것이다. 어째서 그런 일들이 가능했을까? 그것은 바로 전환된 의식 성향인 신분주의 의식에, 관성체질인 권력형의 모습에다가, 진용신 희신인 인성의 모습이 드러났기 때문이다. 타고난 의식 성향인 진보주의 의식의 영향만 받았다면, 지금까지도 선수 생활을 하고 있을지 모르겠다. 진보주의 의식이란 명예나 신분을 중시하기보다는 아무런 간섭이나 구속 없이 운동장에서 자유롭고 건강하게 활동하는 것을 중시해서 그렇다. 그런데 운이 없어 건강하고 자유로운 활동 대신 신분 상승과 명예에 대한 것을 중시하게 되었다. 그리고 행동거지는 권력형 성향으로 드러난다. 권력형이란 새로운 것을 받아들이기보다는 늘 했던 것을 잘하는, 창조성이나 융통성은 적더라도 모방과 연습으로 최고가 되는, 그래서 한 분야의 달인으로 각광받는 것이다. 거기에다가 꿈 성향인 안락형의 모습까지 드러나므로 안정적인 이미지를 주고 있다. 결코, 본인 자신은 만족스럽지 않은 선수 생활이었지만, 운이 나쁘게 흐른 탓에 선수 생활 대신 대한민국 최고의 축구 선수, 나아가 아시아 최고의 축구 선수라는 명예를 얻었다. 박지성 선수처럼 운이 좋지 않게 흘렀어도 대외적으로 엄청난 인기와 명예를 지닐 수 있는 것이다.

2. 남성(63세)

시	일	월	년
甲	甲	癸	甲
戌	午	酉	午

辛	庚	己	戊	丁	丙	乙	甲
巳	辰	卯	寅	丑	子	亥	戌

　세상에 존재하지 않았던 녹현역학과 PCT(Psychology Cycle Theory) 심리학을 창안한 필자의 사주팔자이다. 여기에 소개하는 것은 운이 없어도, 몸에 장애(뇌성마비)를 지녔어도, 공부를 많이 하지 않았어도 새로운 학문을 창안할 수 있음을 보여주고자 해서다. 먼저 타고난 우주 에너지의 비율을 보자. 화성: 2, 금성: 1.9, 목성: 0.4, 토성: 0.3, 수성: 0.2이다. 갑(甲) 일간을 도와주는 오행은 수성(0.2)과 목성(0.4)으로 합이 0.6이다. 최소 신강한계수치인 1.24를 넘지 않아 신약한 사주이다. 가장 강한 오행은 화성으로 화극금(火剋金)하여 금성이 피해 본다. 금성을 구하는 일차 구제오행은 토성과 수성이다. 신약하므로 수성에게 금성을 구하라고 부탁한다(1차 방정식). 그러나 지지의 술(戌) 토성이 천간의 계(癸) 수성을 억제하므로 다시 공식에 들어간다. 토극수(土剋水)로 수성이 방해를 받는다. 이차 구제오행으로는 금성과 목성이다. 신약하므로 목성에게 수성을 구하라고 부탁한다(2차 방정식). 그러나 지지의 유(酉) 금성이 천간의 갑(甲) 목성을 방해하므로 또 한 번의 공식에 들어간다. 금극목(金剋木)하여 목성이 피해 본다. 삼차 구제오행은 수성과 화성이다. 신약하므로 수성에게 목성을 구하라고 부탁한다(3차 방정식). 토성이 수성을 억제하는 공식은 2차 방정식 때 사용했으므로 더 이상 공식은 진행하지 않는다.

　일반사주로 희신인 비견을 숨기기 위해 용신인 인성 앞에 관성을 이용하는 육친으로 활용한다. 그래서 격국은 (관성)인성생비견이며, 타고난 의식 성향은 보수주의, 꿈 성향은 협동형, 무의식 성향은 화성(2)과 금성(1.9)의 식상과 관성체질이므로 권리형이다. 운의 순위를 보자. 공식을 적용한 대로 순위를 보면, 용신인 수성이 1등, 희신인 목성이 2등, 길신인 수성을 생하는 금성이 3등, 나머지 화성이 4등이다. 이 순위를 적용하면, 두 번째 대운인 을해(乙亥)부터 일곱 번째 대운인 경진(庚辰)까지

1등과 2등의 흐름이다. 이렇게 되면 필자의 삶은 늘 보수주의 의식 아래 권리형의 모습을 드러낼 것이다. 보수주의 의식은 안정된 상황에서 처자식을 거느리고 책임을 다하며 살고자 하는 성향이다. 그런데 필자의 현실은 그렇지가 않다. 왜 다를까?

그것은 바로 운 순위가 다르기 때문이다. 필자 사주 역시 지지가 특수한 구조로 이루어져 운 순위가 공식에 의해 정해진 것을 따르지 않는다. 이런 구조를 지니면 공식에 의한 운 순위가 적용되는 것이 아니고, 지지에서 구제 역할을 하는 오행의 운이 1등, 피해 보고 있는 오행의 운이 2등, 억제하는 오행을 생하는 오행의 운이 3등, 억제하고 있는 오행의 운이 4등이다. 필자의 사주는 지지에서 화성이 두 지지를 차지하여 한 지지의 금성을 억제하고, 다른 한 지지의 토성이 금성을 구하고 있는 구조이다. 그래서 토성이 1등이지만, 지지엔 토성의 운은 없으므로 금성이 1등, 수성이 2등, 목성이 3등, 화성이 4등이다. 이 순위를 적용하면 태어나 정축(丁丑) 대운까지는 1등과 2등, 무인(戊寅) 대운부터는 3등과 4등이다.

그래서 필자가 43세 되던 해에 처자식은 유학을 떠났고, 그 이후로는 안정과는 거리가 먼 생활의 연속이었다. 현재까지도 처자식과는 같이 살지 못하고 있다. 이는 보수주의 의식의 영향을 받은 것이 아니라, 전환된 의식인 모험주의 의식의 영향을 받았다는 얘기다. 모험주의 의식의 영향을 받은 탓에 기존의 모든 것과 구태의연한 이론, 판에 박힌 듯한 삶과 봉건적·유교적인 생활을 있는 그대로 받아들이지 않았다. 그래서 내담자와 상담할 때도 책 보고 공부한 대로 말했다가, 어긋나면 그 이론을 의심하기 시작했다. 그런 상담을 하다 보니 기존 역학의 무수히 많은 이론들이 100% 완벽하지 않음을 알게 되었다. 그리고 내담자가 찾아온 이유를 맞춰야 한다는데, 필자는 도무지 알 수가 없었다. 그래서 내담자가 당면한 문제들을 끄집어낼 수 없다면, 무엇이 궁금한지, 언제가 좋았으며, 좋았으면 무엇 때문에 좋았는지, 어떠한 결론을 바라는지 등을 내담자에게 묻는 방식으로 바꾸었다. 그랬더니 대다수의 내담자들이 "왜 왔는지 맞춰봐라?", "궁금한 것을 먼저 말하면 뭐하러 점 보러 오나?", "아들이 궁금하지만, 집안의 어른인 남편 먼저 봐야 한다?"는 등 수많은 반론들이 있었다. 그때마다 "몸이 아파서 병원에 가면 의사가 물어보는 말에 순순히 대답하지 않는가?", "아침에 무엇을 먹었는지, 열은 있었는지, 어디가 어떻게 아픈지?" 등 아픈 증상을 의사에게 말해야 무슨 질환인지 파악하고 그에 맞는 치료를 할 수 있다고 했다. 의사가 묻는 말에 대답하지 않으면 어디가 아픈지 알 수 없다고 말이다. 역학자도 의사와 같아, 궁금한 것을 먼저 말하면 정확한 예측이 가능하다고 했다. 과거보다 미래가 중요하지 않으냐 등의 말로 내담자들의 동의를 얻어 상담했지만, 일부는 그냥 돌아가기도 했다.

이렇게 먼저 내담자가 궁금해하는 문제를 듣는 방식으로 바꾸자, 그동안 생각하지도 않았거나 미처 발견하지 못했던 문제점들을 발견하게 되었다. 보기엔 아쉬울 것이 하나도 없는 행복한 부부 같지만, 실제로는 그렇지가 않았다는 것, 배우자와 떨어져 있었던 때가 좋았다는 것, 금전적으로는 손해를 봤지만, 그 덕분에 부부 사이가 좋아졌다는 것, 가출이나 도박을 한 이유가 배우자에게 있었다는 것, 부잣집의 며느리인데 생활비를 다달이 받아 쓴다는 것, 각방을 쓰고 잠자리도 하지 않아 실질적으로는 부부가 아님에도 자식 때문에 살고 있다는 것, 배우자가 사라지기만을 바라고 있다는 것, 잠자리 궁합이 맞지 않아 잠자리하기 싫다는 것 등, 겉보기와는 다른 생활이나 생각을 하고 있었다는 것을 발견한 것이다.

당시 필자는 무척 혼란스러웠다. 사주팔자가 세상사·인간사 모든 것을 담고 있다면, 털어놓거나 고백하기 힘든 문제들도 드러나야 하는 것이 아닌가? 그러한 문제들을 해결해줘야 진정한 역학자가 아닌가 말이다. 이때부터 파고들고, 연구하고, 물어보고, 정리하고, 비교해보고, 검증하고, 실험하는 등의 과정을 거쳤다. 점(占)을 치는 것이 아니라 내담자의 마음을 읽어주는 상담을 하게 되었으며, 마음을 모르고서는 어떠한 예측이나 단언, 조언도 할 수 없게 되었다. 나아가 누구나 공부만 하면 내담자의 마음을 알 수 있도록 수치화·공식화·과학화의 과정을 거쳐 녹현역학을 탄생시켰다. 녹현역학이 세상에 나온 이후로 필자에게도 많은 변화가 왔다. 내담자의 방문에 의한 상담만 해오던 삶에서 벗어나, 사주 프로그램을 개발하고, 녹현역학을 배우려는 수강생을 위해 학원 운영까지 하게 되었다. 또 인터넷에 정보를 제공하고자 IT 회사까지 운영하게 되었다. 거기에 그치지 않고 녹현역학을 널리 전파하고자 고려대학교와 한림대학교 평생교육원에 '사주심리학'이라는 이름을 걸고 강의도 했다. 학벌도 보잘것없음에도 말이다.

그즈음 보조 기구인 지팡이에 의지해 걸었던 몸에 이상이 생기면서 휠체어에 의지하는 삶을 살게 되었다. 그렇게 힘든 시기에 한 여성을 만나 같이 살게 되었고, 7년 동안 필자의 손발이 되어주었다. 점치는 학문인 역학을 마음을 읽는 학문으로 바꿔놓았지만, 기대만큼 확산되지는 않았다. 삶의 변화가 필요한 시점에 서양철학 박사과정을 밟고 있는 두 사람을 만났다. 한 사람은 정상인, 한 사람은 필자처럼 뇌성마비 장애를 지녔다. 두 사람은 평소 궁금했던 부분들을 물었고, 필자가 아는 범위에서 성심성의껏 답을 해주었다. 필자의 답변에 놀라기도 하고, 감탄하기도 했다고 한다. 철학과 교수들에게 물어도 답을 내리지 못했던 부분까지도 필자는 간략하고 심플하게 정리해주는 바람에 그들은 놀랐다고 한다. 그런데 놀란 것은 그들만이 아니었다. 철학박사 학위 과정에 있는지라 어느 정도 수준에 이른 그들이 이처럼 간단한 삶의 개념조차 모르고 있었다는 것이 필자 역시 의아했다. 40여년간 수많은 내담자의 문제를 상담해주는 과정에서 내담자의 인생 전반에 걸친 문제들을 어떤 방법으로 풀어가야 하는지, 또는 상담자로서 해줄 수 있는 올바른 생각과 행동에 대한 조언 방식을 효과적으로 터득해온 것을 자각하게 된 것이다. 그들과의 짧은 만남이 필자에게도 인생의 터닝 포인트가 되었다.

역학계 내에서 녹현역학은 운명을 점치는 학문이 아니고, 사람의 마음을 읽는 학문으로 인정받고 있었다. 그러나 대한민국뿐 아니라 전 세계인이 인정하는 학문으로 만들기 위해서는 역학이 아닌, 모두가 공감하는 심리학으로 재탄생해야만 했다. 그래서 2009년부터 2010년까지 이론적·실전적으로 완벽한 심리 이론으로 변경시키는 작업에 매진했다. 다시 말하면, 수천년간 이어져 온 동양의 명리학을 대한민국의 명리학인 녹현역학으로 탄생시켰고, 대한민국의 명리학인 녹현역학을 지구인 모두가 공감할 수 있는 심리학인 '심리주기이론(Psychology Cycle Theory=PCT)'으로 재탄생시킨 것이다. 이러한 일련의 모든 과정은 타고난 의식 성향인 보수주의 의식의 영향을 받았으면 어림없는 일이었겠지만, 다행히 운이 나빠지는 바람에 전환된 의식 성향인 모험주의 영향을 받았기에 가능했다. 그리고 '어떤 일을 주체적으로 자유롭게 처리하거나 타인에 대하여 당연히 주장하고 요구할 수 있는 자격이나 힘'이란 뜻의 무의식 성향 권리형의 모습을 드러냈기에 더욱 가능했다고 생각한다. 이처럼 운이 나빴음에도 무에서 유를 창조할 수 있음을 필자의 사주로 확인할 수 있다.

3. 남성(69세)

시	일	월	년
丙	庚	戊	戊
子	午	午	子

丙	乙	甲	癸	壬	辛	庚	己
寅	丑	子	亥	戌	酉	申	未

자신만의 확고한 학문적 위치를 굳건히 지키고 있는 김용옥 교수의 사주팔자이다. 먼저 우주 에너지의 비율을 보자. 화성: 2.4, 수성: 2, 토성: 0.4이며, 목성과 금성은 없다. 경(庚) 일간을 도와주는 오행은 토성(0.4)과 금성(0)으로 그 합이 0.4로 최소 신강한계수치인 1.24를 넘지 않아 신약한 사주다. 가장 강한 오행은 화성. 화극금(火剋金)으로 금성이 피해 보고 있다. 금성을 구할 오행은 토성과 수성이다. 신약하므로 토성에게 부탁한다(1차 방정식). 토성을 억제할 목성이 없으므로 공식은 끝난다. 일반사주로 용신은 토성으로 인성, 희신은 금성으로 비견, 이용하는 육친은 관성이다. 격국은 (관성)인성생비견격으로 의식 성향은 보수주의, 꿈 성향은 협동형, 무의식 성향은 화성(2.4)과 수성(2)으로, 식상과 관성체질로 권리형이다. 그런데 지지가 두 오행으로 나뉘 다투고 있으므로 공식에 의한 운 순위는 적용되지 않는다. 지지에서 수성과 화성이 다투고 있을 때는 목성과 토성이 싸움을 말려야 한다. 운 순위는 일간이 결정한다고 했다. 목성이 1등, 금성이 2등, 수성이 3등, 화성이 4등이 된다. 신약한 일간이라 금성이 2등이 되었고, 음기가 조금 적어 수성이 3등이 된 것이다.

처음부터 네 번째 임술(壬戌) 대운까지는 2등, 다섯 번째 계해(癸亥) 대운부터는 3등, 여덟 번째 병인(丙寅) 대운부터는 1등을 맞이한다. 운의 흐름을 보면, 만족스럽다가 불만족스럽고 다시 만족하는 삶이다. 태어나 30대까지는 보수주의적인 의식의 영향을 받다가, 30대 이후 모험주의적인 의식의 영향을 받는다. 물론 무의식 성향은 늘 권리형의 모습인 것은 변함없지만 말이다. 권리형은 당당히 주장하고 요구할 수 있는 자격이나 힘이다. 다시 말하면, 자신만의 색채를 버리지 않은 채 남들이 감히 하지 못하는 부분을 전공하여 자신만의 색깔을 입히는 그런 행동을 말한다. 그래서 생물학, 신학, 철학, 한의학, 중국 철학, 문학 등 남들은 감히 꿈도 꾸지 못한 공부들을 한 것 같다. 한마디로 잡학 다식의 달인이라 아니할 수 없다. 현재는 김용옥 교수만의 학문, 세상에 존재하지 않았던 새로운 학문, 이론이 탄생했다. 그런데 필자보다 6살 위지만 기묘하게도 의식, 무의식, 꿈 성향이 똑같다. 중반 이후 운이 떨어지는 것도 같다. 그래서 나이 들어 더 많은 학문을 접하면서 기존의 이론이나 학문을 그대로 따르거나 인정하지 않고, 자신만의 독특한 이해와 해석 안으로 녹여버린 것이다. 필자 역시 기존의 명리학과 심리학을 따르지 않고, 필자만의 이해와 해석으로 새로운 학문으로 만들었다. 묘한 인연이 아닌가 생각한다.

한 가지 팁을 제공한다. 서로 억제하는 심성체질에 관해서다. 관성과 비견의 신분형, 비견과 재성의 재물형, 인성과 식상의 명분형, 재성과 인성의 도덕형의 소유자는 유난히 이런 모습을 보이다가, 순식간에 저런 모습으로 돌변한다. 그러다가 다시 이런 모습을 보이고 말이다. 남들이 보더라도 쉽게 알아챌 수 있을 만큼 갈팡질팡한다. 그렇게 보이지 않으려고 정신 차리고 행동하려 해도, 끝내 무너진다. 그러나 식상과 관성의 권리형은 그렇지 않다. 권리형의 소유자는 남 보기에 갈팡질팡하거나 왔다 갔다 하는 모습을 쉽게 드러내지 않는다. 본인 속으로야 갈등한다고 해도 말이다. 권리형의 소유자는 자신(我)을 돌보지 않는다. 나를 돌보지 않아 갈등하는 모습이 보이지 않는다는 의미는 자신의 이익이나 실리를 챙기지 않는다는 의미다. 그렇다면 관성과 비견의 신분형, 비견과 재성의 재물형, 인성과 식상의 명분형, 재성과 인성의 도덕형의 소유자들은 자신을 위한다는 뜻이다. 과연 그럴까?

남과 나, 나와 남이란 의미를 되새겨보자. 남이란 부모·형제를 제외한 사람이고, 나란 피를 나눈 가족이다. 그렇다면 인성과 비견은 나란 의미이다. 인성은 부모고, 비견은 형제이기 때문이다. 그래서 비견과 인성과 다투는 체질의 소유자는 남과 나의 싸움이란 뜻이다. 관성과 비견체질, 재성과 인성체질, 인성과 식상체질, 비견과 재성체질들의 소유자들은 끝까지 갈등하다가도 자신에게 피해가 오거나 손해가 된다면 그 즉시 행동에 변화를 준다. 그전까지의 모습과는 확연히 다른 모습으로 말이다. 특히 움츠리거나 소심한 듯한 모습을 보이는 것이 특징이다. 그래서 비견과 재성체질인 안철수 국민의당 대표도 리베이트 의혹이 일어나자 결과도 보지 않고 그 즉시 대표직을 던졌고, 인성과 식상체질인 노무현 전 대통령도 검찰의 압박수사로 인해 즉시 목숨을 내던진 것이다. 그러나 식상과 관성체질에는 인성과 비견하고 다투는 체질이 아니라서, 나와 남의 싸움이 아니다. 그래서 자신의 이득, 안위, 실리를 챙기지 않고 버틸 수 있는 만큼 버티기에, 행동의 변화가 쉽게 오지 않는다. 오로지 모두의 생활에 유익한 것인지 그렇지 않은 것인지의 갈등만 한다. 자신이 선택한 방향으로 인해 손해를 불러올지라도, 여간해서는 다른 방향으로 돌리지 않는다. 그러한 모습이 서로 다투는 네 종류의 체질과 다른 점이다.

4. 여성(51세)

시	일	월	년
甲	癸	戊	丙
寅	卯	戌	午

庚	辛	壬	癸	甲	乙	丙	丁
寅	卯	辰	巳	午	未	申	酉

남편의 그늘 밑에서 손가락 하나 까딱하지 않고 편히 지내다가, 40대 이후 가정을 이끌어가는 억척스러운 운명의 소유자다. 우주 에너지의 비율을 보자. 목성: 2.2, 화성: 1.2, 금성: 0.84, 토성: 0.56 수성: 0이다. 계(癸) 일간을 도와주는 오행은 금성(0.84)과 수성(0)으로 합이 0.84로, 최대 신약한계수치인 1.24를 넘지 않아 신약한 사주이다. 가장 강한 오행은 목성. 목극토(木剋土)로 토성이 피해 보고 있다. 일차 구제오행은 화성과 금성이다. 신약하므로 금성에게 부탁하고 싶은데, 금성은 수치만 있지 토성 속에 갇혀 활동하지 못하므로 구제 역할을 할 수가 없다. 그래서 어쩔 수 없이 화성에게 토성을 구하라고 부탁한다(1차 방정식). 화성을 억제하는 수성이 없으므로 공식은 끝난다. 공식이 끝났을 때 일간이 진정 사용하고 싶은 구제오행이 있었다면, 진가사주라 했다. 그래서 가용신은 화성으로 재성, 희신은 토성으로 관성, 진용신은 금성으로 인성이다. 격국은 재성생관성격(인성)이며, 타고난 의식 성향은 성공주의, 꿈 성향은 고상형, 무의식 성향은 목성(2.2)으로 식상체질이며 모험형인 것이다. 그런데 지지를 보니 목성이 토성을 억제하고 화성이 구하고 있는 구조이다. 그래서 지지구조에 따른 운 순위를 적용한다. 구제 역할을 하는 오행인 화성의 운은 1등, 억제 역할을 하는 목성의 운은 4등, 목성을 생하는 수성의 운은 3등, 나머지

하나 남은 금성은 운은 2등이다. 이대로 운에 적용하면, 태어나 다섯 번째까지 1~2등으로 흐르다가, 여섯 번째 임진(壬辰) 대운부터 4등으로 흐르고, 이럴 경우 40대 전과 후의 인생이 다르다.

40대 전에는 타고난 의식인 성공주의 영향을 받았고, 그 이후로는 전환된 의식인 이상주의 영향을 받는다. 물론 행동하는 모습이 늘 모험형인 것은 말할 나위도 없지만 말이다. 그래서 그랬는지는 모르지만, 40세 전까지는 남편의 사업이 잘되어 경제적으로 부족함 없이 아이들 잘 키우며 지냈다. 진용신이 인성이라 그랬는지, 틈틈이 인문학 공부는 했다. 그러던 어느 날 남편이 부도를 내는 바람에 유학 간 아들도 중도에 귀국하고, 졸지에 월세방으로 전전하게 됐다. 이제는 자신이 움직이지 않으면 온 가족이 꼼짝없이 굶어 죽게 생겼다. 그러던 차에 모 대학 사회교육원에서 인문학 강의를 해달라는 요청이 들어왔다. 과거 틈틈이 공부해두었던 인문학, 그리고 공부로 맺었던 지인들과의 인연 덕분에, 40세 이후 눈코 뜰 새 없이 바쁘게 활동하며 지냈다. 개인 강의, 그룹 강의, 대학 강의 등 닥치는 대로 맡아서 가정 경제를 책임지고 있다. 현재 박사학위를 앞두고 있다.

40세 전 성공주의 의식의 영향을 받을 때와 40세 후 이상주의 의식의 영향을 받을 때의 차이가 너무나 극명하다. 40세 전까지 바깥일을 하지 않았지만, 집안 살림은 가사 도우미한테 맡기고 자신은 공부하러 다녔다. 40세 후에는 직접적인 경제적 활동을 한 것이 아닌, 메말라버린 현대인의 정신 교육을 하러 다닌 것이다. 이것이 바로 이상주의 의식과 무의식 성향인 모험형의 영향 탓이다. 식상체질이란 바로 아랫사람, 자식, 제자로 그들을 위해 봉사와 희생을 할 수 있어서다. 그 와중에 학위 취득을 위해 공부를 멈추지 않은 것은 바로 진용신 인성의 성향이 드러나서다. 운이 하강하면 무의식 성향인 모험형 70%와 꿈 성향인 고상형 30%가 삶에 나온다고 했다. 추론 그대로 따른 삶이다. 이렇게 운이 하강해도 당당히 활동하고, 새로운 것을 발견하고, 권위가 생기고, 돈 버는 등 모든 것을 할 수 있다는 것을 우리는 잊어서는 안 된다.

성적인 호기심과 민감도가 뛰어난 운명

유난히 성(性)에 집착하거나 밝히는 사람들이 있다. 너무 충격적인 이야기라 아직도 잊혀지지 않는 기억이 있다. 예전 초등학교 여교사가 필자에게 고백하길, 4~5세 때부터인가 사타구니 근처로 이상야릇한 느낌을 받았는데, 그 느낌이 싫지 않았다고 한다. 그래서 또래 아이들과 노는 것보다는 동네 아저씨들이 장기나 바둑 두는 곳에 늘 있었다고 한다. 그러면 아저씨들이 귀엽다고 하면서 자기를 번쩍 들어 아저씨 허벅지 위에 앉혔다고 한다. 그러면 자신은 발을 크게 벌려 사타구니를 아저씨 허벅지에 밀착시키고 비벼댔다고 한다. 아저씨들은 자신이 비벼대는 것을 이상하다거나 의심하지 않았다고 한다. 그렇게 일찍부터 남과는 다른 성적인 느낌(?)을 느끼고 자라서인지 남자들이 두렵지 않았고, 마음만 먹으면 남자 모두를 섹스 파트너로 만들 수 있었다고 한다. 필자를 만났을 때 미혼이었는데, 결코, 한 남자에게 얽매이는 결혼은 하지 않겠다고 장담했다.

이처럼 성적으로 예민하게 태어나면, 일찍부터 자신의 몸 상태에 대해 알게 된다. 그래서 일찍부터 야동도 보고 자위도 하게 된다. 어찌 되었든 간에, 필자는 성적인 호기심과 민감도 역시 사주에 나타나야 한다고 믿었다. 그래서 상담하다가 조금이라도 성에 호기심이 많은 내담자들을 상대로 묻고 답하는 과정을 거쳤다. 어떤 사주팔자는 무척 예민하고, 엄청 밝히고, 매일매일 충족해야 하고, 성관계를 해도 느낌이 없고, 아예 생각조차 나지 않고, 성행위보다는 스킨십이 좋고 하는 등 섹스에 관한 정보 등을 입수할 수 있었다. 그 모든 정보를 밝히겠다.

먼저 섹스와 연관이 깊은 육친을 찾기 시작했다. 그러다 보니 건강과 관련이 깊은 육친을 알게 되었고, 잘 먹고 먹은 만큼 배설하면 건강하게 살 수 있음도 알았다. 그런 작용을 하는 육친이 바로 인성과 식상이었다. 인성은 부모다. 부모는 자신을 먹여 살린다. 먹여 살리는 것은 인성의 역할이다. 즉 음식물을 섭취하는 것은 인성이 크나큰 역할이다. 그래서 인성의 성향 중에 식욕이 있지 않은가? 식상은 자식이다. 자식은 자신이 낳는다. 낳는 것은 식상의 역할이다. 식상은 자식을 낳고 기르는 부분으로, 상징적인 자궁과 가슴을 의미한다. 그래서 식상의 성향 중에 성욕이 있지 않은가? 그렇다. 인성이 섭취하는 기관, 식상은 배설하는 기관을 의미한다. 이 두 기관이 건강하면 병 없이 건강하게 살 수 있다.

배설하는 기관은 생식기, 항문, 가슴 등으로, 식상에 속한다. 그래서 식상체질의 소유자는 호기심이 많아 가장 원초적인 성에 집착하게 된다. 성관계 시 잘하고 못하고가 문제가 아니라, 그저 섹스에 탐닉하게 된다는 의미이다. 성적인 민감도는 식상의 여부보다는, 음양의 차이가 많은 영향을 미친다. 음양의 차이가 나지 않으면 민감도는 떨어진다. 연구한 결과, 음양의 차이는 최소 2 정도는 나야 한다. 그리고 기운이 적은 쪽에 식상이 속해 있어야 한다. 이렇게 되면 성적인 민감도가 최상위급이 된다. 남녀 할 것 없이 같다. 그런데 남자는 민감하면 좋지 않다. 너무 짧은 시간 안에 사정할 수 있기 때문이다. 성관계 시도는 많지만 말이다. 그러나 여자는 다르다. 자궁 안이 예민하므로 성관계 시 오르가즘을 수도 없이 느낄 수 있다. 흔히 멀티 오르가즘이라 하지 않던가? 보통 남자가 한 번 사정하기 전에 여자는 몇 번의 절정을 맛볼 수 있으므로 만족스러운 성생활을 할 수 있다.

그래서 남자보다는 여자의 민감도에 따라 5등급으로 나눴다. 음양의 차이가 1.6 이상 난 상황에서, 식상은 기운이 적은 쪽에 속해 있어야 한다. 식상의 수치는 1~1.4인 A급은 남자의 파워에 관계없이 성관계 시 오르가즘을 느낀다. 그런데 A급의 여자는 어떤 일을 하든, 생각하든, 고민이나 연구를 하든, 상대방과 얘기를 하든, 무슨 일을 하든지 간에 오로지 섹스 생각만 한다. 또한, 하루라도 섹스를 하지 않으면 만족스러운 생활을 할 수가 없다. 식상 수치가 1.6~2인 B급의 여자는 남자를 만나야만 섹스 생각을 한다. 평소엔 생각하지 않다가도 남자하고 식사하거나 얘기하거나 데

이트할 때 섹스 생각을 하게 된다는 거다. 그럴 때 관계하지 않으면 기분이 좋을 리 없다. C급의 여자들은 보통사람들이다. 한 번 관계하면 며칠이 지나야 생각나는, 생리적인 현상의 하나로, 스트레스 해소 차원으로 관계하는 것이다. D급의 여자는 남자가 흥분시켜야 반응하고, E급의 여자는 아무리 유혹해도 성적 반응이 없는 경우이다.

음양의 차이가 1.6 이상 나더라도 적은 기운 쪽의 식상이 사주에 없을 때의 경우이다. 이런 운명의 소유자는 몸은 예민하다고 느껴도 자궁 안은 무딘 편이다. 그래서 성관계 시에는 직접적인 섹스 행위보다는 온몸을 애무해주는 스킨십이 매우 중요하다. 온몸을 깨워줄 수 있는 스킨십과 고도의 섹스 테크닉을 갖춘 남자여야만 오르가즘을 맛보게 할 수 있다. 그러나 섹스 스킬을 지닌 남자를 찾기란 하늘에서 별 따기만큼 어려운 일이다. 그래서 십중팔구 남편과의 성생활은 결단코 만족스럽지 못한 채 끝나고 만다. 그리고 남자가 A급의 여자를 만나면 환상적인 섹스를 할 수 있고, D급이나 E급 여자를 만나면 힘들고 재미없는 섹스를 할 것이다. 따라서 남자는 여자의 몸 상태에 따라 섹스의 만족도가 달라진다.

그런데 어떻게 음양의 차이로 성적인 민감도를 파악할 수 있었는지에 대해 알아보자. 필자는 먼저 풍선을 생각했다. 풍선 안의 온도와 풍선 밖의 온도가 차이가 없는 상황에서 풍선이 터질 때와, 풍선 안의 온도와 풍선 밖의 온도가 커다란 차이가 있는 상황에서 풍선이 터질 때를 생각했다. 아무래도 풍선은 안팎으로 차이가 없을 때 터지는 경우보다는, 안팎의 온도 차이가 있을 때 터지는 경우에서가 훨씬 소리도 크고 반응도 빠를 거로 생각했다. 그래서 사주팔자를 몸 안으로, 식상은 몸 밖으로 빠져나오는 기관으로 비유했다. 몸 안이 차가울 때는 몸 밖으로 배출하는 식상이 뜨거워야 하고, 몸 안이 뜨거우면 몸 밖으로 배출하는 식상이 차가워야만 성적으로 예민할 거라 판단했다. 그리고 검증을 거쳐 음양의 차이는 최소 1.6 이상은 나야 한다는 결론에 이르렀던 것이다.

1. 여성(47세)

시	일	월	년
壬	甲	戊	庚
申	戌	子	戌

필자가 잘 아는 내담자의 사주팔자이다. 우주 에너지의 비율은 금성: 2.2, 수성: 1.4, 토성: 1.2, 목성과 화성은 없다. 갑(甲) 일간을 도와주는 오행은 수성(1.4)과 목성(0)으로 그 합이 1.4로 최소 신강한계수치인 1.24를 넘어 신강한 사주다. 가장 강한 오행은 금성. 금극목(金剋木)으로 목성이 피해 보고 있다. 목성을 구제하는 일차 오행은 수성, 화성이다. 신강해서 화성을 쓰고 싶었지만, 없어서 수성에게 부탁한다(1차 방정식). 그런데 토성이 수성의 활동을 방해하므로 한 번 더 공식을 대입한다. 토극수(土剋水) 할 때 이차 구제오행은 금성과 목성이다. 신강이므로 금성에게 부탁한다(2차 방정식). 일반사주이며, 용신은 금성으로 관성, 희신은 수성으로 인성, 이용하는 육친인 재성이다. 격국은 (재성)관성생인성격이며, 의식 성향은 성공주의, 꿈 성향은 고상형, 무의식 성향은 금성(2.2)으로 관성체질인 권력형이다. 여기서 중요한 점은, 성적 호기심이나 집착을 나타내는 식상체질도 아니며, 사주 어디에도 식상은 없다. 첫 남편과 5년간의 생활 동안 성관계 시 어떤 느낌이나 오르가즘 같은 것은 느낀 적이 없었다. 그런데 두 번째 남편과의 성관계 시에는 오르가즘을 느끼기 시작했다고 한다. 마침내 멀티오르가즘이라는 것도 느꼈다고 한다. 그런데 두 번째 남편은 풍부한 성 지식과 성 경험이 많은 남자였다고 한다.

음기는 3.6, 중성은 1.2, 양기는 0이다. 음기가 양기보다 3.6이나 많다. 이럴 때는 식상이 양기(화성)일 경우는 성적으로 예민한 것이다. 만약 사주 안에 화성이 있었으면 최소한 A급은 되었을 것이다. 그런데 식상이 없으므로 몸은 민감하지만, 자궁 안은 무딘 편에 속했던 것이다. 두 번째 남편은 그 점을 잘 알고 대처했기에, 성관계 시마다 내담자를 오르가즘에 도달할 수 있도록 해준 것이다.

2. 여성(60세)

시	일	월	년
癸	癸	壬	丁
丑	酉	寅	酉

성적 민감도가 A++급인 사주팔자이다. 우주 에너지의 비율은 금성: 2, 목성: 1, 수성: 0.9, 토성: 0.5, 화성: 0.2이다. 계(癸) 일간을 도와주는 오행은 금성(2)과 수성(0.9)으로, 그 합이 2.9로 최소 신강한계수치인 1.24를 넘어 신강한 사주다. 가장 강한 오행은 금성. 금극목(金剋木)으로 목성이 피해 보고 있다. 목성을 구제하는 오행은 수성과 화성이다. 신강이라 화성에게 부탁한다(1차 방정식). 수성이 화성의 활동을 방해하고 있다. 또 한 번의 공식을 대입한다. 수극화(水剋火)로 화성이 피해 본다. 이차 구제오행으로는 목성과 토성이다. 신강약으로 선택할 수 없으므로 음양 차이를 본다. 음기는 3.4, 양기는 1.4로 그 차이가 2이므로 음양 차이 한계인 1.11을 넘었다. 그래서 부족한 양기인 목성에게 부탁한다(2차 방정식). 일반사주로 용신인 목성으로 식상, 희신은 화성으로 재성, 이용하는 육친은 비견이다. 격국은 (비견)식상생재성격으로 의식 성향은 진보주의, 꿈 성향은 낭만형, 무의식 성향은 금성(2)으로 인성체질인 안정형이다.

이 사람을 만난 지 20여 년이 흘렀지만, 지금까지도 필자가 만난 내담자 중 가장 예쁘고 섹시한 몸매를 지닌 사람이며, 섹스하기 위해 태어난 사람이라 불러도 무방할 만큼의 사주팔자를 지녔다. 1993년 미모의 젊은 아가씨와 엄마인 듯한 여성 한 분이 사무실로 찾아왔다. 엄마인 듯한 분도 미인이었지만, 이 아가씨는 좀처럼 보기 드문 미인이었다. 그런데 자리에 앉자마자 자신의 띠가 닭띠라고 하기에 25살이냐고 물었더니, 옆의 엄마인 듯한 분이 대답하길 아니라고 한다. 따님이 아니냐고 물었더니 동생이란다. 동생은 부산에서 살고 있는데 언니 집에 놀러 온 것이다. 나이는 37세. 젊어 보이는 비결이 무엇이냐고 물었더니 특별히 신경 쓴 것도 없단다. 언니네 집과 필자의 사무실이 가까워 지나가다가 들어왔다고 한다.

상담에 들어가 알게 된 것은 언니네 집에 놀러 온 것이 아니라 가출한 것이었다.

그것도 네 번째 가출이며, 가출할 때마다 남편이 찾아와 집으로 끌고 갔다. 이번에도 틀림없이 언니네 집까지 찾아와 자신을 데리고 갈 것이라 걱정하고 있었다. 가출 이유는 남편의 의처증 때문이라고 해서 남편의 사주까지 보았다. 각설하고, 그녀는 언니네 집에 있지 못하고 집에서 가까운 방배동 카페촌의 어느 술집에 취직했다. 언니네 집에 오면 필자의 사무실에 들러 이런저런 얘기들을 주고받았다. 그러던 중 어느 날 자신이 일하는 곳에 놀러오라고 해서 갔는데, 그 자리에서 가출 동기는 물론 자신이 살았던 삶의 여정을 풀어놓기 시작했다.

내담자의 말을 종합하면 이렇다. 왜 자신은 섹스 없이 살 수 없느냐는 한탄을 하면서 말문을 열었다. 자신은 하루라도 잠자리를 안 하면 잠을 잘 수가 없는데, 남편이 자신을 아무리 사랑하고 아껴준다고 해도 매일매일 잠자리를 해주지는 않는다는 거다. 그런데 자신의 성적 욕망은 꺼지지 않고 날이 갈수록 심해져 결국 가출을 네 번씩이나 감행하게 되었다는 것이다. 세 번째 가출까지는 남편이 찾아다녀 집으로 잡혀 들어가곤 했다. 그리고 가출을 할 때마다 남자들이 많이 찾아오는 곳을 택해 일을 했다. 돈을 벌 목적도 아니고, 사랑하는 사람을 만나기 위해서도 아니고, 오로지 매일매일 하루도 빠짐없이 성적인 욕망을 채우기 위해서 말이다. 뛰어난 미모와 섹시한 몸매 때문에 자신이 가는 곳마다 손님들로 문전성시를 이루었다. 정작 자신은 성적인 욕구를 푸는 게 목적이었으므로 남자들이 2차까지 가자고 하기 전에 스스로 가주니, 남자들이 좋아했음은 당연하다. 카페 주인 입장에서는 불만이 많았다고 한다. 아무리 섹스를 좋아해도 어느 정도 매상을 올려놓고 2차로 나가야 하는데, 시간이 조금 지나면 시도 때도 없이 나갔다 들어온다고 한다. 그래서 카페 주인 입장에서는 처음에는 손님들이 밀려와서 좋아했다가 시간이 흐르면서는 그렇지 않았다고 한다. 내담자는 필자에게 "선생님, 전 남자 없이 못 자요. 하루도 섹스를 하지 않으면 안 돼요", "어느 때는 남자가 고자였는데, 그것도 모르고 따라갔다가 밤새도록 거시기를 단단하게 만들려고 노력하다가 온밤을 꼬박 새운 적도 있어요." 이 말을 듣고 필자는 이 사람의 사주팔자를 탓하기도 했다. 생각해보라. 37세 나이에 아이를 둘씩이나 낳았는데도 깨끗한 피부와 처녀 같은 얼굴을 지녔다. 더구나 오목한 가슴과 가는 허리와 긴 다리 등, 섹스를 위해 태어났다고 해도 과언이 아닐 만큼 완벽한 신체를 지니고 있다.

음양의 차이가 2, 부족한 기운(양기) 쪽에 식상(목성)이 있고, 식상의 수치는 1이다. 이것으로 최고의 등급인 A++급에 해당한다. 더구나 자신이 좋아하는 용신이 식상이니, A+++를 주어도 될 만한 사주이다. 식상이 길신이 아닐 경우는 섹스에 대한 생각이 호의적이 아닌데, 이 사람은 용신이니 어떠하겠는가?

3. 여성(48세)

시	일	월	년
丁	乙	庚	己
亥	亥	午	酉

이 내담자 역시 성적 민감도가 A급인 사주팔자이다. 우주 에너지의 비율은 수성: 2, 화성: 1.4, 금성: 1.2, 토성: 0.2, 목성: 0이다. 을(乙) 일간을 도와주는 오행은 수성(2)과 목성(0)으로, 그 합이 2로 최소 신강한계수치인 1.24를 넘어 신강한 사주다. 가장 강한 오행은 수성. 수극화(水剋火)로 화성이 피해 보고 있다. 화성을 구제하는 오행은 목성과 토성. 신강이고 목성도 없고 해서 토성에게 부탁한다(1차 방정식). 토성의 활동을 방해하는 목성이 없으므로 공식은 끝난다. 일반사주로 용신인 토성으로 재성, 희신은 화성으로 식상, 이용하는 육친은 관성이다. 격국은 (관성)재성보식상격으로 의식 성향은 성공주의, 꿈 성향은 도전형, 무의식 성향은 수성(2)으로 인성 체질인 안정형이다.

왜 성적으로 뛰어난 사주팔자인지 확인해보자. 음기가 3.2, 양기가 1.4로 음기가 양기보다 1.8이 더 많다. 그리고 부족한 기운인 양기 쪽에 식상(화성)이 속해있고 수치도 1.4이다. 음양의 차가 1.6 이상이고, 부족한 기운의 식상 수치가 1.4로 이미 A급의 능력을 갖추었다. 더구나 희신이 식상이라는 것은 섹스에 대해 호의적이란 의미이니 보통 A급이 아니고, A++은 될 것이라 확신했다. 상담이 끝나갈 무렵 양해를 구했다. 지금 연구하고 있는 것이 있는데 질문에 솔직히 답변을 해줄 수 있는지를 말이다. 하겠다고 해서 물었다. 몸이 예민하냐고?

말없이 웃기만 한다. 이런 사주는 예민하게 타고나서 머릿속에 온통 섹스 생각만 하게 된다고? 남편은 밖으로 도는 데 어떻게 참고 버티는지? 그랬더니 애인이 있다고 한다. 애인이 매일매일 성관계 해주나요? 그렇게 물었더니 긴 한숨을 내쉰다. 그리고는 남자들이 접대해주는 호스트바에도 가봤다고 한다. 남편은 회사 일로 출장도 잦지만, 자신이 너무 들이대니까 동료들과 늦은 밤까지 술 마시다가 만취해서 새벽녘에야 들어온다고 한다. 바가지를 긁어보지만 소용없었다. 그래서 애인을 만들었다고 한다. 무의식 성향이 안정형이라서 아무 남자랑 사귀지 못하고, 인텔리 측에 드는 의사를 사귀었다고 한다. 그런데 의사 역시 몸을 사리는지라 자신이 만족할 만큼 시간을 내어주지 않는다고 한다. 그래서 할 수 없이 찾은 것이 호스트바였다. 돈만 주면 자신을 위해 풀 서비스를 해주니 정말 좋다고 한다. 이렇게 A급의 몸을 지닌 여자는 의식, 무의식, 꿈 성향 무엇인지 관계없이 섹스 없이 살아가기 힘든 것이 현실이다. 이러한 몸을 지닌 사람들에겐 결혼이란 도무지 불필요한 족쇄와 같다.

4. 여성(52세)

시	일	월	년
壬	丙	壬	乙
辰	辰	午	巳

성적 민감도가 A-급 아니면 B++급인 사주팔자이다. 우주 에너지의 비율은 화성: 2.2, 목성: 1.2, 토성: 1, 수성: 0.4, 금성: 0이다. 병(丙) 일간을 도와주는 오행은 목성 (1.2)과 화성(2.2)으로, 그 합이 3.4로 최소 신강한계수치인 1.24를 넘어 신강한 사주다. 가장 강한 오행은 화성이다. 화극금(火剋金)으로 금성이 피해 보고 있다. 금성을 구제하는 오행은 토성과 수성인데 신강약으로 구제오행을 선택할 수 없어 음양의 차이를 살핀다. 양기가 3.4이며 음기는 0.4로 그 차이가 3이다. 그래서 부족한 음기인 수성에게 금성을 구하라고 부탁한다(1차 방정식). 수성의 활동을 방해하는 토성이 있으므로 한 번 더 공식을 대입한다. 토극수(土剋水)로 수성이 피해 보고 있다. 수성을 구하는 이차 오행은 금성과 목성이다. 신강이므로 금성이 있으면 금성에게 부탁할 텐데, 없으므로 목성에게 수성을 구하고 부탁한다(2차 방정식). 여기서 공식이 끝나고, 공식이 끝날 때 일간이 진정 사용하고 싶은 오행이 있으면 진가사주라 했다. 그래서 가용신인 목성으로 인성, 희신은 수성으로 관성, 진용신인 금성으로 재성이다. 격국은 인성보관성격(재성)이며, 의식 성향은 보수주의, 꿈 성향은 감성형,

무의식 성향은 화성(2.2)으로 비견체질인 의리형이다.

성적인 부분만 살펴보자. 양기는 3.4로 음기 0.4보다 3이 많다. 그렇다면 부족한 음기 쪽에 식상이 있어야만 성적으로 민감한 몸이 된다. 그런데 이 사주에서는 토성이 식상이다. 음기도 양기도 아닌 진(辰) 토성은 중성의 기운이며, 수치도 1이다. 차라리 음기인 축(丑) 토성이 있었으면 진정한 A급이 될 수도 있었을 텐데 말이다. 그러나 진(辰) 토성은 양기도 음기도 아닌 중성이기에 나름대로는 반응이 있다고 본다. 그렇다. 몸은 예민하다고 느꼈으면서도 남편으로부터는 도저히 성적인 만족을 얻을 수 없었다. 그래서 애인을 만났고, 애인으로부터 오르가즘을 느끼기 시작했고, 멀티오르가즘이라는 것까지 맛보았다고 한다. 그럼에도 불구하고 A급이 되지 못한 것은 매일매일 섹스를 하고 싶지는 않았기 때문이다. 이처럼 식상이 중성이라도 예민한 몸이 될 수 있다.

▎이중적인 모습을 드러내는 운명

이중적인 모습을 드러내는 운명의 소유자는 유독 일반사주, 즉 완전형에만 존재한다. 심성체질이 이용하는 육친과 같을 육친일 때만 가능하기 때문이다. 가령 (인성)관성보재성격에 심성체질이 인성일 때, (비견)식상생재성격에 심성체질이 비견일 때를 말함이다. 이렇게 되면 밖에서는 인성의 모습 또는 비견의 모습만 드러낸다. 그러다가 아무도 없는 곳에서, 또는 자신을 잘 아는 지인들과 있을 때는 인성이나 비견의 모습과는 정반대의 모습을 드러낸다. 왜 그래야 하고, 어떻게 알고 이중적인 행동을 하는 걸까?

일반사주는 이용육친을 좋아하지 않는다. 그럼에도 불구하고 남과 함께 있을 때는 그런 성향이 있는 척해야 한다. 그런데 심성체질마저 이용육친과 같다면, 행동적으로도 이용육친의 성향을 드러내야 한다. 이 어찌 고통스러운 일이 아니겠는가. 심성체질도 좋아하지 않기는 마찬가지인데 말이다. 그럼에도 이용육친과 심성체질이 같으면 말과 행동을 이용육친 성향처럼 해야 한다. 억지로, 일부러 그런 모습을 드러내다가, 혼자 또는 가족과 있게 되면 이용육친 성향과는 반대가 되는 참모습을 드러낸다. 이런 현상은 운의 흐름과 관계없이 일어난다.

그렇다면 이런 삶의 방식을 어떻게 터득했을까? 누가 시킨 것도, 알려준 것도 아니다. 그저 생존 본능의 일환으로 몸 스스로가 터득한 것이다. 밖에서 원하지 않은 행동을 했기에 몸이 받은 스트레스를 해소하는 차원에서, 아무도 없을 때 밖에서와는 다른 행동을 드러내는 것이다. 스트레스를 해소하지 못하면 몸과 정신이 망가질 수밖에 없으므로, 그런 상황에서 빠져나오기 위한 일종의 몸부림이라 할 수 있다. 결국에는 자신도 밖에서 드러낸 언행은 참 내가 아니고, 안에서 보여준 언행이 참 나라고 생각하게 된다. 덕분에 밖에서 어떠한 일을 하든지 간에 최선을 다하지 않을 가능성이 다분하며, 설령 명예를 얻고 재물을 모은다고 해도 만족할 가능성은 거의 없다. 남이 볼 때는 자랑스럽고 부럽고 존경스럽지만, 정작 자신은 그런 대접을 받는 것에 대해 우쭐거리거나 좋아하지 않는다. 자신은 자랑스러운 일도, 부러운 일도, 존경스러운 일도 마지못해 했기 때문이다. 그래서 이런 일들도 발생한다. 가족이 보기에는 완벽하게 정리정돈 잘하고, 능력 발휘와 경쟁력도 뛰어나고 재능도 많은데, 정작 좋은 회사에 취직도 못 하고, 취직해도 능력도 인정 못 받고, 동료들보다 승진도 늦는 일들을 당한다. 가족으로서는 도무지 이해가 가지 않는다. 왜 내 자식이, 형제가, 남편이, 아내가 그런 대접을 받아야 하는지를 말이다. 밖에서는 그 같은 모습의 반대 모습을 드러내기 때문이다. 이렇게 이용육친과 심성체질이 같아 안팎으로 이중적인 모습을 드러내면서 살아가야 하는 운명의 소유자는 평생 만족스러운 삶을 살기가 무척이나 어렵다.

❖ 이중적인 모습 도표

격국	심성체질	밖의 모습	안의 모습
(관성)인성생비견격	관성체질	남보다 충성심과 능력 그리고 책임감이 뛰어난 모습	무기력·무능력하고 유유자적하며 무대포적인 모습
(관성)재생보식상격	관성체질	원리원칙과 모방성이 뛰어나며 상명하복하는 모습	반발·반항적이고 유아독존이며 막가파적인 모습
(인성)비견생식상격	인성체질	의무와 도리, 윤리도덕과 유교적 생활의 모습	즉흥적·충동적이고 본능적이며 일탈하는 모습
(인성)관성보재성격	인성체질	지적이고 이성적인 이미지와 늘 인내하는 모습	감정 자제 못 해 기복이 심하고 과시하는 모습
(비견)식상생재성격	비견체질	의리와 우정이 강하며 궂은일에 앞장서는 모습	이기적·경쟁적이라 손해 가는 짓 안 하는 모습
(비견)인성보관성격	비견체질	사적인 관계를 중시하고 동료에게 양보하는 모습	권위적이라 자기가 할 일 안 하고 지시하는 모습

(식상)재성생관성격	식상체질	기존·구태를 버리고 새로운 것을 발견·창안하는 모습	자신의 의견만 내세우고 획일적·불통적인 모습
(식상)비견보인성격	식상체질	몸 사리지 않고 도전·모험하여 선구자가 되는 모습	몸 다치거나 힘들까 봐 꼼짝 안 하고 개기는 모습
(재성)관성생인성격	재성체질	화려하면서도 낭만이 넘치고 즐겁고 재밌는 모습	명분·체면 중시해 고리타분하고 위선적인 모습
(재성)식상보비견격	재성체질	누구보다 현실에 적응 잘하며 실속을 챙기는 모습	의욕이 떨어지고 나태하며 현실 감각이 사라진 모습

1. 여성(50세)

시	일	월	년
丁	丙	丙	丁
酉	辰	午	未

甲	癸	壬	辛	庚	己	戊	丁
寅	丑	子	亥	戌	酉	申	未

현재 열심히 공부하고 있는 제자의 사주팔자이다. 우주 에너지의 비율은 화성: 2.5, 금성: 1, 토성: 0.8, 목성: 0.5, 수성: 0이다. 병(丙) 일간을 도와주는 오행은 목성(0.5)과 화성(2.5)으로, 그 합이 3으로 최소 신강한계수치인 1.24를 넘어 신강한 사주다. 가장 강한 오행은 화성이다. 화극금(火剋金)으로 금성이 피해 보고 있다. 금성을 구제하는 오행은 토성과 수성이다. 수성이 없으므로 토성에게 부탁한다(1차 방정식). 토성의 활동을 방해하는 목성이 없으므로 공식이 끝난다. 일반사주로 용신은 토성으로 식상, 희신은 금성으로 재성, 이용하는 육친은 비견이다. 격국은 (비견)식상생재성격으로 의식 성향은 진보주의, 꿈 성향은 낭만형, 무의식 성향은 화성(2.5)으로 비견체질이며 의리형이다.

이용하는 육친과 심성체질이 비견으로 같다. 이럴 때는 밖에서는 비견의 모습을 띠지만, 안에서는 그와는 반대의 모습을 띤다. 그러나 주변에서는 비견의 모습만 볼 뿐, 반대되는 모습은 전혀 모른다고 한다. 그래서 밖에서 본 사람들은 자신에게 선머슴처럼 의리가 있다는, 내 것 네 것 가리지 않고 잘 베푼다는, 이기적이거나 계산적이지 않다는, 친화력이 있다는 등의 말을 한다고 한다. 그러나 자신의 참모습은 그런 모습이 아니고, 계산적·이기적·감정적이라 결코 손해 보는 짓을 안 하는 모습이라는 것이다. 그러나 그런 모습을 누가 알겠는가. 가족이나 친한 지인이 아니고서는 남의 말 잘 따르는 순진무구한 사람인 줄 안다. 이렇게 누가 시킨 것도 아닌데, 제자의 머리가 아닌, 몸 스스로가 살아남고자 안팎으로 다른 모습을 드러낸 것이다.

2. 여성(53세)

시	일	월	년
丙	辛	丁	甲
申	未	丑	辰

己	庚	辛	壬	癸	甲	乙	丙
巳	午	未	申	酉	戌	亥	子

이 친구도 필자의 제자이다. 우주 에너지의 비율은 토성: 1.56, 금성: 1, 수성: 0.84, 목성: 0.7, 화성: 0.7이다. 신(辛) 일간을 도와주는 오행은 토성(1.56)과 금성(1)으로, 그 합이 2.56으로 최소 신강한계수치인 1.24를 넘어 신강한 사주다. 가장 강한 오행은 토성이다. 토극수(土剋水)로 수성이 피해 보고 있다. 수성을 구할 오행은 금성과 목성이다. 신강이므로 목성에게 부탁한다(1차 방정식). 목성의 활동을 방해하는 금성이 있으므로 한 번 더 공식을 대입한다. 금극목(金剋木)으로 목성의 활동에 방해를 받는다. 이차 구제오행은 수성과 화성. 그러나 수성은 활동하지 못하므로 화성에게 목성을 구하라고 한다(2차 방정식). 일반사주로 용신은 화성으로 관성, 희신은 목성으로 재성, 이용하는 육친은 인성이다. 격국은 (인성)관성보재성격으로 의식성향은 보수주의, 꿈 성향은 감성형, 무의식 성향은 토성이 지지에 세 개 있으므로 인성체질이며 안정형이다.

이 친구의 고민은 자기도 남들처럼 돈이 되는 거라면 물불 가리지 않고 뛰어들어 차지하고 싶은데, 밖에만 나가면 인성의 이미지를 버리지 못해 실속을 챙기지 못한다는 거다. 뻔히 사주팔자를 알면서도 여간해서는 고쳐지지 않는다는 거다. 가정형편이 어려워 남들에게 손을 내밀어야 할 판인데도, 과거 학원장의 이미지로 인해 학부모에게 도와달라는 말 한마디 못 한다는 거다. 학부모에게 이득이 되는 사업일지라도 학부모에게 사업설명을 해야 하는데, 입이 떨어지지 않는다는 거다. 현재도 자신이 열심히, 적극적으로, 안면 몰수하고 뛰기만 하면 돈이 될 텐데, 인성의 이미지 때문에 쉽지 않다고 한다. 남편과 헤어지고 아이들 4명의 뒷바라지를 해줘야 할 판인데도, 자신의 속내인 재성의 성향을 밖으로 드러내지 못하고 있다. 이처럼 운명을 알고 있으면서도 몸 스스로가 하는 행동을 어쩔 수가 없는 것이다.

3. 남성(25세)

시	일	월	년
壬	壬	癸	壬
寅	午	卯	申

辛	庚	己	戊	丁	丙	乙	甲
亥	戌	酉	申	未	午	巳	辰

일본에서 공부하고 있는 대학생의 사주팔자이다. 우주 에너지의 비율은 목성: 2.2, 화성: 1, 금성: 1, 수성: 0.6, 토성: 0이다. 임(壬) 일간을 도와주는 오행은 금성(1)과 수성(0.6)으로, 그 합이 1.6으로 최소 신강한계수치인 1.24를 넘어 신강한 사주다. 가장 강한 오행은 목성이다. 목극토(木剋土)로 토성이 피해 보고 있다. 토성을 구할 오행은 화성과 금성. 신강이므로 화성에게 부탁한다(1차 방정식). 일지의 오(午) 화성을 방해할 수성들은 천간에 있다. 그런데 구제오행인 오(午) 화성 위에 수성이 있지 않아 공식은 더 진행하지 않는다(일간오행은 아무런 역할도 못 함). 그래서 일반 사주로 용신은 화성으로 재성, 희신은 토성으로 관성, 이용하는 육친은 식상이다. 격국은 (식상)재성생관성격으로 의식 성향은 실용주의, 꿈 성향은 권위형, 무의식 성향은 목성(2.2)인 식상체질이며 모험형이다.

일찍 과학고를 졸업하고 일본 대학에 입학한 경우다. 이 친구에 대해 어릴 적부터 알고 있었지만, 최근에는 2015년 겨울방학 때 만났다. 이 친구의 참모습은 식상과는 반대의 성향이지만, 밖에서는 식상의 성향을 드러낸다. 식상이란 본능적, 유아독존적, 카리스마, 개방적, 관능적인 모습이다. 그래서 그런지 일본 여학생들의 유혹이 많다고 한다. 그렇다고 여자가 다가오면 거부하기가 어렵다고 한다. 결국, 자취방에 가서 섹스를 나눈다고 한다. 이러다 보니 공부하려는데 방해가 많다. 자신의 속내는 부모님 실망시켜 드리지 않고자 공부하여 출세해야 하는 데 말이다. 그런데 남 보기에는 식상의 성향만 보이므로 마치 날라리나 양아치로 보거나, 섹스나 밝히는 그런 놈으로 보는 것 같다. 자신이 바라는 것은 전혀 그런 것이 아닌데도 말이다. 필자는 다가오는 것은 어쩔 수 없다, 그러나 행여 임신될까 두려우므로 섹스 시 신경 쓰고 누나가 걱정하니까 자취방으로 데려오지 말라고 했다. "너의 본 모습은 명예롭거나 권위가 있는 위치가 오르는 것인데, 젊어서 한 행동으로 인해 뒷날 말들이 많을지 모른다." 부디 조심하라고 말이다.

4. 여성(42세)

시	일	월	년
癸	戊	壬	乙
丑	子	午	卯

庚	己	戊	丁	丙	乙	甲	癸
寅	丑	子	亥	戌	酉	申	未

대한민국의 유명 탤런트로 국내보다는 일본에서 인기가 더 많다. 소위 일본에 한류라는 바람을 일으킨 주인공이다. <겨울연가>가 일본에서 방영된 뒤, 엄청난 인기를 누린 탤런트이다. 우주 에너지의 비율은 수성: 1.7, 화성: 1.2, 목성: 1.2, 토성: 0.7, 금성: 0이다. 무(戊) 일간을 도와주는 오행은 화성(1.2)과 토성(0.7)으로, 그 합이 1.9로 최소 신강한계수치인 1.24를 넘어 신강한 사주다. 가장 강한 오행은 수성. 수극화(水剋火)로 화성이 피해 보고 있다. 화성을 구할 오행은 목성과 토성. 신강이므로 목성에게 부탁한다(1차 방정식). 목성을 억제하는 금성이 없으므로 공식은 끝난다. 일반사주로 용신은 목성으로 관성, 희신은 화성으로 인성, 이용하는 육친은 재성이다. 격국은 (재성)관성생인성격으로 의식 성향은 성공주의, 꿈 성향은 고상형, 무의식 성향은 수성(1.7)인 재성체질이며 물질형이다.

이 탤런트는 한류의 중심에 있는 남자 배우 B군과 함께 일본에서는 누구도 따라잡기 힘들 만큼의 인기로, 전성기 못지않은 활동을 하고 있다. 예쁜 미모는 물론 디자이너 앙드레김 선생님이 C양의 몸매는 국내에서 가장 완벽한 몸매라고 칭찬할 만큼이니, 어느 정도의 몸매를 지녔는지 미루어 짐작할 수 있다. 대한민국 사람들은 이 탤런트의 삶을 지켜보면서 성공한 인생이라 부르지 않을 수 없을 것이다. 더구나 한류라는 바람을 타고 인기가 아시아를 넘어서고 있으니 말이다. 그래서 이 탤런트는 외형적인 삶의 모습만 보면 하루하루가 즐겁고 행복하게 살고 있을 것으로 생각할 것이다. 그러나 사주에 나타난 대로 추론해보면, 스스로 만족스럽거나 행복하다고 생각하지 않고 있다는 것이다.

왜 그럴까? 연예인으로서 매우 크게 성공한 경우로, 연예인이나 일반인 모두 이 탤런트의 삶을 부러워하고 있는데 말이다. 결국, 만족스럽다거나 행복하다는 것은 남이 평가하는 것이 아니라 자신만이 느끼는 것으로, 그저 외형적인 것이 전부가 아니라는 사실을 알아야 한다. 남과 함께 있을 때는 순수한 재성의 성향(재주와 끼가 풍부한, 뛰어난 감성과 예술적인 감각이 살아난, 멋과 유행을 아는, 돈을 벌기 위해 바쁜, 주목과 인기를 끌고자)을 발휘한다. 그러나 혼자 남게 되면 그렇게 화려하고 멋진 삶을 보여준 것과는 달리 조용하면서 차분한, 세속적인 것에 그다지 관심이 없는, 물질적인 것보다 정신적인 것을 우선하는 비견의 성향이 나타난다. 다시 말하면, 대중 앞에 섰을 때와 혼자 있을 때의 모습이 180도 다르다는 말이다. 이미지만 생각해서는 부러울 것이 없을 만큼의 인기를 얻고 있으며, 금전적으로도 엄청난 부를 축적해 아쉬울 것이 하나도 없을 것이란 생각이 든다. 그러나 혼자 있거나 가까운 지인들과 함께 있게 되면, 모든 사람들이 부러워했던 그런 것들을 중히 여기기나 만끽하려고 하지 않고 정신적인 부분과 심리적인 부분에 치중하게 되고, 아무런 간섭을 받지 않고 편하게 살고 싶은, 실질적으로는 화려한 삶을 살면서도 내심 바라는 삶은 이상적인 삶이란 것이다.

언행 불일치의 삶을 사는 운명

　대다수의 사람들은 언행 불일치의 삶을 살고 있다. 생각한 대로, 말한 대로 행동할 수 있는 사회, 환경, 조건이 형성되어 있지 않거나, 자신에게 손해 또는 불이익을 가져다줄지 몰라서 그렇다. 그럼에도 불구하고 극소수의 사람들은 언행 일치의 삶을 살고 있을지도 모른다. 아무튼, 이렇게 말하고 저렇게 행동하며 살아가는 것이 지구인의 생활이다. 그렇다면 언행 불일치 운명의 소유자 삶이 이상하거나 특이하지 않지 않은가? 그렇다, 전혀 문제가 되지 않는다. 단지 대다수의 사람들은 말한 대로, 생각한 대로 행동하지 않을 것임을 알고 있지만, 언행 불일치 운명에 속하는 사람들은 말한 대로, 생각한 대로 행동하며 살고 있다고 믿고 있다. 자신이 생각한 대로, 말한 대로 행동하며 살고 있다는 거다. 바로 이 부분이 대다수 사람들과 다른 점이다.

　대다수 사람들은 자신이 인지하고 있는 상태에서 말하고 생각한 대로 행동하지 않을 것임을 알고 있다. 그래서 말(생각)은 과감하고, 호기 있고, 배짱 있게, 뻥 튀겨서 겁도 없이 떠들어대도, 실제 행동으로는 옮기지 못한다. 그런데 언행 불일치 운명의 소유자들은 말하고 생각한 대로 행동하며 살고 있다고 믿는다. 그래서 그들은 다른 사람들도 자신들처럼 언행일치의 삶을 살고 있다고 믿는다. 덕분에 그들은 말을 해도 호기 있거나 배짱 있게, 겁도 없이 뻥 튀겨서 하는 것이 아니라, 현실적이고 사실적이며 행동으로 옮길 수 있는 범위 안의 말만 한다. 그런데 실제의 생활에서는 그들도 말한 것과 생각한 것과는 반대되는 행동을 드러낸다. 단지 자신이 인지하지 못하고 있을 뿐이다. 그들은 생각한 대로 행동하지 않고 살고 있다는 사실조차도 모르고 있다.

이용하는 육친과 심성체질이 같은 운명의 소유자가 안팎으로 다른 모습을 보이는 것은, 무엇인가를 보고 판단했거나 인지해서 하는 행동이 아니라, 오로지 몸 스스로가 판단하여 건강하게 지내려고 하는 것이라 했다. 언행 불일치 운명의 소유자들도 몸 스스로 건강하게 살기 위한 생존 본능의 일환에서 나오는 본능적인 행동이다. 왜냐하면 사람이 하나만 생각하고, 하나 생각한 대로 행동하면 탈이 난다. 게임에 빠진 청소년을 보라. 게임 속의 일들이 실제의 일인 양 착각하여 사건을 저지르고, 게임에만 몰두하는 바람에 정신건강에 문제가 온다. 어른들도 마찬가지다. 도박, 카지노, 경마에만 빠져 부부관계, 가정경제 모두 파탄이 나도, 오로지 도박, 카지노, 경마밖에 모른다. 이런 사람들은 하루 온종일 그 생각에 그 행동이다. 이렇게 되면 사람답게 살 수가 없다. 결국, 몸까지 망치는 결과를 초래하기에 몸이 반란을 일으킨다.

이렇게 자신도 모르는 사이에 언행 불일치의 삶을 사는 사주는 일반사주(완전형), 진가사주(부분완전형), 병약사주(부족형)에 있다. 한 가지 심성체질이 일반사주는 용신, 진가사주는 가용신, 병약사주는 병신과 같을 때와, 상생하는 두 가지 심성체질이 일반사주 이용과 용신과 같을 때 나타난다. 이런 조건의 주인공은 본인이 말한 대로, 생각한 대로 행동하며 살고 있다고 믿게 된다. 실제 생활에서는 그렇지 않지만 말이다. 그리고 필자가 무엇 무엇 때문에 언행이 일치하지 않는다고 알려주면, 대부분의 사람들은 인정한다. 그러나 곧 본래의 모습으로 되돌아간다.

가령, (인성)관성보재성격에 관성체질인 경우, 보수주의 의식에 권력형의 무의식이다. 자신이 좋아하는 용신인 관성과 같은 관성체질이다. 이렇게 되면 보수적인 생각에 권력형의 행동을 자신의 참모습이라 믿는 데 망설임이 없다. 생삭노 행동도 오로지 관성 성향이기 때문이다. 이 말은 온통 관성 성향으로 도배했다는 것과 같다. 평생 하나로 통일된 생각과 행동을 하면 몸의 긴장 상태가 오래 지속되므로, 일생 동안 많은 난관에 부딪히게 된다. 그런 상황이 발생하지 않도록 몸 스스로의 보호 체계가 발동한다. 자신은 이렇게 해야겠다고 생각하고 말했지만, 막상 행동으로 나타날 때는 생각한 것이나 말한 것과는 정반대의 성향을 띤다. 정반대의 성향이란 길신과 같은 체질의 육친을 극복하는 육친의 성향을 말한다. 길신과 체질이 재성이면 비견의 성향, 길신과 체질이 관성이면 식상의 성향을 뜻한다. 길신과 체질이 재성인 소유자는 자신의 의식·무의식을 지배하고 있는 것은 재성이라, 행동 역시 재성체질의 성향이 나타날 것이라 예상하지만, 실제로는 몸 스스로가 자신을 보호하기 위해 재성체질의 행동이 아닌 비견의 성향을 표출하게 된다. 만일 이러한 언행 불일치의 모습이 없었다면, 아마 재성의 스트레스에서 벗어나기 어려워 매우 힘든 삶을 살았을 것이다.

길신과 체질이 같을 경우에 대해 살펴보자. 먼저 비견이 길신이면서 동시에 체질인 경우, 비견의 특징적인 생각을 하면서 행동으로는 비견을 억누르는 관성의 성향이 나타난다. 이런 경우 생각을 말로 옮기므로 의리에 살고 죽고자, 네 것 내 것을 가리지 않고자, 신분 차이도 따지지 말고자, 도인이나 신선처럼 살자고 외친다. 그러나 행동으로 나타나는 것은 비견의 성향이 아니라, 그것을 극복하는 관성의 성향이 표출된다. 그래서 맡은 바 책임을 다하고, 타의 모범이 되고, 직장이나 조직에 충성하고, 자신과 가족(처, 자식)을 아끼고, 빈틈없는 사회생활을 하고, 정해진 룰을 철저히 지키는 행동을 하게 된다.

길신과 체질이 관성일 경우, 관성의 특징적인 성향을 생각하고 말을 하다가도, 막상 행동으로는 관성을 극복하는 식상의 성향이 나타난다. 그래서 생각과 말로는 성실한 믿음을 주고자, 맡은 책임은 다하고자, 질서와 관습은 지키고자, 타의 모범이 되고자, 현 사회에서 출세하고자, 명예와 권력을 잡자고 외친다. 그런데 행동으로 나타나면 즉흥적, 충동적으로 움직이고, 반대를 위한 반대를 하고, 혁신과 개방을 하고, 위보다는 아랫사람을 챙기고, 아웃사이더 같고, 기회만 되면 뒤엎어버리고, 법보다 사람이 먼저이고, 자신만의 독특한 행동으로 마치 막가파식의 삶을 드러낸다.

길신과 체질이 식상일 경우, 말로는 식상의 성향을 강하게 드러내지만, 행동으로는 인성의 성향을 표출함으로써 언행의 불일치를 보인다. 생각으로는 무엇이든 도전하고자, 남이 하지 않은 것을 하고자, 구태의연한 것들을 개혁하고자, 타고난 끼를 살리고자, 자존심과 자부심 있고자, 몸 던지는 것도 두려워 않고자, 되도록 사람들에게 이로운 방향으로 살고자 한다. 그런데 그러한 모든 생각들이 행동으로 나타나면, 몸을 사리는 양반들의 삶을 보듯이 차분해진다. 즉 명분과 체면 그리고 남의 시선 때문에 함부로 행동을 못 하고, 안정된 상태를 유지하고자 쉽사리 움직이지 않고, 신분을 높이고자 무엇이든 배우려는 모습을 보이고, 전통과 예의를 존중해 어른들의 뒤를 조용히 따르는 행동을 하게 된다.

길신과 체질이 인성일 경우, 당사자의 생각과 말로는 인성의 특징적인 성향을 드러내지만, 막상 행동으로는 재성의 성향이 표출된다. 그래서 말로는 안정과 평화를 사랑한다는, 이성적이고 고상한 삶을 살고자, 명분과 체면을 중시하고자, 전통과 예의를 지키고자, 항상 무엇인가 배우고자, 꾸준히 인정받고자 노력한다고 한다. 그러나 막상 행동으로 드러나면 변화무쌍하고, 재밌고 즐거운 곳에 집중하고, 실질적인 도움이 되는 실리에 강하고, 예술적인 감각이 있어 유행이나 멋에 민감하고, 멋진 이성들의 인기를 얻고자 타고난 끼를 발휘하고, 낭만이 숨 쉬고 감상적이고 감정적인 행동을 드러낸다.

길신과 체질이 같은 육친을 지닌 사람들의 공통점은, 나이가 들면 들수록 마음을 터놓고 지낼 만한 지인들이 점점 적어진다는 것이다. 생각해보라. 말은 이렇게 하고 행동은 저렇게 하는 것을 수도 없이 지켜본 주변 사람들이 어떤 평가를 내릴 것인가를 말이다. 언행이 다르므로 언행 불일치 운명의 소유자에게 자신의 속을 터놓고 얘기할 수도, 말한 것을 믿을 수도 없게 되는 것이다. 오히려 깊어질수록 다중인격자 같은 사람으로 평가 받게 되면서, 시간이 흐르면 흐를수록 언행 불일치 운명의 소유자에게서 멀어지는 상황만 초래하게 된다.

❖ 언행 불일치 모습 도표

격국	심성체질	생각(말)	행동
(재성)관성생인성격 (인성)관성보재성격 관성생인성격(비견) (재성)관성격(인성) (인성)관성격(재성)	관성체질	책임감 강하고 성실하고자, 모범시민이고자, 법과 질서 잘 지키고자, 원리원칙에 따르고자, 단정하고 단아하고자, 충성스럽고자, 상명하복이고자, 가정적이고자(여), 자식이 우선이라는(남)	반발·반항하며, 충동적·즉흥적이며, 법과 질서 무시하고, 변화가 많고, 일탈하며, 본능이 우선이고, 성적으로 밝히고, 가정보다 밖이 우선이고, 막가파식으로 행동한다.
(관성)인성생비견격 (비견)인성보관성격 인성생비견격(식상)	인성체질	사색하고 신중하고자, 감정 자제하고 인내하고자, 이성적 이미지 얻고자,	돈 밝히고, 이기적으로 살고, 감정표출 잦고, 변덕 심하고, 실리 따지고,

인성보관성격(재성) (관성)인성격(비견) (비견)인성격(관성)		향학열을 드러내고자, 신분 상승을 하고자, 후덕함을 보이고자, 참인간답게 보이고자, 체면을 지키고자, 양반 행세하고자, 고생하지 않고자	멋과 유행 따르고, 재치와 유머 많고, 이성 친구가 좋고, 분위기 좋아하고, 계산된 행동을 한다.
(인성)비견생식상격 (식상)비견보인성격 비견생식상격(재성) 비견보인성격(관성) (인성)비견격(식상) (식상)비견격(인성)	비견체질	의리와 우정밖에 모르는, 배려하고 양보하고자, 욕심내지 않고자, 함께 살고자, 궂은일에 발 벗고 나서고자, 속물이 되지 않고자, 협력·동업하고자, 편히 살고자, 건강 위하고자	자신 먼저 챙기고, 맡은 책임 다하고, 바쁘게 지내고, 경쟁력·능력 100% 발휘하고, 더 나은 위치에 오르고, 가정밖에 모르고, 공적인 것을 중시하고, 출세를 위한 행동을 한다.
(비견)식상생재성격 (재성)식상보비견격 식상보비견격(인성) (비견)식상격(재성) (재성)식상격(비견)	식상체질	몸 사리지 않고 모험과 도전을 하고자, 반발·반항하고 혁신하고자, 수용하고 개방하고자, 새로운 것을 시도하고자, 끼 있음을 드러내고자, 자식을 위하고자(여), 처가 눈치를 보고자(남)	이목 중시해 이미지 관리하고, 신중하고 침착하게 움직이고, 공부하는 모습 보이고, 부모에게 효도하고, 체면·명분 중시하고, 유교적으로 움직이고, 참을 만큼 참고, 몸 고생시키지 않게 행동한다.
(식상)재성생관성격 (관성)재성보식상격 재성생관성격(인성) 재성보식상격(비견) (식상)재성격(관성) (관성)재성격(식상)	재성체질	돈이 전부인 양, 낭만과 예술을 살리고자, 이기적·계산적으로 실속을 차리고자, 멋과 유행 따르고자, 재치와 유머가 넘치고자, 감정표현 다 하고자, 인기·이목 얻고자, 아름답고 재밌게 살고자	진실하고 순진하고, 세속적으로 보이지 않고, 의리밖에 모르고, 내 것도 챙기지 않고, 함께 일하며 나누고, 남 뒤만 따라다니고, 일희일비하지 않고, 욕심 없는 사람처럼 행동한다.
(비견)식상생재성격 (식상)비견보인성격	비견+식상체질	가치와 의미 있는 삶을 살고자, 신분 고하 막론하고 남녀노소 모두 평등하게 살고자	어깨 힘주며 권위 찾고, 원리원칙 따지고, 수직관계 바라고, 일방적 지시만 내리는 행동을 한다.
(식상)재성생관성격 (재성)식상보비견격	식상+재성체질	오감의 만족을 찾고자, 이성 친구와 함께하고자, 실속과 쾌락을 찾고자, 낭만적으로 살고자	고상한 이미지를 위해 감정표출을 자제하고, 의무와 도리를 다하고, 윤리 도덕적인 행동을 한다.
(재성)관성생인성격 (관성)재성보식상격	재성+관성체질	현재 가장 유망한 직업을 갖고자, 부귀영화를 누리고자, 배우자·자식을 위해 최선을 다하고자	한가하고 여유 있게 지내고, 모질게 대하지 못하고, 대인관계 중시하는 행동을 한다.
(관성)인성생비견격 (인성)관성보재성격	관성+인성체질	명분·체면·윤리 도덕 지키고자, 인정·존경받고자, 신분 상승하고자, 후덕하고 안정적인 이미지 주고자	아웃사이더·유아독존으로 보이고, 위보다는 아래를 챙기고, 몸을 사리지 않는 행동을 한다.

사주팔자 하나로 운명·심리·전생·뇌 구조까지 알 수 있다

(인성)비견생식상격 (비견)인성보관성격	인성+비견체질	부귀영화보다 인간답게·건강하게 살고자, 남이 먼저라 양보와 배려하고자, 함께 나누며 살고자	개인적·이기적이라 항상 자신이 먼저고, 풍요로운 삶을 좋아하고, 인기와 이목 받는 행동을 한다.

1. 여성(60세)

시	일	월	년
丙	戊	壬	丁
辰	辰	子	酉

庚	己	戊	丁	丙	乙	甲	癸
申	未	午	巳	辰	卯	寅	丑

필자 초등학교 동창생의 사주팔자이다. 타고난 우주 에너지의 비율은 수성: 1.4, 목성: 1, 금성: 1, 토성: 1, 화성: 0.4이다. 무(戊) 일간을 도와주는 오행은 화성(0.4)과 토성(1)으로 그 합이 1.4로 최소 신강한계수치인 1.24를 넘어 신강이다. 가장 강한 오행은 수성으로 화성이 피해 보고 있다. 일차 구제오행은 목성과 토성. 신강이라 목성에게 부탁하고 싶으나, 수치만 있지 토성 속에 있으므로 사용할 수 없다. 어쩔 수 없이 토성에게 화성을 구하라고 부탁한다(1차 방정식). 목성이 활동하지 않으므로 공식은 끝난다. 공식이 끝났을 때 일간이 진정 사용하고 싶은 오행(목성)이 있었으므로 진가사주이다. 가용신은 토성으로 비견, 희신은 화성으로 인성, 진용신은 목성으로 관성이다. 격국은 비견보인성격(관성)으로 의식 성향은 박애주의, 꿈 성향은 리더형, 무의식 성향은 특수한 시시구조에 걸린 바람에 토성으로 비견체질이며 의리형이다. 이 사주가 다른 사주와 다른 점은 가용신과 심성체질이 비견으로 같다는 것이다. 이렇게 되면 생각(말)은 비견의 성향을 띠지만, 행동은 비견과 반대가 되는 관성의 성향을 띤다고 했다. 그럼에도 불구하고 본인 자신은 생각한 대로 행동하고 있다고 믿지, 결코, 생각과 행동이 다를 거라곤 꿈도 꾸지 않는다.

이 친구는 졸업한 지 35년 만에 만났다. 어릴 적 친구들이 보고 싶었지만 모임이 있는지 없는지 확인할 방법이 없었다고 한다. 더구나 결혼해서 정착한 동네의 이웃들과 친하게 지내다 보니 타향의 외로움을 떨쳐버릴 수 있었다고 한다. 교사 자격증을 소지하고 있었지만, 결혼 후에는 전업주부로 지냈다. 남편이 벌어다 주는 돈으로 고생이라곤 모르고 살았다. 운동을 좋아해서 하루 종일 동네 친구들과 골프와 승마를 즐겼고, 그 덕분에 골프 실력은 아마추어 수준을 넘어 남을 가르칠 수 있는 수준까지 이르렀다고 한다. 승마 역시 수준급이라고 하니, 얼마나 운동을 좋아하는지 짐작이 간다. 운동을 좋아해서 그런지 몸매나 얼굴이 50대가 넘은 아줌마로 보이지 않았다. 필자가 기억하기에도, 지금의 몸매는 어렸을 적의 몸매와 거의 변함이 없어 보였다. 이 친구는 살이 찌고 싶어서 많이 먹어도 살이 찌는 체질이 아니라고 한다.

하루 종일 밖으로 돌아다녀도 건전한 만남만을 유지했고, 남편을 사랑하기에 남편이나 가족들에게 걱정을 끼치거나 맘 고생시킬 만한 행동은 하지 않았다고 한다. 동창생 모임에서도 동창생 전체를 잘 챙겨주는 편이며, 모임 도중 조금이라도 과격한 말투나 행동을 보이거나 술에 취해 오버하는 동창생을 보면, 마치 선생님이 야단치듯이 자제할 것을 요구하는 바람에, 이 친구가 모임에 나오면서부터는 동창생 모임 분위기가 건전한 방향으로 흐르고 있다. 필자가 이 친구를 만나면서 의아하게 생각했던 점은, 아들을 둘씩이나 키운 50대가 넘은 아줌마인데도 정신세계가 순수하다는 점과, 전업주부지만 매일 밖으로만 도는 이 친구가 아직도 건전한 생각과 올바른 행동을 하고 있다는 점이다. 바깥에서 생활하는 40, 50대 아줌마들의 생각과 생활과는 질적으로 달랐다. 간혹 이 친구가 세상 물정을 모르고 사는 것이 아닌가라는 착각이 들기도 했다. 한마디로 표현하면, 순수하고 인간적이며, 의리와 우정에 있어서 타의 추종을 불허하고, 가정까지 철저하게 지키는 완벽한 친구라 할 수 있다.

어떻게 이 친구가 그런 삶을 살 수 있었는지 살펴보자. 가용신과 같은 심성체질이므로 생각은 비견의 영향을 받는다. 그래서 이 친구에게 가장 중요한 것이 무엇인가 물으면, 우정과 의리, 진솔한 관계, 속물처럼 살지 말자는, 몸으로 직접 움직여서, 세속에 물들지 않는 이상적인 삶을 위해 살아야 한다고 말할 것이다. 그러나 행동은 관성의 성향을 드러낸다. 그래서 가정(남편)을 제일로 여기며, 모범적으로 살고, 맡은 책임 끝까지 지키고, 흐트러진 모습 보이지 않고, 한 치의 실수도 용납하지 않는 완벽한 행동을 보여주고 있다. 직접 물어보았다. 친구들이 그리워 만나도 가정을 나 몰라라 하면서까지 푹 빠지지 않고, 분위기만 띄워놓고 쏙 빠지는 경우도 많고, 맹목적으로 친구를 따라가지는 않는다고 한다. 이 친구는 술과 담배를 하지 않으며, 그 흔한 친구 같은 애인도 없으며, 건전하게 운동과 모임으로 시간을 보내고 있다. 필자가 이 친구를 보고 있으면 순수해지는 듯한 느낌이 든다.

2. 남성(45세)

시	일	월	년
己	壬	戊	壬
酉	辰	申	子

丙	乙	甲	癸	壬	辛	庚	己
辰	卯	寅	丑	子	亥	戌	酉

일본에 한류의 바람을 일으킨 유명 탤런트의 사주팔자이다. 우주 에너지 비율을 보자. 금성: 2.2, 수성: 1.2, 토성: 1.1, 목성: 0.3, 화성: 0이다. 임(壬) 일간을 도와주는 오행은 금성(2.2)과 수성(1.2)으로 그 합이 3.4로 신강이다. 가장 강한 오행은 금성으로 목성이 피해 보고 있다. 구제오행은 수성과 화성. 신강하므로 화성을 사용하고 싶으나, 없으므로 수성에게 목성을 구하라고 부탁한다(1차 방정식). 그러나 토성이 수성의 활동을 방해하므로 한 번 더 공식을 적용한다. 수성을 구할 이차 오행으로는 금성과 목성. 신강이라 목성을 구제오행으로 삼고 싶은데, 수치만 있고 토성 안에 있으므로 구제 역할을 못 한다. 그래서 금성에게 수성을 구하라고 부탁한다(2차 방정식). 금성을 방해할 화성이 없으므로 공식은 끝난다. 공식이 끝날 때 일간이 진정 사용하고 싶은 오행이 있었다면, 진가사주라 했다. 가용신 금성으로 인성, 희신 수성으로 비견, 진용신 목성으로 식상이다. 격국은 인성생비견격(식상)으로 의식 성향은 박애주의, 꿈 성향은 자유형, 무의식 성향은 금성(2.2)으로 인성체질이며 안정형이다.

1994년(甲戌年) 데뷔했으며, 그 다음 해에 신인상을 받기 시작해 2005년(乙酉年)까지 대한민국의 각종 상을 독차지하다시피 받아왔다. 특히 2002년(壬午年) 국내에 방영된 TV 드라마 <겨울연가>가 2003년(癸未年)인가 2004년(甲申年) 일본에서 방영되면서 누구도 넘볼 수 없는 인기를 얻기 시작했다. '욘사마'라는 애칭까지 얻었으며, 일본에서 한류 바람을 거세게 불게 하는 데 큰 몫을 담당했다. 한국을 찾는 일본 관광객들이 <겨울연가>의 촬영지인 강원도 춘천과 남이섬을 필수 코스로 다녀감으로써 유명 관광지로 만드는 데 일등공신 역할을 하기도 했다. 2007년(丁亥年) 한류에 지대한 영향을 끼친 연예인에게 상을 주는 제1회 한류대상에서도 당당히 뽑혀 상을 받기도 했다. 그리고 2015년(乙未年)에 결혼했다.

사주학적으로 탤런트나 연예인과 잘 맞는 체질을 꼽으라고 하면, 제일 먼저 재성체질의 소유자, 그다음이 식상체질의 소유자, 맨 꼴찌가 인성체질 소유자다. 연예인은 감수성이 예민하고 감정이 풍부하며, 타고난 재주와 끼가 많아야 하며, 튀고자 나서서 주목받기를 좋아하고, 유행에 민감하면서도 사치와 허영심도 있어야 한다. 또한, 외향적이면서도 사교성이 있고, 남의 시선을 의식하지 않으며, 여기저기 끼어들기를 좋아하고, 재치와 유머가 풍부해 순간순간의 대처 능력이 뛰어나야 한다. 그런데 이 친구는 연예인 체질과는 거리가 먼 인성체질을 타고났다. 그런데 이 친구가 한류를 대표하는 연예인으로 첫손가락에 꼽히니 아이러니하지 않을 수 없다.

연예인으로 당당히 설 수 있었던 것은 바로 가용신과 체질이 같은 육친이었기에 말과 생각은 인성의 성향을 띠지만, 행동으로는 인성과 반대의 성향이 나오기 때문이다. 이 친구가 보여주는 연기만 본다면 심성체질이 인성일 것이라곤 상상할 수가 없다. 이 친구 매부가 하는 말, 인내심이 많고, 의무와 도리에 최선을 다하고, 남의 이목을 살피고, 이미지 관리를 하고, 의젓한 양반처럼 살려는 생각을 하는 것은 맞다고 한다. 그런데 행동은 위에서 얘기한 재성체질처럼 한다는 거다. 이런 까닭은 바로 가용신과 체질이 같아 언행 불일치의 삶을 살아서다. 물론 자신이야 생각과 행동이 똑같다고 믿고 있겠지만 말이다.

3. 여성(36세)

시	일	월	년
壬	甲	己	辛
申	寅	亥	酉

丁	丙	乙	甲	癸	壬	辛	庚
未	午	巳	辰	卯	寅	丑	子

필자를 아빠나 멘토처럼 따르는 내담자의 사주팔자이다. 타고난 우주 에너지 비율을 보자. 금성: 2.2, 수성: 1.4, 목성: 1, 토성: 0.2, 화성: 0이다. 갑(甲) 일간을 도와주는 오행은 수성(1.4)과 목성(1)으로 그 합이 2.4로 신강이다. 가장 강한 오행은 금성으로 목성이 피해 보고 있다. 구제오행은 수성과 화성. 신강하므로 화성을 사용하고 싶으나, 없으므로 수성에게 목성을 구하라고 부탁한다(1차 방정식). 그러나 기(己) 토성이 임(壬) 수성의 활동을 방해하므로 한 번 더 공식을 적용한다. 수성을 구할 이차 오행으로는 금성과 목성. 신강이라 금성에게 수성을 구하라고 부탁한다(2차 방정식). 금성을 방해할 화성이 없으므로 공식은 끝난다. 일반사주로 용신은 금성으로 관성, 희신은 수성으로 인성, 이용하는 육친인 재성이다. 격국은 (재성)관성생인성격으로 의식 성향은 성공주의, 꿈 성향은 고상형, 무의식 성향은 금성(2.2)으로 관성체질이며 권력형이다.

용신과 체질이 관성으로 같다. 이렇게 되면 생각이나 말로는 관성의 성향을 띤다. 그러나 행동으로는 관성과 반대인 식상의 성향을 드러낸다. 여자에게 있어 관성 성향이란 가정을 지키고자, 남편을 사랑하고자, 성실하고 모범적으로 살고자, 흐트러지지 않고자, 책임을 다하고자, 사회적으로 출세하고자, 법과 질서를 지키고자, 정숙하고 단아한 여자가 되고자, 완벽한 삶을 살고자 등일 것이다. 필자를 만나면 이렇게 얘기한다. 남편과 잘살겠다고, 아이 잘 키우고, 직장에서도 성실히 근무하여 승진하고, 법을 어기는 그런 짓거리 하지 않고, 설령 남자가 유혹해도 넘어가지 않겠다고 말이다. 그럴 땐 필자도 믿는다. 너무 간절한 모습으로 얘기하기 때문이다.

그러다 몇 개월 연락이 없으면 무엇인가 일이 터진 것이다. 맞벌이 부부면서 주말부부라 일주일에 하루나 이틀밖에 가족을 만나지 못한다. 남편을 사랑하나 일 때문에 같이 지낼 수 없고, 아이는 내담자가 키운다. 그런데 실제의 나이보다 7세에서 10세 정도 젊어 보인다. 그래서 그런지 직장 내 총각이 죽자 살자 따라다닌다고 한다. 총각은 결혼 상대자가 있는데도 자기 아니면 안 된다며, 자나 깨나 자기한테 유혹의 손길을 던진다는 거다. 그럴 때마다 필자의 말을 되새기며 무관심과 모르쇠로 일관하고 있다며 연락이 온다. 그런데 최근 6개월 동안은 아무런 연락이 없다. 이쯤 되면 총각의 유혹에 버티지 못한 것으로 판단해도 무방하다.

왜냐하면 처녀 시절 때부터 이러한 사건들이 유난히 많아 늘 조심하고 또 조심했었지만, 생각만큼 행동이 따르지 않아 늘 사건·사고를 만들어냈기 때문이다. 내담자가 어떻게 행동하기에 같이 근무하는 남자들이 사족을 못 쓰고 넘어갈까? 내담자 자신도 모르게 행동으로 드러나는 식상의 성향은 대담하게 터치하고, 개방적으로 보이고, 남편(애인)의 눈치 안 보고, 섹시하면서 야하고, 성적으로 매력이 있고, 본능적·즉흥적이고, 일탈을 일삼고, 마치 자신이 남자인 양 행동을 한다. 이런 모습을 본 남자들은 대시하거나 다가가면 내담자가 따라줄 것으로 믿고, 무작정 밀어붙인다고 한다. 내담자의 생각은 전혀 아님에도 말이다. 내담자 자신도 그런 행동으로 인해 문제가 발생한다는 것을 알기에 처녀 시절부터 필자에게 많은 조언을 구했다. 이렇게 언행 불일치의 운명은 본의 아니게 행동함으로써 좋은 일도, 좋지 않은 일도 당할 수 있음을 알아야 한다. 특히 내담자가 단체 회식자리에서 술을 마시면 남자들의 유혹이 노골적이라 한다. 다만 안타까운 점은 자신이 인지하고 있는 상태에서의 행동이라면 어느 정도 괜찮지만, 전혀 인지하지 못한 상태에서의 행동이란 점이다.

4. 남성(49세)

시	일	월	년
戊	甲	壬	戊
辰	寅	戌	申

庚	己	戊	丁	丙	乙	甲	癸
午	巳	辰	卯	寅	丑	子	亥

잘살고자 노력은 열심히 하나, 실리나 실속은 챙기지 못하는 내담자의 사주팔자이다. 타고난 우주 에너지 비율을 보자. 금성: 1.84, 토성: 1.46, 목성: 1.3, 수성: 0.2, 화성: 0이다. 갑(甲) 일간을 도와주는 오행은 수성(0.2)과 목성(1.3)으로 그 합이 1.5로 신강이다. 가장 강한 오행은 금성으로 목성이 피해 보고 있다. 구제오행은 수성과 화성. 화성이 없으므로 수성에게 목성을 구하라고 부탁한다(1차 방정식). 그러나 토성이 수성의 활동을 방해하므로 한 번 더 공식을 대입한다. 수성을 구할 이차 오행으로는 금성과 목성. 신강이라 금성에게 수성을 구하라고 부탁한다(2차 방정식). 금성을 방해할 화성이 없으므로 공식은 끝난다. 일반사주로 용신은 금성으로 관성, 희

신은 수성으로 인성, 이용하는 육친인 재성이다. 격국은 (재성)관성생인성격으로 의식 성향은 성공주의, 꿈 성향은 고상형, 무의식 성향은 금성(2.2)과 토성(지지2, 천간2)으로 재성체질과 관성체질인 이기형이다.

이용+용신인 재성+관성하고 심성체질인 재성체질+관성체질로 같다. 이렇게 되면 남보다 자신이 더 잘되어야 한다는, 많이 가져야 한다는 생각을 하면서, 행동적으로도 남보다 더 열심히 활동하면서 실속과 실리를 챙기는 이기적인 모습을 드러내야 한다. 그러면 생각과 행동이 일치된다. 더 쉽게 얘기하자. 재성과 관성은 아내와 자식이다. 아내와 자식을 사랑한다? 그러면서 아내와 자식에게 끌려간다? 이런 삶이 된다. 실제로 이런 삶이 이뤄지면 당사자는 스트레스를 엄청 받을 것이다. 처자식을 사랑하면서도 처자식에게 끌려가는 삶은 한낮 노예의 삶이 아니겠는가? 이런 삶을 평생 살다간 몸이 먼저 망가질 것이기에, 내담자 자신도 모르는 사이에 몸 스스로가 이런 삶을 거부한다. 그래서 마치 재성과 관성체질 반대가 되는 비견의 성향이 행동으로 나오는 것이다.

그래서 그런지 아내의 불만이 이만저만이 아니다. 하루도 쉬지 않고 이 일 저 일 닥치는 대로 맡아서 하는데, 친구에게 이득이 가거나 실속이 없는 경우가 허다하다는 거다. 대학에서 학생을 가르치면서 부업으로 연구소도 운영하고, 관광 분야에 막강한 파워를 지녀 주위로부터 부러움도 받고 있다고 한다. 그래서 일은 많고 수입도 괜찮지만, 막상 끝나고 나면 남는 것이 별로 없다고 한다. 마치 텅 빈 수레가 요란한 것처럼 말이다. 이렇게 되는 이유는, 생각은 남을 앞서 나가야 한다지만, 행동은 남의 뒤를 따르는 것과 같기 때문이다. 내담자 스스로가 관공서나 기업으로부터 할 일을 맡아 연구소로 가져오는 것이 아니라, 한 다리 건너 지인들이 맡은 일을 연구소로 가져오기 때문이다. 결국, 하청에 하청의 일을 하는 것이고, 하더라도 공적인 관계가 아니라 사적인 관계로 이뤄지기에 계산이 정확하게 맞아떨어지지 않는다는 거다. 결국, 행동거지는 재성과 관성체질이 아닌, 비견의 성향이 드러나는 것이다. 그런데도 내담자 자신은 깨닫지 못하고 오늘도 처자식을 위해 밖에 나가 일을 찾아 헤매고 있다.

5. 여성(44세)

시	일	월	년
己	丁	壬	癸
酉	酉	戌	丑

庚	己	戊	丁	丙	乙	甲	癸
午	巳	辰	卯	寅	丑	子	亥

제자랑 함께 상담한 내담자의 사주팔자이다. 타고난 우주 에너지 비율은 금성: 2.84, 토성: 1.06, 수성: 0.9, 목성: 0, 화성: 0이다. 정(丁) 일간을 도와주는 오행은 목성(0)과 화성(0)으로 그 합이 0으로 신약이다. 가장 강한 오행은 금성으로 목성이 피해 보고 있다. 구제오행은 수성과 화성. 신약이라서 화성이 필요한 데 없으므로 어쩔 수 없이 수성에게 목성을 구하라고 부탁한다(1차 방정식). 그러나 토성이 수성의 활동을 방해하므로 한 번 더 공식을 대입한다. 수성을 구할 오행으로는 금성과 목성. 신약이라 목성에게 수성을 구하라고 부탁하고 싶으나, 역시 없으므로 할 수 없이 금성에게 부탁한다(2차 방정식). 금성을 방해할 화성이 없으므로 공식은 끝난다. 공식이 끝났을 때 일간이 진정 사용하고 싶은 구제오행이 있다면, 진가사주라 했다. 그래서 가용신은 금성으로 재성, 희신은 수성으로 관성, 진용신인 목성으로 인성이다. 격국은 재성생관성격(인성)으로 의식 성향은 성공주의, 꿈 성향은 고상형, 무의식 성향은 금성(2.84)으로 재성체질이며 물질형이다.

이번 내담자는 제자의 단골손님이었는데, 제자가 추론한 삶과 내담자 실제의 삶이 달라 필자의 감정을 받아보고자 제자와 같이 서울까지 상경했다. 그런데 왜 다른가를 곰곰이 생각한 결과, 내담자와 제자의 관계가 너무 긴밀한 사이라서 제자가 중용적인 입장을 취하지 못했던 게 아닌가 본다. 아무튼, 내담자는 가용신과 심성체질이 재성으로 같다. 이렇게 되면 생각은 재성이지만, 행동은 진용신인 인성의 성향이 드러난다(진가사주에서는 진용신의 성향이 행동으로 드러남). 이러한 삶이 현실에서는 어떻게 나타날까? 재성의 성향은 물질 욕심, 금전 욕심, 멋, 기분, 화려함, 예술 등이다. 그렇다면 내담자의 마음에 들게 하려면, 즐겁고 재밌고 화려하게 지낼 수 있을 만한 재력만 뒷받침되면 가능하지 않을까 본다. 재력이 풍부한 사람은 미혼자보다는 기혼남 또는 이혼남이 많을 것이다. 돈만 있다면 내담자를 쉽게 손에 넣을 수 있으므로 그들은 재력을 앞세워 친해졌다. 그저 가볍게 만나 재미있게 지내면서 서로 정도 통하고, 그러다 서로에 대한 흥미가 떨어지면 부담 없이 가볍게 헤어지자 생각하고 접근했을 것이다. 그런데 만나는 횟수가 늘어날수록 내담자를 곁에 두고자 했다는 거다. 왜일까? 그것은 내담자가 행동으로 드러내는 것은 인성의 성향이었기 때문이다. 누나나 엄마 같은 손길, 인자하고 고상한 기풍, 윤리적이고 이성적인 이미지, 양심적이며 인내하는 모습, 내담자를 보호해주지 않으면 안 될 그런 행동들만 하니 어찌 떠나겠는가 말이다. 더구나 성적으로 민감하게 타고났다. 민감도를 살피는 음양의 차이는 음기 4.24, 양기 0, 중성은 0.56으로 음양의 차이가 크고, 식상이 중성으로 지지와 천간에 각각 1개씩으로 A급이다. 그러니 가볍게 재밌게 사귀려고 다가왔다가, 하는 행동을 보니 옆에 두고 싶었고, 살아생전 만나기 힘든 성적 민감도 A급의 여자였던 것이다.

   삶을 살펴보면, 학교 졸업 후 직장 다니다가 직장 상사인 이혼남이 강압적으로 다가오는 바람에 1998년(戊寅年) 반강제적으로 결혼하게 되었다. 이혼남의 물량 공세에 넘어갔지만, 결혼하지 않으려고 버티다가 조폭들의 협박에 어쩔 수 없이 결혼했다. 결혼 후의 생활은 공주 부럽지 않을 만큼 풍요롭고 호화롭게 지냈다. 시간이 흐르면서 사치와 허영 그리고 낭비로 인해 서로 간의 상처가 깊어지고, 마침내 2004년(甲申年) 이혼했다. 그 뒤 돈 있는 유부남들의 접근이 있었다. 처음엔 물질적인 지원을 받아 사귀었으나, 나중에 경제적인 능력이 떨어지면서 헤어지기를 반복했다. 하지만 유부남들은 헤어지지 않으려고 내담자와 동거를 하자고 했다. 잠깐 잠깐씩 만난 남자까지 합하면 부지기수로 많다. 내담자는 누굴 만나든지 간에 금전적인 도움을 많이 받았으므로, 돈에 대한 소중함을 모르고 그저 쓰는 것에만 길들여져 있었다. 그래서인지는 모르지만, 남자랑 살 때는 사치와 허영의 극치를 이루고 살다가, 물질적인 지원이 끊기든지 적어지면 관계가 악화되어 헤어지게 되었다. 특이한 점은, 남자들이 내담자와 얘기하든지 깊은 관계를 맺어 오래 사귀면 너나 할 것 없이 푹 빠져버린다는 것이다. 내담자의 소원은 정상적인 남자(총각)를 만나 결혼하고 아이 낳아 잘사는 것이라 한다. 그렇게 되기를 천지신명께 빈다.

제3장

외눈박이 물고기 같은 운명

여기에 해당되는 운명의 소유자는 생명이 다하는 날까지 오로지 꿈만은 포기하지 않고, 현실에서 이루고자 노력한다. 이러한 조건에 맞는 사주는 일반사주와 진가사주이다. 녹현방정식을 살펴보면, 억제오행에 의해 피해오행이 발생하고, 피해오행을 구하기 위해 구제오행이 나온다. 구제오행이 나오는 것은 오로지 피해오행을 구하기 위함이다. 피해오행은 일반사주나 진가사주 모두 희신이다. 희신이 얼마나 중요하면 일반사주에서는 희신을 숨기기 위해 이용육친을 내세우고, 진가사주에서는 진용신까지 사용하는가 말이다. 그런데 심성체질이 희신과 같다면, 운의 흐름과 관계없이 행동거지가 바로 꿈이 바라는 모습이 되는 것이다.

이런 소유자는 의식 성향이 무엇이든지 간에 틈만 나면, 할 수만 있다면, 시간이 된다면 꿈 성향을 현실에서 드러내고자 한다. 원래 타고난 의식 성향의 삶은 감정을 배재한 보편타당한 이성적인 삶이라고 한다면, 체질의 삶은 한쪽으로 치우친 감정적인 삶이라 한다. 그런데 꿈마저도 체질의 성향과 같다면, 감정에 치우쳐 올바른 사리판단을 못한 채 자신의 잣대로 판단하기에 어느 하나에 빠지면 오로지 그것만을 위해 살아가게 된다. 필자는 이를 본능만이 살아 있는 동물적인 삶에 비유한다. 특히 운이 하강할 때는 그 정도가 매우 심해진다. 체질로 끌려가는 삶이 자신이 평생 바라고 갈망했던 생활이기에 일말의 갈등도 없을 것이고, 아무도 의식하지 않기에 거리낌 없는 행동도 할 것이고, 앞만 바라보고 달려가므로 후회나 중단도 없을 것이다.

그렇다면 자신만은 행복해야 한다. 왜냐하면, 희신이 원하는 삶을 살았으므로 당연한 결과가 아닌가 말이다. 그런데 그렇지 못한 까닭은 무엇인가? 남이야 어찌 생각하든 말든 자신만 행복하면 되니까 말이다. 그런데 정작 자신은 희신이 원하는 삶을 살면서도 행복하다거나 만족스럽다는 느낌을 받지 못한다. 이것은 바로 희신이 바라는 삶이란 끝이 없는 삶이기 때문이다. 가령 희신과 체질이 인성인 경우는, 배우고 싶은 향학열과 신분 상승에 대한 욕망에, 희신과 체질이 재성이라면, 돈을 모아 자신만의 삶의 재미를 위한 욕망에, 희신과 체질이 비견이라면, 자연인·신선·도인 같은 삶의 욕망에, 식상이 희신과 체질이라면, 세상을 구하고 싶은 욕망에, 희신과 체질이 관성이라면 출세·권위에 대한 욕망에 사로잡혀서다. 간략하게 말하면, 바라는 만큼 되거나 모이면, 더 나은 것을 바라거나 더 많이 모으고 싶어 해서이다. 그래서 만족하지 못한다고 표현한 것이다.

시	일	월	년
壬	乙	丙	甲
午	巳	子	辰

甲	癸	壬	辛	庚	己	戊	丁
申	未	午	巳	辰	卯	寅	丑

앞서 예를 든 이재명 성남시장의 사주팔자다. 성남시장 이재명의 의식 성향은 성공주의로 '경쟁에서 이기고자', '현실에 최선을 다하고자', '근면·성실하게 살고자', '사회적으로 성공하고자', '공개적·객관적으로 파악하고자', '사적인 관계 청산하고 공적 관계를 중시하고자', '모범적인 삶을 살고자', '가정을 중시하는 삶을 살고자', '한시도 쉬지 않고 일하는 워커홀릭의 삶을 살고자', '능력을 최대한 발휘하고자', '배우자감 0순위가 되고자', '완벽한 사람이 되고자', '출세할 수 있는 데까지 이르고자' 등이라 했다. 그렇다면, 지방자치단체장으로서 중앙정부와는 배치되는 임산부 출산 시 50만 원 지급, 중고생 교복 무상지급, 청년 배당 등과 성남시청을 성남시민에게 개방, 그리고 극우 정치인 또는 극우인 사람들과의 끝없는 소송 등을 할 수 있었을까? 더구나 중앙정부에서 이재명 성남시장이 하는 복지를 막고자 지방세금의 일정 금액을 가져간다는 말에 광화문에서 단식까지 했다. 전국의 수많은 지방자치단체장들이 있지만, 감히 할 수 없는 일들이다. 그러나 이재명 성남시장은 중앙정부에 맞서 당당히 싸우고 있다.

이렇게 할 수 있는 이유는 바로 희신과 심성체질이 식상으로 같아서이다. 식상의 성향은 무엇인가? '개혁하고 혁신하자는 거다', '서민을 위해 복지정책을 하자', '있는 자에게 세금을 많이 내게 하자', '권위의식을 버리자', '평등하게 살자', '개방하고 투명하게 살자', '남북통일을 위해 살자', '비리 없는 세상 만들자', '동네 시장을 살리자' '위보다 아래를 보고 살자' 등이다. 이러한 모든 것을 행동으로 드러낼 수 있는 힘은 바로 외눈박이 물고기 같은 운명을 타고나서다. 이로 인해 이재명 시장을 따르는 사람들도 많지만, 반면 타도의 대상으로 삼는 사람들도 많다. 오로지 식상의 성향으로 살고 있으므로, 식상과 반대가 되는 관성과 인성의 성향을 지닌 보수, 우익, 극우, 노인, 재벌, 있는 사람들의 적이 되는 것이다. 타고난 의식 성향인 성공주의 의식의 영향을 받고 살면 이렇게 많은 적을 만들지는 않았을 것이다.

이런 삶의 흐름이라면, 성남시장 이재명은 노동자, 농민, 서민들의 영웅이 될 것이다. 대한민국이 분단 국가가 아니라면 진보적인 색채를 더욱더 내세워 많은 국민들의 지지를 받을 것이나, 분단국가의 특수성으로 인해 의심의 눈초리로 바라보는 국민들도 많을 것이다. 그렇다고 결코 자신의 색깔을 지우지는 않는다. 오히려 더욱더 강하게 드러낼 것이다. 칼집에서 칼을 뽑으면 무라도 잘라야 한다고 하지 않았나. 그렇다. 이재명 성남시장은 19대 대통령 야당 후보로 나설 것이다. 국민과 민주당원의 선택을 기다릴 것이며, 이번에 야당 대통령 후보가 되지 못한다면, 20대 야당 대통령 후보로 또 나설 것이다. 왜? 식상이란 아랫사람으로 국민을 위한 봉사와 희생을 하고 싶은데, 지방자치단체장보다는 대통령 자리가 더 많은 것을 해줄 수 있어서다. 필자의 이론으로 살핀다면, 이런 사주팔자를 가진 사람이 대통령이 되어 국민을 위해 정치를 해준다면, 대한민국은 서민이 살기 좋은 나라, 부정부패가 없는 나라, 복지가 좋은 나라, 환경이 깨끗한 나라, 통일 가능성이 높은 나라가 되지 않을까 싶다.

시	일	월	년
乙	戊	辛	辛
卯	子	丑	巳

癸	甲	乙	丙	丁	戊	己	庚
巳	午	未	申	酉	戌	亥	子

앞서 설명한 이명박 전 대통령의 사주팔자로, 유난히 돈에 집착한다고 했다. 바로 심성체질과 희신이 재성으로 같아서다. (인성)관성보재성격에 재성체질이라 운의 흐름과 관계없이 자신의 주머니 채우기에 급급했다. 이렇게 태어난 것이 안타깝고 불쌍하기도 하다. 법을 위반한 건수가 14범이니 뭐니 하는 것도 다 돈 때문이다. 돈 내지 않으려고, 손해 안 보려고, 발버둥치다가 법을 위반해서다. 하물며 서울시장과 대통령이 되어서도 어떻게 하면 자신의 주머니를 채울까 하는 생각에 거짓말을 수없이 해댔고, 국민을 속이기까지 했다. 대통령 자리에서 물러나면 후환이 두려워, 여당 대통령 후보인 박근혜의 약점을 만들어 함께 공유하는 잔머리까지 굴렸다. 대한민국 국민은 불쌍하기만 하다. 국민을 위한 대통령이 아닌, 자기밖에 모르는 대통령을 뽑아놓고, 나라 경제는 물론 나라의 젖줄인 4대강까지 망쳐버렸으니 말이다.

• **여성(58세)**

시	일	월	년
壬	辛	乙	己
辰	酉	亥	亥

癸	壬	辛	庚	己	戊	丁	丙
未	午	巳	辰	卯	寅	丑	子

남편 외의 남자에게 생활비를 받아 살림을 꾸려가는 내담자의 사주팔자이다. 우주에너지의 비율은 수성: 2.4, 금성: 1, 목성: 0.7, 토성: 0.7, 화성: 0이다. 신(辛) 일간을 도와주는 오행은 토성(0.7)과 금성(1)으로 합이 1.7로 신강이다. 수성이 강해 화성이 피해 보고 있다. 목성과 토성이 구제오행. 신강이라 목성에게 수성을 구하라고 부탁한다(1차 방정식). 유(酉) 금성이 목성을 억제하니 한 번 더 공식을 대입한다. 이차 구제오행은 수성과 화성. 화성이 없으니 수성에게 부탁한다(2차 방정식). 그러나 토성이 수성을 억제하니 또 공식에 대입한다. 삼차 구제오행은 금성과 목성. 신강이라 목성에게 수성을 구하라고 부탁한다(3차 방정식). 일반사주이며, 용신은 목성으로 재성, 희신은 수성으로 식상, 이용육친은 관성이라 격국은 (관성)재성보식상격이다. 그리고 심성체질은 수성(2.4)으로 식상체질이며 모험형이다. 이 내담자 역시 심성체질과 희신이 식상으로 같은 육친이다.

내담자는 남편이나 애인 그 누구도 사랑하지 않았으며, 원래 남자에 대한 느낌도 그저 그랬다고 한다. 유부남인 애인도 별로였지만, 경제적인 도움을 받기에 애인의 요구에 따라준다고 한다. 어떻게든 아이들과 가정을 지키고 싶어서 만나지 않을 수 없었다고 한다. 남편도 내담자 자신이 다른 남자를 만나고 있는 것을 눈치챘을 것 같은데도 전혀 탓하지 않는다고 한다. 그래서 애인을 만날 때 당당하지는 못하더라도 죄의식이나 미안한 느낌도 없이 섹스에 임한다고 했다. 요즘도 애인은 매일 만나자고 요구하는데, 사랑하지 않는데 그냥 확 헤어져버리고 싶다가도, 가정 경제를 생각하면 어쩔 수 없이 다시 만나게 된다고 한다.

전업주부로 살림만 하는데, 어떻게 20년 가까이 애인과의 만남을 유지하고 있었을까? 더구나 남편이 출근하지도 않는데, 매일매일 무슨 핑계를 대고 밖으로 나갈까? 궁금하지 않을 수 없다. 남편을 의미하는 관성은 이용육친에 불과하므로 애정, 사랑하지 않은 것은 분명하다. 더구나 여자에게 있어 식상체질이란 남편을 무시하거나, 남편을 속이거나, 자신만의 사생활을 가지고 있거나, 애정 없는 성욕을 채우거나, 남편의 보호보다는 자신의 능력을 키우거나 해야 한다. 그런 데다가 희신마저 식상이고 운이 하강하고 있으니, 오로지 식상체질의 행동에다 희신 식상의 성향만을 드러낸다. 운의 흐름 탓인지 庚辰 대운이 시작하는 무렵인 1998년(戊寅年)부터 가정에서 벗어나면서 남자를 사귀기 시작했고, 남편이 어떻게 생각하든지 간에 신경도 쓰지 않고, 애인이 원하는 대로 거의 매일매일 밖으로 나갔던 것이었다. 전업주부가 어느 날부터 매일 밖으로 나간다면 당연히 의심받을 행동임에도 불구하고, 내담자는 뻔뻔스럽게 행동하며 아무렇지도 않은 듯 생활했다. 물론 남편이 몇 년 동안 가정을 이끌지 못했기 때문에 당당할 수 있었던 점도 한 몫 거들었을 것이다.

그렇지만 남편과 자식을 속이면서까지 애인을 만나는 내담자는 어떤 생각과 행동을 하기에 20년 가까이 담담히, 무심히, 아무렇지 않은 듯 만날 수 있었을까? 또한, 그런 대가로 매달 물질적인 도움을 받은 심정은 어떠했는지 궁금하다. 상담 결과 자신이 한 짓에 대해 일말의 아픔이나 후회는 없었다고 한다. 다만 애인이 매일매일 만나자고 한 것에 대해서만 불평을 늘어놓았을 뿐이다. 그렇다면 남보다 강한 심장을 지녔을까? 양심이 없는 것일까? 생각조차 없는 것일까? 그렇지는 않다. 그렇게 행동하게끔 만든 것은 바로 체질이 희신과 같은 육친으로 타고났기 때문이다. 庚辰 대운 이후 체질이 이끄는 대로 살아갈 수밖에 없었다. 그리고 희신이 바라는 삶이 바로 꿈인데, 庚辰 대운 이후 꿈에 그리던 삶과 같아 평생 살고 싶었던 삶을 현실에서 살고 있으므로 두려울 것이 하나도 없을 수밖에 없다. 그래서 갈등하거나 망설이거나 양심에 아파하지 않으면서 어느 누구도 의식하지 않은 채, 당당히 애인도 만나 순간적일지라도 즐기면서 물질적인 도움도 받으면서 가정생활을 유지할 수 있었던 것이다.

한평생 갈등하는 운명

　사람은 누구나 갈등하며 살고 있다. '이것을 할까, 저것을 할까?', '이것이 나을까, 저것이 나을까?', '이것이 옳은가, 저것이 옳은가?', '이것을 고를까, 저것을 고를까?' 등등의 갈등을 하면서 말이다. 최선의 선택을 위한 고민이나 갈등은 사람이라면 하지 않을 수 없다. 이것을 선택하면 저것은 어떻고, 저것을 선택하면 이것은 어떻고 식의 생각과 판단은 누구나 한다. 그리고 사람은 이런 경우, 저런 경우를 다 생각해 보고 결정하기에 선택하게 되면 되도록 후회하지 않으려 한다. 간혹 장고 끝에 악수 둔다는 바둑 격언처럼, 최선의 선택이 아닐 수도 있지만 말이다. 이것저것 다 생각해 보고 고민해보고 갈등하다가 선택한 경우라서, 그전과 후의 일어날 일들에 대해 어느 정도 예상할 것이다. 만에 하나, 이것을 선택했다가 버려버리고 저것을 선택하더라도 자신이 한 행동에 대해서는 능히 알고 있으며, 또한, 책임도 지려고 한다.

　그러나 필자가 말하는 갈등한다는 차원은 그런 차원의 갈등이 아니다. 이것저것을 놓고 최선의 선택을 하고자 갈등하는 것이 아니다. 아무 생각이나 고민 없이 이렇게 했다가 갑자기 저렇게 하는 경우를 말함이다. 그래서 정작 자신은 그렇게 심하게 갈등하고 있음도 모른다. 그냥 누구나 자신처럼 그렇게 하지 않을까 생각하기 때문이다. 최선의 선택을 위해 이것저것 생각하거나 갈등하거나 하는 상황이 아니란 거다. 그저 이렇게 해보다가 저렇게 하면 될 거란 식이다. 아니면 저렇게 했다가 이렇게 하면 될 거란 식인 것이다. 그것 때문에 왜 그렇게 심한 갈등이나 생각 아니면 고민을 하는지 남들이 이상할 뿐이다. 즉 갈등은 하면서도 깊은 생각이나 큰 고민 없이 아주 쉽게 이것저것 다 해보는 사람들의 운명을 말함이다.

　이렇게 갈등하는 운명은 무의식 성향이 권리형(식상 ↔ 관성체질), 신분형(관성

↔ 비견체질), 재물형(비견 ↔ 재성체질), 도덕형(재성 ↔ 인성체질), 명분형(인성 ↔ 식상체질) 이렇게 5종류이다. 이런 운명의 소유자와 토론하거나 얘기를 나누면, '저래도 흥, 이래도 흥' 식이라 누구의 의견에 찬성하는지 파악하기가 어렵다. 저 사람은 저렇게 말하기에 일리가 있다고 했다가, 이 사람은 이렇게 말하기에 역시 일리가 있다고 말한다. 자신의 의견이 무엇인지 정확히 밝히기를 꺼린다. 왜냐하면, 각각의 사람들의 주장에 일리가 있기 때문이다. 또한, 아무렇지 않게 어느 한 가지에 집착하다가 갑자기 포기해버리고, 포기했다가도 다시 집착하는 행동을 드러낸다. 그러나 정작 자신은 아무렇지도 않은 듯 태연하게 행동한다. 그래서 졸지에 주위 사람들을 어리둥절하게 한다. 오히려 당황하거나 놀라는 사람들이 이상하게 보일 뿐이다. 그래서 남들이 봤을 때는 주관이 없다, 일관성이 없다, 개성이 없다, 소신이 없다, 평상심을 유지하라, 감정변화가 심하다, 결정력이 부족하다, 끈기와 오기가 없다고들 얘기하기도 한다.

시	일	월	년
丁	乙	壬	壬
丑	未	寅	寅

庚	己	戊	丁	丙	乙	甲	癸
戌	酉	申	未	午	巳	辰	卯

안철수 국회의원의 사주팔자다. 무의식 성향은 비견체질과 재성체질로 재물형이라 했다. 재물형은 '현실에서 소유할 수 있는 것에 대한 집착이 강해 신뢰성과 책임감이 사라지고, 오로지 돈을 모으기 위해 구두쇠처럼 생활하다가, 순간 신외지물 같은 모습을 드러내는 형'이다. 필자는 안철수의 운명을 정확히 파악했기에, 중요한 순간에 책임을 지지 않고 철수한다고 예상했다. 2011년 서울시장 후보직 양보, 2012년 대통령 후보직 사퇴, 2014년 신당 창당 포기, 2016년 국민의당 대표직 사퇴 등도 예견했었다. 이렇게 예측할 수 있었던 이유는 안철수 의원의 무의식 성향이 재물형으로 비견과 재성체질이 다투고 있어서다.

재물형의 장점은 돈을 벌고 모으기 위해 늘 바쁘게 움직인다는 것이다. 한시도 쉬지 않고 말이다. 재물형의 단점은 책임감과 신뢰감을 주지 못한다는 점이다. 책임감과 신뢰감이 없는 정치인이 리더가 된다는 것은 거의 있을 수가 없다. 대통령이란 자리는 국민을 위해 행정, 정치, 경제, 국방, 외교, 복지 등 모든 것을 책임져야 하는 자리이다. 더구나 국민을 위해 대통령 하겠다고 나선 자들에게 국민은 두 번이나 속았기 때문에, 다시는 그런 대통령을 뽑지 말아야 한다는 인식이 널리 퍼진 상황이다. 이런 상황에 안철수 국회의원이 대통령이 되겠다고 나서봤자 끝까지 경쟁하지 못하고, 또 한 번 철수하는 모양새만 드러낼 것이다. 또 심성체질은 비견과 재성체질로 전생의 업이 아내와 지인에게 있다고 했다. 아내에게 이끌리는 것은 무방하지만, 친구나 지인 등에 이끌리는 것은 엄청난 피해를 입을 것이라고 했다. 그런데 책을 집필하는 과정에 벌써 측근의 잘못이나 실수로 인해 국민의당 대표직에서 물러났다. 아무리 갈등하는 운명을 타고났다고 해도, 이렇게 빨리 물러날 줄은 필자 역시 몰랐다. 이렇게 갈등하는 운명은 자신이 포기해도, 전혀 이상하지 않다고 느끼며 산다. 도리어 자신을 이상하게 얘기하는 사람들을 이상하게 바라볼 뿐이다.

시	일	월	년
丁	戊	丙	丙
巳	寅	申	戌

甲	癸	壬	辛	庚	己	戊	丁
辰	卯	寅	丑	子	亥	戌	酉

앞서 설명한 노무현 대통령의 사주팔자이다. 결국은 인성보관성(재성)이다. 의식성향은 보수주의, 꿈 성향은 감성형, 무의식 성향은 인성과 식상체질로 명분형으로, 역시 갈등하고 있는 운명의 소유자이다. 명분형의 장점은 자신의 이미지 관리나 체면을 위해 지켜야 할 의무나 도리만큼은 철두철미하게 지킨다. 반면 명분형의 단점은 물질적·금전적인 실리·실속·이득을 챙기지 못한다는 거다. 대통령 자리에 있다가 퇴임한 역대 대통령들을 봐라. 전두환, 노태우, 김영삼, 김대중, 이명박 대통령 자신들이 돈을 챙기지 못해서 가족들의 생계를 위협했는가? 전혀 그렇지가 않다. 가족들이 걱정 없이 살 준비는 다 해놓고 퇴임했고, 퇴임 후에도 막강한 영향력을 일정 부분 발휘하며 살지 않았는가 말이다.

그러나 노무현 대통령은 그저 명분만 살피느라고 '고향으로 내려간 서민적인 대통령', 여기에만 초점을 맞췄던 것이다. 막말로 가족들의 비리가 드러났다고 하자. 그리고 이명박 대통령이 개망신을 주기로 마음먹었다고 하자. 대통령까지 지낸 사람이 국민을 향해 호소하고, 검찰을 향해 항의하고, 나아가 이명박 대통령을 향해 투쟁하는 그런 면모를 보여줘야 하는 것 아닌가 말이다. 그런데 그러한 모습은 보여주지 않고 졸지에 목숨을 던졌다. 즉 포기한 것이다. 이렇게 갈등하는 운명의 소유자는 어느 하나에 집착하다가도, 어느 순간 아주 쉽게 포기해버리는 모습을 드러낸다. 노무현 대통령 자신은 깊은 생각이나 큰 고민 없이 그런 어마어마한 일을 감행한 것이다. 이렇듯 뜻대로 되지 않을 때는 한순간 아주 쉽게 포기해버리는 갈등하는 운명의 소유자는 어떤 성향의 행동이 현실적 이득이 되는지 판단하여 살아주길 바란다.

1. 여성(70세)

시	일	월	년
甲	壬	丙	己
辰	辰	寅	丑

甲	癸	壬	辛	庚	己	戊	丁
戌	酉	申	未	午	巳	辰	卯

아직도 이 내담자는 기억난다. 타고난 우주 에너지의 비율은 목성: 2.8, 토성: 1.3, 수성: 0.5, 화성: 0.2, 금성: 0이다. 임(壬) 일간을 도와주는 오행은 금성(0)과 수성(0.5)으로 그 합이 0.5로 신약한 사주이다. 목성에 의해 토성이 피해 본다. 구제오행으로는 화성과 금성. 신약해서 금성이 좋으나 없으므로 어쩔 수 없이 화성에게 부탁한다(1차 방정식). 화성을 억제하는 수성은 활동을 못하므로 공식은 여기서 끝난다. 공식이 끝났을 때 일간이 진정 사용하고 싶은 구제오행이 있다면 진가사주라 했다. 가용신은 화성으로 재성, 희신은 토성으로 관성, 진용신은 금성으로 인성으로 격국은 재성생관성격(인성)이다. 의식 성향은 성공주의, 꿈 성향은 고상형, 무의식 성향은 목성(2.8)과 토성(지지3+천간1)으로 식상과 관성체질인 권리형이다.

예전 글을 보자.

2004년(甲申年)에 상담한 주인공으로, 첫 상담에서부터 자신의 이중적인 생활이 필자에게 발각된 케이스다. 그 후부터는 부끄러움이나 죄스러움 없이 당당하게 상담을 신청했다. 상담한 내용들이 내담자의 나이와 상황과는 어울리지 않는 것들이라, 어떤 때는 필자가 난처한 상황에 빠지기도 했다. 남편은 누구나 다 아는 대기업 전문 경영인으로 막중한 책임을 지고 있어, 국내에 머무는 시간보다 외국에서 체류하는 시간이 훨씬 많았다. 가정적인 관점에서 볼 때는 그리 환영받을 만한 남편이나 아빠는 되지 못했다. 내담자는 결혼하고 나서도 한동안 직장을 다녔는데, 이유로는 가정에만 파묻혀 있기 싫어서라고 했다. 그러다가 정확히 언제부터인지는 기억이 나지 않지만, 남편과의 성적인 부분에 불만이 생기면서 남자를 사귀기 시작했다. 얼굴이 나이보다 10년 이상은 젊어 보여서 연상보다는 연하의 남자들이 접근해왔다. 수많은 연하의 남자들과 사귀면서도 성적으로 만족감을 느끼지 못하다가, 2000년(庚辰年)에 만난 16년 연하의 남자에게 성적인 만족을 느꼈다고 한다. 그래서 잘해주었지만, 시간이 흐르면서 연하남이 자주 만나주지 않는 바람에 견디기 힘들다고 한다. 다른 남자를 만나도 아무런 재미가 없어졌다. 그래서 지금도 그 연하남과 다시 만날 수 있을까만 생각하게 된다고 한다. 지금도 밖에만 나가면 뭇 남자들의 시선을 받지만, 누굴 만나든 그 연하남과 비교할 수 없으므로 그렇게 즐겁지만 않다. 그리고 접근하는 남자들 중엔 내담자의 실제 나이를 알고는 기겁한다고 한다.

대기업의 전문 오너를 남편으로 둔 유부녀가 애인 없이 살아갈 수 없고, 60세 훨씬 넘은 나이임에도 불구하고 남자들의 유혹이 끊임없이 이어지고 있고, 나아가 성적인 만족까지 강렬하게 느끼고 싶어 하는지 자못 궁금하지 않을 수 없다. 무의식 성향이 식상과 관성체질로 서구적 의식 대 동양적 의식, 가정 대 바깥, 원초적인 본능 대 절제된 이성, 섹스 대 사랑, 평등 대 신분, 자아 대 남편으로 대립한다. 식상 성향으로는 구속되지 않고 자유롭고 편하게 살자는 것이고, 관성 성향은 기존의 사회 안에서 지킬 것은 다 지켜가면서 모범적으로 살자는 것이다. 다시 말하면 구속받지 않는 삶을 살면서도 가정의 울타리는 지키고 싶은, 남편과 해로하기를 바라면서도 자신만의 사생활을 갖고 싶은, 막가파식의 행동을 하면서도 전통적인 주부상을 버리지 않는 갈등을 하면서 평생을 보내야 한다. 그렇지만 내담자의 이런 갈등은 보통 사람의 갈등과는 커다란 차이가 있다. 깊은 생각과 큰 고민을 하지 않는다는 점이다.

그러면 왜 그런 갈등의 삶을 살아야 할까? 그것은 바로 자신의 권리를 빼앗기지 않으려는 몸부림에서 오는 것이다. 이런 운명을 타고났으니 어떤 남편을 만났든 간에 한 발은 담장 안에, 한 발은 담장 밖에 두고 살아야 한다. 그런데 남편은 회사 일로 집 비우기가 예사이므로, 내담자에게는 날개를 달아준 셈이 되었다. 그나마 안도되는 것은 젊은 남자들을 수없이 만나 다양한 섹스까지 맛본 상황임에도 가정(남편)을 포기하지 않았다는 점이다. 그것은 심성체질이 식상과 관성으로 서로 다투고 있는 상황이므로 가능했다. 더구나 나이에 비해 젊게 보이는 외모까지 갖춰 나이가 들어도 뭇 남자들의 유혹의 손길이 계속되고 있다.

그런데 젊은 남자들과 성적인 관계를 하면서도 오르가즘을 느끼지 못한 까닭은 무엇일까? 내담자의 사주를 살펴보면 양기가 3, 음기가 1로 그 차이는 2이다. 음양의 차이가 많이 난다는 것은 성적으로 민감할 수 있는 기본적인 조건은 갖춘 셈이다. 그리고 성욕을 의미하는 식상의 수치가 강해 성적인 호기심도 매우 높음을 알 수 있다. 그렇다면 수치가 적은 쪽에 식상이 있으면 예민한 몸일 것인데, 내담자는 수치가 많은 쪽에 식상(목성)이 있다. 이러한 조건이면 자궁 안보다는 자궁 밖이 더 발달한다. 그래서 직접적인 성행위보다는 온몸을 애무해주는 스킨십에 더 민감하게 반응한다. 내담자 몸의 특성을 모른 채 일방적인 남자 위주의 성행위만 하게 되면, 내담자는 전혀 오르가즘을 느낄 수 없다. 16살 연하남은 스킨십을 잘해서 내담자의 몸이 반응한 것이다.

2. 여성(46세)

시	일	월	년
甲	甲	己	辛
戌	辰	亥	亥

丁	丙	乙	甲	癸	壬	辛	庚
未	午	巳	辰	卯	寅	丑	子

절친한 내담자의 딸로, 남편이 이중생활을 하는 것 같은데도 친정식구들이 쉬쉬하고 알려주지 않고 있는 사주팔자이다. 우주 에너지의 비율은 수성: 2.2, 토성: 1.2, 금성: 0.7, 목성: 0.7, 화성: 0이다. 갑(甲) 일간을 도와주는 오행은 수성(2.2)과 목성(0.7)으로 합이 2.9로 신강이다. 강한 수성에 의해 화성이 피해 보고 있다. 구제오행은 목성과 토성. 신강이므로 토성에 부탁한다(1차 방정식). 그러나 목성이 토성의 활동을 방해하므로 한 번 더 공식을 대입한다. 이차 구제오행은 화성과 금성. 금성에게 부탁한다(2차 방정식). 일반사주로 용신은 금성으로 관성, 희신은 토성으로 재성, 이용육친은 인성으로 격국은 (인성)관성보재성격이다. 의식 성향은 보수주의, 꿈 성향은 감성형, 무의식 성향은 지지가 수성과 토성으로 싸우는 구조로 인해 재성과 인성 체질인 도덕형이다.

내담자의 남편 얘기부터 하자. 밖에서는 아내와 가정밖에 모르는 애처가의 모습으로, 안에서는 황제로 군림하면서 아내에게 이것저것 모든 일을 시킨다고 한다. 남편이 무리한 요구를 하거나 괄시를 해도 내담자는 불만 없이 살고 있으며, 남편의 바깥생활에 대해 전혀 알려고 하지 않는단다. 그런데 남편이 밖에서 하는 행동이 수상해 친정식구들이 내담자에게 은근슬쩍 귀띔이나 조언을 해준다. 그런데도 내담자는 그다지 신경 쓰지 않는다는 것이다. 가끔가다가 내담자가 남편이 자기를 대하는 태도가 이상하다고 친정식구에게 털어놓으면, 오히려 친정엄마랑 동생이 나서서 괜한 의심이라고 다독거린다. 그러면 금세 남편에 대해 의심을 하지 않는다고 한다. 친정식구들은 내담자가 남편과 큰 불만 없이 살고 있으므로 남편의 이중생활을 까발리고 싶지 않다고 한다. 괜히 부부지간에 이상이 생기면 내담자가 충격을 받아 뒷감당하기가 만만치 않을 것이라 한다.

재성과 인성체질의 모습은 한 방향의 삶으로 나아가지 못하고 이리 기웃, 저리 기웃하게 된다. 양심을 속이는 한이 있어도 남보다 더 재미있게 살기 위해선 어쩔 수 없다고 했다가도, 어느 순간 아무리 가진 것이 없어도 양심에 어긋나는 행동은 하지 말아야 한다며 버티고, 또 하늘을 우러러 한 점 부끄럼 없이 이성적·윤리적으로 살다가, 어느 순간 감정에 치우쳐 재미와 낭만 그리고 즐거움이 있는 삶을 산다. 이렇듯 감정적인 모습을 보이다가 이성적인 모습을 보이고, 윤리적인 모습을 보이다가 감상적인 모습을 보이는 내담자를 이 세상에서 누가 가장 잘 알까? 어릴 적부터 같이 생활한 부모·형제 그리고 남편일 것이다. 그래서 내담자가 남편의 바깥생활에 대해 의심하면서 남편과의 사이가 좋지 않을 때 친정식구들에게 고민을 말하면, 그때마다 친정식구들이 나서서 부부는 누구나 그렇게 사는 것이라고 무마해준다고 한다. 그러면 그간의 의심은 눈 녹듯 사라져버린다고 한다.

남편에게 순종적인 태도를 보이는 것은 인성체질의 영향으로, 요조숙녀와 현모양처가 되고 싶어서 남편의 바깥생활에 모른 척하다가도, 간간히 친정식구에게 남편의 괄시와 불만을 얘기하는 것은 재성체질의 영향에서 비롯된 것이다. 그러다가도 잘 설득하면 다시 인성체질로 돌아가 참고 인내하다가, 또다시 재성체질의 영향을 받게 되면 폭발해버리는 것이다. 이렇게 매 순간마다 마음이 변하는 것을 잘 알고 있는 사람 중의 한 명이 남편이므로, 남편의 입장에서는 내담자를 다루는 것이 누워서 숨 쉬는 것처럼 쉽지 않았을까 생각한다.

3. 남성(50세)

시	일	월	년
丙	癸	壬	丁
辰	丑	子	未

甲	乙	丙	丁	戊	己	庚	辛
辰	巳	午	未	申	酉	戌	亥

캐나다에서 한의사로 일하는 내담자의 사주팔자이다. 우주 에너지의 비율은 수성: 2.1, 토성: 1.5, 화성: 0.7, 목성: 0.5, 금성: 0이다. 계(癸) 일간을 도와주는 오행은 금성(0)과 수성(2.1)으로 그 합이 2.1이라 신강이다. 가장 강한 오행은 수성으로 화성이 피해 본다. 구제오행으로는 목성과 토성. 목성의 수치는 있지만, 토성 안에 있어 활동을 못 하므로 토성에게 부탁한다(1차 방정식). 공식은 끝나고 용신은 토성으로 관성, 희신은 화성으로 재성, 이용육친은 인성으로 격국은 (인성)관성보재성격이다. 의식 성향은 보수주의, 꿈 성향은 감성형, 무의식 성향은 수성(2.1)과 토성(지지3)으로 관성과 비견체질로 신분형이다.

이 내담자의 경우는 사연이 있다.
[중략]
……그리고 한 가지 저도 한 번 PCT 심리분석을 받고 싶습니다. 제가 요즘 공황장애로 몹시 힘겹게 지내고 있습니다. 심장병인 것처럼 몸이 아픕니다. 목과 왼쪽 어깨와 가슴 그리고 견갑골 통증이 몹시 아파서 힘이 들 때가 많습니다. 그 문제로 죽을 것 같은 공포감과 숨을 쉴 수 없는 고통을 동반해서 수없이 병원에 실려 간 일이 있습니다. 그래서 심장병이 아닌가 하고 검사도 받아보았지만, 정말 아무런 문제가 없다는 진단과 이것은 반드시 스트레스로 인한 공황장애라고 하더군요. 그런데 가만히 생각을 해보니, 제가 어려서 초등학교 3학년 때 이런 증세를 앓았던 일이 있습니다. 그래서 잊지를 못합니다. 당장 죽을 것 같아서 이리 뛰고 저리 뛰고 했던 기억이 있습니다. 그리고 난 후에 나도 모르게 똑바로 누워서 잠을 자지 못합니다. 하늘을 보고 자지 못해서 언제나 옆으로 누워 자게 되었습니다. 군대 있을 때도 방독면을 쓰지 못했지요. 폐소 공포증 같은 것이 몰려 와서 고참들에게 그 문제로 참 많이도 얻어맞았습니다. 어느 정도 해결은 되었다고 생각하고 살았는데…, 가끔 살면서 가슴이 뻑뻑하고 했던 기억들이 있습니다. 지금 생각하니 모두가 공황장애 증상의 서막이었던 것 같습니다. 그러니깐 평생을 앓아온 것이지요. 그리고 캐나다에 이민을 오고 수없이 이런 증상이 악화되어서 응급실에 실려간 것이 한두 번이 아닙니다. 해서 저희 가정의와의 상담을 통해서 약을 먹고 있는데, 호전은 되었지만 역시 약에 의지하고 있으니, 참으로 답답한 심정입니다. 뭔가 저에게 어려서의 문제가 있지 않았나 싶습니다. 나도 모르는 무의식의 뭔가가 나를 괴롭히는 것이 아닌가 합니다. 또 이런 공포감은 제가 당뇨라는 병을 가지게 되면서 더 고통스럽기만 합니다. 저 역시도 이런 문제를 스스로 해결하지 못하고 살고 있으니…, 아마도 이런 문제로 고통받는 사람들이 대한민국 남자들의 대부분이 아닐까도 생각했습니다. 얼마 전에 친구녀석들이 이런 말을 하더군요. 저와 같은 증상을 이야기하기에 아주 잘 설명해주었습니다. 선배로서 ㅎㅎㅎㅎ 제 생각에는 이 공황장애만 해결해도 대단할 것 같다는 생각을 해보았습니다. 혹시 이런 문제도 PCT 심리 분석으로 해결할 수 있을지 궁금합니다.

내담자의 누님이 한국에 나와 있어서, 누님을 만나 내담자의 무의식 성향에 관해 얘기를 해주었다. 그 뒤 내담자로부터 이런 내용의 메일이 왔다.

> 선생님, 누님과 잘 만나보았다고 통화를 하였습니다. 저는 누님과 녹현 선생님께서 이야기 한 부분을 듣고 저 역시 선생님의 PCT 심리학 공부를 해야겠다는 생각을 하게 되었습니다. 정말 꼭 공부하고 싶습니다. 저에게 이 이론을 알려주십시오. 누님이 그런 말을 하더군요. 녹현 선생님께서 제가 신분에 대한 문제가 있다고…, 사실 저는 그 말을 듣고 가슴속이 완전히 뻥 뚫리는 느낌을 받았습니다. 제가 어려서부터 늘 그 문제로 고생해왔고 또 고민해왔던 것들입니다. 왜 남을 그렇게도 의식하고, 사람들을 만나기 싫어했는지 모르고 살았습니다. 저의 가치도 제대로 알지 못하고 그저 남에게 흠이 잡힌 사람처럼, 그리고 죄진 사람처럼 피해 다니기도 하고 그랬습니다. 그런데 그 이유를 알게 되었습니다. 얼마나 명쾌하던지요.
>
> 집사람이 공부하는 것도 역시 PRH 나는 누구인가에 대한 공부입니다. 영성을 가진 사람들이 공부하면 좋다고 하면서, 자신이 어떤 무의식의 세계에 살고 있는지 정말 고통받으며 살다가 겨우 4~5년이 지나서야 자신의 문제를 조금 찾았다고 하더군요. 그리고 나서 많은 것이 변했습니다. 그런데 선생님의 이론은 단 한숨에 찾아내니, 이건 거의 핵무기와 같은 세상을 뒤집어놓을 만한 임상이며, 이론이라고 확신합니다. 아마도 모든 사람이 그 무의식 성향, 도대체 내가 왜 이렇게 행동하고 살고 있는지에 대한 문제에 고민하고 살고 있다고 생각합니다. 저 역시도 이 공부를 통해서 누님과 함께 더 훌륭한 이론을 만들고 싶습니다. 선생님 일단 저에게 PCT를 배울 수 있는 기회를 주십시오. 누님과 함께 선생님의 이론을 펼쳐보이겠습니다. 어쩜 제가 오랫동안 찾아왔던 공부일지 모른다는 생각을 하게 됩니다.

그 후부터는 극심한 공황장애가 오려고 하면, 스스로 '이건 진정한 내가 아니다, 깨어나야 한다.'고 다짐하고 공황장애에서 빠져나온다고 한다. 그래서 아픈 증상을 느끼지 않고 너무 즐겁게 생활한다고 한다. 필자가 한 것이라곤, 내담자가 타고난 우주 에너지의 비율을 가지고 심리분석을 한 것뿐이다. 무의식 성향이 신분형으로 나왔고, 신분형의 특성은 자신이 남보다 신분이 낮거나 못났다고 여기고 있다. 그래서 신분 상승을 하고자 평생 노력만 하다가 간다. 대충 이런 종류의 말이었다. 필자가 한 말을 누님은 그대로 동생에게 얘기했다고 한다. 그랬더니 동생이 말하길, 평생 공황장애가 왜 일어나는지 원인을 모르고 있었는데, 그 말 한마디에 "아, 공황장애의 원인이 신분 때문이었음을 알았다."고 하더라는 것이다.

제4장

심리주기 분석

운이 삶에 미치는 영향

운에는 10년 대운, 1년 세운, 1달 월운, 1일 일진 등 네 가지로 분류된다. 참고로 필자가 말하는 운은 대운을 지칭함이다. 왜 대운을 의미하는가 하면, 사람의 의식 성향에 지대한 영향을 미치고 있기 때문이다. 타고난 의식 성향의 영향을 받고 살 것인지, 아니면 전환된 의식 성향의 영향을 받고 살 것인지를 결정하는 것이 대운이다. 또한, 의식 변화에 따라 너무도 많은 것이 바뀌므로, 대운의 영향력을 의식하지 않으면 안 된다. 그래서 네 가지 운을 100%라고 했을 때, 80% 이상의 영향력을 대운이 좌지우지하고, 15% 정도는 세운이, 나머지 5%는 월운과 일운의 영향이다. 그러나 우리는 영향력이 지대한 대운의 변화는 쉽게 느끼지 못하지만, 영향력이 미미한 일운의 변화에는 민감하게 반응한다. 하루하루 다르게 다가오는 미묘한 기분의 차이에 따라 사람은 일희일비하기 때문이다. 이것은 아마 사람도 감정의 동물이라서 그럴 것이다 생각한다. 그렇지만 사람에게 지대한 영향을 끼치는 것은 대운의 영향임을 잊어서는 안 된다. 참고로 필자는 대운으로 의식의 변화를 읽고, 세운으로는 사건·사고를 예측한다.

한마디로 표현하면 사주는 꼭두각시, 운은 연출자라 할 수 있다. 꼭두각시가 무엇을 할 수 있단 말인가? 연출자의 지시에 의해 이리 까닥, 저리 까닥, 이리 뒹굴, 저리 뒹굴 할 뿐이다. 꼭두각시 혼자서는 손가락 하나 꿈적할 수 없지 않은가? 그렇다. 운의 흐름에 의해 자신이 원하는 삶을 살 수도 있고, 그렇지 못한 삶을 살 수도 있다. 상담하면 할수록 느끼는 것은 사람의 의식 성향과 무의식 성향은 사주에 타고난다지만, 우리가 사는 다양하고 복잡한 사회에 적응하도록 도움을 주는 것은 바로 운의 영향임을 더욱더 강하게 느낀다. 가치관의 변화, 의식의 전환, 무의식적인 언행,

감성적인 부분, 이성적인 부분, 가족 간의 유대관계, 대인관계, 사회성 등 운의 영향력이 인생 전반 어느 한 곳이라도 미치지 않는 곳이 없을 정도로 운은 막강한 파워를 지녔다. 이처럼 막강한 영향력을 지닌 운에 대해 가장 중요한 부분 몇 가지만 다뤄보자.

▌ 삶의 만족도

지금까지 우리의 의식을 지배하고 있는 소위 '운 좋은 사람들' 범주에는 명예를 쥐었거나, 부자가 되었거나, 공부 잘해서 학위를 받았거나, 유명한 스포츠 스타가 되었거나, 유명한 연예인이 되었거나, 출세한 정치인이 되었거나, 희귀한 것을 발견한 사람들 등을 일컫는다. 반면 돈 잘 벌다가 쉬거나, 정치하다가 본업으로 돌아가거나, 교수나 선생을 하다가 농촌에 들어가 농사짓거나 글을 쓰거나, 의사나 약사를 하다가 다른 일을 하거나 약초를 심거나, 연예인이나 스포츠 스타가 뜸하게 나오거나 보이지 않는다거나 하면, 대뜸 '운발이 떨어져 한물갔어!'라고 생각하게 된다. 즉 현실적으로 살아가는 모습을 보고 운이 좋거나 나쁘다고 판단했으며, 그런 상담 방식을 대부분의 역학자들이 받아들여, 남들 보기에 좋으면 운이 좋은 것이고, 보기에 초라하면 운이 나쁜 것으로 받아들였다.

그러나 진실은 그러한 것이 아니다. 그저 과거 몇 천년 간은 급격하게 변하지 않았던 시대라서, 출세하려면 좋은 집안의 태생이든지, 아니면 과거시험에 응시해 통과해야만 벼슬을 할 수 있었고, 먹고 살 수 있는 재물을 받을 수 있었다. 이미 신분에 따라 살살 수 있는 사람과 그렇지 못한 사람으로 나누어지는네도, 잘사는 사람은 운이 좋은 것으로, 가난하게 사는 사람은 운이 나빠서라고 치부했다. 극히 적은 수의 사람만이 신분의 귀천을 뛰어넘어 변화가 다양한 삶을 살아왔다. 과연 남 보기에 잘 살고 출세하면 운이 좋은 것이고, 그렇지 않으면 운이 나쁜 것인가? 정말로 부귀귀천으로 운의 길흉을 말할 수 있단 말인가? 아니면 이 세상에 태어나 하고 싶은 것 하면 운이 좋고, 그렇지 못하면 운이 나쁜 것인가? 이 책을 읽는 독자들도 단순히 남이 보는 삶이나 부귀 귀천으로 운의 좋고 나쁨을 가리는 것은 아님을 알 것이다.

세상에 태어난 목적은 저마다 다르다. 누구는 돈을 열심히 버는 것이고, 누구는 남을 위해 봉사와 희생을 하는 것이며, 누구는 권력을 잡는 것이고, 누구는 알아주지 않아도 선구자가 되는 것이며, 누구는 학문적인 성취를 하는 것이고, 누구는 게임이나 노는 방식을 개발하는 것이고 등 이루 헤아릴 수 없을 만큼 각각의 목적을 지니고 태어난다. 더러는 가족과 자신을 돌보지 않은 일을 하고, 위험을 무릅쓰고 산이나 바다를 탐험하고, 자신이 희생자가 되더라도 남을 위해 계몽하며, 환경이 오염되지 않도록 투쟁하고, 권익을 보호하고자 데모도 하고, 올바른 사회를 만들기 위해 밑거름이 되기도 한다. 이러한 일들을 할 수 있고 없음은 바로 운이 결정하는 거다. 운이 좋다면 타고난 목적을 이루지만, 그렇지 못하면 전혀 원하지 않았던 삶을 살게 된다. 그런데 원하지 않았던 삶에도 재물, 권력, 학문, 명예, 인기 등이 들어 있다면, 운이 좋지 않을 때 그것들을 가질 수가 있다는 말이 된다. 운이 좋지 않음에도 불구하고 남 보기에 잘나가는 모습을 지닐 수 있고, 운이 좋은데도 불구하고 남 보기에 잘나가지 못하는 모습을 보일 수도 있음을 어떻게 이해할 것인가? 결국, 운의 길흉이란 자신이 만족할 수 있는 삶인가, 아닌가를 판단하는 역할을 한다는 것이다.

▌의식의 변화

"저 사람은 참 순진했었는데 어느 날부터 난폭해졌어!", "엄청 구두쇠였는데 갑자기 돈을 쓰기 시작했어!", "매우 합리적이고 이성적이었는데 언제부터인지 자기밖에 모르고 감정적이야!", "가정밖에 모르는 분인데 이젠 집에 일찍 들어가지 않아!", "계산적인 사람이었는데 이젠 술도 잘 사!", "어수룩한 구석이 많았는데 똑똑해졌어!", "물렁물렁한 사람인데 이젠 바늘도 안 들어가!", "바람만 피우다가 언제부터인지 부인에게 꼼짝 못 한대!" 등의 말들을 우리 주변에서는 흔하게 들을 수 있다. 이 세상에 태어난 사람이라면 어느 누구를 막론하고, 위에 열거한 경우가 아니더라도 변화는 있게 마련이고, 그 변화가 남이 알아볼 수 있을 만큼의 변화인지, 아니면 자기 자신만 확인 가능한 미세한 변화인지만 다를 뿐이다.

서양에서는 심리학 프로그램을 활용해 사람마다 소질과 성향 그리고 기질과 기능 등 모든 것을 파악해, 그에 알맞은 교육, 직업, 질병, 직책, 거주지, 취미, 범죄, 배우자 나아가 기업, 종교, 국가에까지 그 자료를 이용한다고 한다. 문제는 오늘과 내일의 심리 상태가 다르고, 일 년 전과 일 년 후가 다른데, 한 번 테스트한 자료를 가지고 그 사람의 모든 것을 판단한다면 모순이 아닐 수 없다. 그래서 심리학을 전공한 사람들이 말하는 심리학의 가장 큰 맹점은 테스트할 때마다 심리 상태 결과가 일치하지 않는다는 것이다. 사람의 마음처럼 간사한 것이 없다고 했지만, 순간순간 달라지는 마음을 신이 아닌 이상 무슨 수로 알 수 있을까? 그렇다면 마음의 변화는 왜 오는 것일까? 그것은 바로 운의 흐름 때문이다.

착한 사람이 악해지고, 악한 사람이 착해지고, 융통성 있는 사람이 답답하게 변하고, 막힌 사람이 융통성 있게 바뀌고, 관리형이 행동형으로, 박애형이 이기적으로, 밖으로만 돌던 사람이 가정으로, 돈만 아는 사람이 베풀고, 권력밖에 모르는 사람이 희생과 봉사로, 통하지 않았던 사람이 통하고, 인정이 없던 사람이 인정 있게, 멋만 내는 사람이 소탈하게, 책임감 없는 사람이 책임감 있게, 비양심적인 사람이 양심적으로, 막가파인 사람이 법과 질서를, 계산적인 사람이 이해타산이 없는 사람으로, 운동만 좋아하는 사람이 학구적으로 변하는 등 이루 헤아릴 수 없을 만큼의 변화가 있을 수 있다. 그러한 바탕에는 심리의 변화가 깔려 있다. 미세할지라도 심리의 변화가 있었기에 행동이나 말이 달라진 것이며, 결국, 전반적인 삶의 모습까지 변화하게 만든다. 여기서 중요한 것은 바로 그 변화를 운이 주관하고 있음을 우리는 간과해서는 안 된다는 것이다.

▌ 직업의 변화

과거에는 천직이 무엇인지 묻는 사람들이 종종 있었다. 태어날 때부터 무엇을 해서 평생 먹고 살라고 했는지를 찾아달라는 질문이다. 필자 역시 그런 물음에 나름대로 최선을 다해 답해주기도 했었다. 그러던 어느 날, 아니 컴퓨터가 나오기 시작하면서부터이다. 처음엔 컴퓨터가 무엇인지도 몰랐으므로 컴퓨터 관련 직업이 있는가 보다 했다. 그래서 상담할 때 가끔씩 컴퓨터 계통이 잘 맞는다고 말해주었다. 그러던 중에 내담자가 컴퓨터의 어느 분야가 맞는지 말해달라는 것이었다. 갑자기 당황했다. 컴퓨터면 다 되는 줄 알았는데, 어느 사이에 프로그래머, 디자이너, 애니메이션, 서비스 부문, 웹 프로그래머, 웹 매니저, 인터넷 관리자, 홈페이지 제작 등 컴퓨터와 관련된 수많은 분야로 나눠지기 시작했기 때문이다.

필자는 천직이라는 개념을 곰곰이 생각해보지 않을 수 없었다. 예전 사회처럼 거의 변화가 없었던 시대에는 천직이라는 개념이 있을 수 있겠지만, 요즘처럼 하루가 다르게 변하는 시대에 천직이라는 개념은 적용할 수가 없음을 알았다. 더구나 IMF 시대가 지나가자, 한 가지 직업만으로는 평생을 먹고 살거나, 한창 일할 수 있는 나이임에도 퇴직이나 이직을 생각해야 하고, 대학을 나와도 취직할 자리가 사라지는 시대에 천직이라는 개념은 무의미하다는 결론에 도달했다. 그저 운의 흐름을 파악해 만족할 수 있는 방향으로 나갈 때와, 그렇지 못한 방향으로 나갈 때를 가려 각자에게 맞는 직업을 선택해줘야 한다. 이렇듯 직업을 선택하거나 변경하는 것도 타고난 사주에 있지 않고 살아가면서 맞이하는 대운의 흐름에 달려 있음을 잊어서는 안 된다.

운 흐름이 급격하게 상승할 때의 추론

사람이 태어나면 어릴 적은 부모의 보호 아래 성장하고, 성인이 되면 자립하고, 배우자 만나 가정을 이루고, 자식을 낳아 기른 후 자식을 독립시키고, 서서히 생을 마칠 준비를 하는 방향으로 나아간다. 사람이면 누구나 이런 삶의 방식으로 살아갈 것이다. 이 와중에 운이 급격하게 상승한다는 것은, 의식의 변화가 급하게 이뤄진다는 것이다. 전환된 의식의 영향을 받고 살다가, 타고난 의식의 영향을 받고 살기 시작한다는 의미이다. 그렇다면 어느 시기에 자신이 타고난 의식의 영향을 받는 것이 나을까? 필자의 경험으로 비춰 30대와 40대에 변화가 오는 운명의 소유자들이 생을 마칠 때까지 만족스럽게 살아감을 파악했다. 사회생활을 어느 정도 경험한 다음 의식의 변화가 이뤄져야 바뀐 생활을 끝까지 유지할 수 있다는 뜻이다. 그런데 요즘처럼 장수하는 시대에는 50대에 의식의 변화가 이뤄져도 바뀐 생활에 적응하는 운명의 소유자도 있다. 모두 다 그런 것은 아니지만, 무의식 성향에 따라 변화가 적응하는 운명의 소유자가 분명 존재한다.

운이 급격하게 상승한다는 것은, 어릴 적부터 3등이나 4등의 운에 머물러 있다가, 사회 활동을 한창 할 시기에 1등이나 2등의 운 순위로 맞이하는 경우이다. 아래 도표를 참고하기 바란다.

1	2	3
대운 庚 己 戊 丁 丙 乙 甲 癸 壬 辛 辰 卯 寅 丑 子 亥 戌 酉 申 未 98 88 78 68 58 48 38 28 18 8 2 1 1.3 1.7 2 2.3 2.7 3 3.3 3.7	대운 辛 壬 癸 甲 乙 丙 丁 戊 己 庚 卯 辰 巳 午 未 申 酉 戌 亥 子 100 90 80 70 60 50 40 30 20 10 1 1.3 1.7 2 2.3 2.7 3 3.3 3.7 4	대운 庚 己 戊 丁 丙 乙 甲 癸 壬 辛 寅 丑 子 亥 戌 酉 申 未 午 巳 100 90 80 70 60 50 40 30 20 10 1.3 1.7 2 2.7 2.3 3.3 3.7 4 3

1. 대운 네 번째까지는 3~4등이었다가 다섯 번째부터 1~2등
2. 대운 다섯 번째까지는 3~4등이었다가 여섯 번째부터 1~2등
3. 대운 여섯 번째까지는 3~4등이었다가 일곱 번째부터 1~2등

급격하게 운이 바뀌는 경우는 이렇게 세 종류이다. 이 중에 요즘 시대에 잘 맞는 운의 흐름은 1번이다. 이런 운 흐름의 소유자는 대학을 졸업하고 사회 초년병 시절까지는 전환된 의식의 영향을 받고 생활하다가, 30대가 되면서부터 타고난 의식의 영향을 받게 된다. 이렇게 되면 30대가 되기 전까지는 전환된 의식의 영향을 받으므로 만족스러운 생활을 할 수가 없다. 그래서 남 보기와는 다르게 자신은 불편하고, 부담 느끼고, 사회생활이 맞지 않고, 적성과는 다르고, 힘들고 몸 아프고, 구박받고, 어쩔 수 없이 해야 하는 등의 심적 압박감 또는 육체적 압박감을 받게 된다. 그러다가 30대가 넘으면서부터는 졸지에 자신이 원하는 방향으로의 생활이 이뤄지면서 이직하고, 이전하고, 독립하고, 아이템 개발해 창업하고, 사업하고, 유학 가고, 프리랜서가 되고, 투자가 만나고, 스카우트 제의도 받는 등의 만족스러운 사회 활동을 하게 된다. 또한, 자신의 책임 아래 가정을 막 꾸미기 시작했거나 꾸미고자 할 때의 변화라서 부담도 크지 않을 때이다. 더구나 사회에 첫발을 내딛을 때부터 원하지 않았던 사회 활동으로 쓴맛을 봤기에, 30대에 다가온 달콤한 사회생활이나 활동을 오래도록 유지하고자 애쓰게 된다.

2번처럼 40대에 운이 상승하는 소유자는, 1번 소유자보다는 변화된 사회생활이나 자신의 삶에 대해 100% 만족을 하지 않을 가능성도 있다. 왜냐하면, 1번 소유자보다 10년 정도 늦게 오는 변화이기 때문이다. 40대 전까지는 만족스럽지 않았지만, 몸에 익숙해진 사회적 생활이나 활동에 갑작스러운 변화를 주기가 쉽지 않아서다. 이미 자신이 책임져야 할 배우자와 자식, 그리고 사회적 위치도 있기 때문이다. 그래서 1번 소유자처럼 가벼운 마음으로 변화하기는 쉽지 않더라도, 2번 소유자도 틀림없이 홀가분하고 만족스러운 그 무엇인가는 느낄 것이다. 전환된 의식의 영향을 받아 만족스럽지 않은 생활을 하다가, 타고난 의식의 영향으로 만족스러운 생활을 하니 말이다. 또한, 운이 바뀌었음에도 불구하고 40대 이전의 직종이나 직업 또는 업종에 종사하는 사람들도 있다. 설령 1번 소유자처럼 사회적 큰 성공이나 출세는 하

지 않더라도, 2번 소유자들도 그에 못지않게 삶을 즐기고 재밌게 살아간다. 무의식 성향에 따라서는 큰돈을 벌거나 사회적 출세를 하는 소유자들도 있다.

3번 소유자는 50대에 의식의 변화가 오는 경우이다. 이럴 경우 과거엔 운이 급격하게 상승한다고 보지 않았다. 그런데 수명이 늘어났지만, 일자리는 줄어들고, 조기퇴직·명예퇴직하거나, 청년실업이 늘고 임금이 삭감되면서, 노인들도 일하지 않으면 안 되는 시기를 맞이했다. 그래서 3번의 경우도 운이 급격하게 상승하는 것으로 보았다. 그러나 50대에 삶의 변화가 오기는 쉽지 않은 일이다. 40대에 변화를 주는 것보다는 훨씬 더 많은 것을 신경 써야 하기 때문이다. 자녀 문제, 건강 문제, 재산 문제, 배우자 관계, 사회적 위치 문제, 노후대비 문제 등 이루 말할 수 없을 만큼 많다. 그래서 30대나 40대에 의식의 변화가 이뤄지는 것보다는 한층 더 조심스럽다. 그래서 무의식 성향이 과감하거나 적극적이거나 욕심이 대단한 성향을 지닌 운명의 소유자는 50대에도 의식의 변화가 이뤄진다.

시	일	월	년
癸	戊	庚	甲
丑	申	午	申

戊	丁	丙	乙	甲	癸	壬	辛
寅	丑	子	亥	戌	酉	申	未

1번 케이스다. 앞서 설명한 반기문 유엔 사무총장 사주팔자이다. 격국은 (인성)관성보재성격으로 의시 성향은 보수주의, 꿈 성향은 감성형, 무의식 성향은 모험형이다. 운의 순위를 보자. 네 번째 대운 갑술(甲戌)까지는 3등과 4등이었다가, 다섯 번째 대운 을해(乙亥)부터 2등과 1등으로 흐른다. 이렇게 되면 이미 네 번째 대운부터 의식의 변화가 오는 것이다. 그래서 30대부터 타고난 의식 성향인 보수주의 의식의 영향을 받기 시작했다. 그런데 진보적 색채가 강한 노무현 정부에서 외무부 장관을 지냈는데, 이러한 까닭은 바로 무의식 성향인 모험형 탓이다. 즉 보수적인 생각과는 달리 행동은 진보적인 색채를 띠었기 때문이다. 그러나 생각이 보수적이라 그런지, 자신을 장관 자리에 앉힌 노무현 대통령에게 제대로 보고하거나 충성하지는 않았다.

제4장

언론에서는 반기문 외무부 장관이 노무현 대통령을 진정한 대한민국의 대통령으로 여기지 않았다는 기사도 있다. 실제 미국 콘돌리자 라이스 국무장관과 나눈 정보를 대통령에게 보고하지 않았고, 북한·한반도 문제에 대해서도 통일부와 갈등을 일으키기도 했다.

아무튼, 30대부터 보수주의 의식의 영향을 받기 시작해서 현재까지 이르고 있다. 나아가 19대 대통령 선거에 보수의 후보로 나가려고 준비하고 있지 않은가? 박근혜 대통령의 지지도가 떨어지지 않은 상태에서 박근혜 대통령이 반기문 총장을 새누리당의 대통령 후보로 내세우는 경우가 아니라면, 19대 대통령 후보로 나서는 상황은 오지 않을 것이다. 그러나 필자가 살펴본 바로는 반기문 총장의 의지보다는 박근혜 대통령의 의지가 더 중요하게 작용할 것 같다. 퇴임 후까지 생각하는 박근혜 대통령은, 자신의 말을 잘 듣고 따라주는 사람을 19대 대통령 자리에 앉히고자 할 것이다. 그러자면 그 대통령은 박근혜 대통령 말고는 아무도 지지하는 정당이나 세력이 있어서는 안 된다. 그래야만 박근혜 대통령을 따르는 새누리당의 국회의원들의 지지를 받을 수 있기 때문이다. 만약 이러한 구조가 이뤄지면, 반기문 총장은 대한민국 19대 대통령이 될 수도 있다. 물론 힘 못 쓰는 대통령이 될지라도 말이다.

시	일	월	년
乙	戊	辛	辛
卯	子	丑	巳

癸	甲	乙	丙	丁	戊	己	庚
巳	午	未	申	酉	戌	亥	子

2번 케이스다. 이명박 전 대통령의 경우는 다섯 번째 대운인 병신(丙申)부터 운이 상승한다. 그렇다면 40대부터 타고난 의식인 보수주의 영향을 받기 시작했다. 그전까지는 전환된 의식인 모험주의 영향을 받았다. 그래서 현대건설에 다니다가 길을 바꿔 보수정당인 한나라당에 입당하여 국회의원에, 서울시장에, 대한민국의 대통령까지 역임했다.

1. 여성(53세)

시	일	월	년
庚	丁	丙	甲
戌	酉	子	辰

戊	己	庚	辛	壬	癸	甲	乙
辰	巳	午	未	申	酉	戌	亥

1번 케이스다. 국민가수 이선희의 사주팔자이다. 우주 에너지의 비율을 보면, 금성: 1.7, 수성: 1.2, 토성: 1, 목성: 0.7, 화성: 0.2이다. 정(丁) 일간을 도와주는 오행은 목성(0.7)과 화성(0.2)으로 그 합이 0.9로 신약이다. 금성이 강해 목성이 피해 본다. 목성을 구할 오행은 수성과 화성. 신약이라 화성에게 부탁한다(1차 방정식). 수성이 화성의 활동을 방해하므로 한 번 더 공식을 대입한다. 이차 구제오행은 목성과 토성. 신약이라 목성에게 화성을 구하라고 부탁한다(2차 방정식). 일반사주로 용신인 목성으로 인성, 희신은 화성으로 비견, 이용육친은 관성으로 격국은 (관성)인성생비견격이다. 의식 성향은 보수주의, 꿈 성향은 협동형, 무의식 성향은 금성(1.7)으로 재성체질이며 물질형이다.

운의 흐름을 보자. 네 번째 임신(壬申) 대운까지는 3등과 4등, 다섯 번째 신미(辛未) 대운부터는 1등과 2등의 흐름이다. 이렇게 되면 네 번째 대운인 임신(壬申)부터 의식의 변화가 오기 시작한다. 30대 전까지는 보수주의 의식의 반대인 모험주의 의식의 영향을 받다가, 30대 후부터는 타고난 성향인 보수주의 의식의 영향을 받는다. 그래서 그랬는지는 모르지만, 가수로 활동하다가 1991년(辛未年)에 갑자기 서울시의원 선거에 출마해 당선되었다. 그리고 1992년(壬申年)에 결혼해 1998년(戊寅年)에 합의이혼을 했고, 2007년(丁亥年)에 재혼해 현재까지 행복하게 살고 있다.

필자가 『한국일보』의 일진을 5년간 담당했었는데, 그 당시 기자의 소개로 유명 연예인들의 방문이 많았었다. 이선희 가수도 2002년(壬午年)에 만났다. 당시 세 번째 대운까지의 삶을 지금 와서 돌이켜보면, 돈 벌고 돈 쓰고 여기저기 돌아다니며 나름대로 즐겁고 재밌게 살았다고 생각할 수도 있겠지만, 결과적으로는 남은 것이 하나도 없는, 마치 철없는 아이처럼, 그다지 의미 없는 삶이라 했다. 앞으로는 이상형의 남자를 만나 사랑과 보호를 받고 의지하면서 아기자기한 삶을 살 수 있을 거라고 했다. 아마 당시엔 필자의 말을 믿지 않았을 것이다. 그런데 2007년(丁亥年)에 결혼했다는 기사를 보고 '아, 결국, 그렇게 되고 마는 거구나!' 타고난 운명은 어쩔 수 없음을 다시 한 번 깨닫게 해주었다.

연예계 생활이 가능했던 것은 무의식 성향인 물질형과 밀접한 관련이 있다. 더욱이 세 번째 계유(癸酉) 대운까지는 의식 성향조차 전환된 의식인 모험주의 영향을 받았으므로 무엇인가 튀려는, 최고가 되려는, 남자를 능가하려는, 남들이 하지 않는 새로운 개념의 노래를 하고자 했을 것이다. 더구나 행동마저도 물질형의 끼를 맘껏 발휘한 시기였다. 그래서 인기와 멋, 재미와 즐거움, 유행과 화려함 속에 많은 인기를 얻은 것이다. 그러다가 네 번째 대운인 임신(壬申)에 접어들면서 서서히 타고난 의식 성향인 보수주의 영향을 받기 시작했다. 그래서 졸지에 서울시 의원 활동을 한 것이 아닐까 짐작해본다. 그 후부터는 예전처럼 가수 활동을 왕성하게 하지는 않았고, 주로 연극과 뮤지컬 무대에 서거나 극장 대표로 활동했다. 다섯 번째 신미(辛未) 대운부터는 보수주의 의식의 영향을 100% 받는 탓에, 가수생활보다는 남편을 보필하는 주부의 모습을 많이 보여주고 있다.

2. 여성(48세)

시	일	월	년
壬	甲	壬	己
申	子	申	酉

庚	己	戊	丁	丙	乙	甲	癸
辰	卯	寅	丑	子	亥	戌	酉

2번 케이스다. 앞서 소개한 전업주부의 사주팔자이다. 초중고까지는 상위권을 놓치지 않았지만 원하는 대학엔 들어가지 못했고, 결혼도 진정 사랑해서가 아니라 쫓아다니던 남자를 떼기 위해서 했다던 전업주부이다. 격국이 (재성)관성생인성격으로 의식 성향은 성공주의, 꿈 성향은 고상형, 무의식 성향은 관성체질로 권력형이다.

이 사주 역시 운의 흐름이 급격하게 상승한다. 태어나 다섯 번째 정축(丁丑) 대운까지는 3등과 4등으로 흐르다가, 여섯 번째 무인(戊寅) 대운부터는 1등과 2등으로 흐른다. 이렇게 되면 다섯 번째인 정축(丁丑) 대운부터 의식의 변화가 오기 시작한다. 그래서 40대 전과 후의 삶에 변화가 있다. 40세 전에는 집안에서 살림만 하다가, 40세가 넘으면서부터 주택가 골목 안에 여성 의류를 파는 아주 작은 가게를 오픈했다고 한다. 40세 전에는 전환된 의식인 이상주의 영향으로 뭔가 해보겠다는 의욕이 별로 없었으나, 40세 넘어서는 타고난 의식인 성공주의 영향으로 인해 지금보다 나은 생활을 위해 가게를 오픈했다. 그리고 동네 주택가에 가게를 오픈한 것은 아이들 뒷바라지를 위해서라 했다. 가게가 집에서 멀면 집안일에 소홀해지고, 아이 교육에도 문제가 생길까 봐 상가가 밀집된 곳으로 가지 않았다고 한다. 이 역시 의식의 변화가 이뤄져도 40대 이후로 오는 것이라, 그전까지의 생활과는 완전히 단절된 생활을 하기가 쉽지 않아서다. 그럼에도 불구하고 밖에 나와 활동하면서 돈도 버는 것이 무척 즐겁고 재미가 있다고 한다.

3. 남성(42세)

시	일	월	년
庚	壬	己	乙
戌	子	卯	卯

庚	壬	癸	甲	乙	丙	丁	戊
未	申	酉	戌	亥	子	丑	寅

1번 케이스다. 입지전적인 인물로 고등학교만 졸업하고 사업하다가, 농협은행 직원이 된 사주팔자이다. 우주 에너지의 비율은 목성: 2.4, 수성: 1, 토성: 0.9, 금성: 0.5, 화성: 0이다. 임(壬) 일간을 도와주는 오행은 금성(0.5)과 수성(1)으로 합이 1.5로 신강이다. 가장 강한 목성에 의해 토성이 피해 본다. 토성을 구하는 오행은 화성과 금성이다. 신강이라 화성을 사용하고 싶으나, 없으므로 어쩔 수 없이 금성에게 부탁한다(1차 방정식). 공식이 끝났을 때 일간이 진정 사용하고 싶은 오행이 있었으면 진가사주라 했다. 그래서 가용신은 금성으로 인성, 희신은 토성으로 관성, 진용신은 화성으로 재성이다. 격국은 인성보관성격(재성)으로 의식 성향은 보수주의, 꿈 성

향은 감성형, 무의식 성향은 목성(2.4)으로 식상체질이며 모험형이다.

운의 흐름을 보면, 태어나 네 번째 을해(乙亥) 대운까지 3~4등이었다가, 다섯 번째 갑술(甲戌) 대운부터는 1~2등이 흐름이다. 이렇게 되면 30대 전과 후의 의식이 달라지고, 이런 운의 흐름을 지닌 소유자가 가장 만족스럽다고 했다. 30대 전에는 전환된 의식인 모험주의 영향을 받다가, 30대 후부터는 타고난 의식인 보수주의 영향을 받는다. 물론 행동은 늘 모험형인 것은 틀림없는 사실이지만 말이다. 그래서 그랬는지는 모르지만, 고등학교 때는 공부에 별로 신경을 쓰지 않았다. 대학에 들어가 공부하기보다는 돈을 빨리 벌 목적으로 사업을 시작했다고 한다. 누나랑 같이 화장품 가게를 했다. 그렇게 흐지부지 20대가 지나가고 30대가 가까워져 오자 갑자기 단위농협 직원으로 들어갔다. 그러다 2~3년 뒤에는 중앙 농협은행 직원으로 발탁되었다. 상업고등학교를 다닌 것도 아니고, 대학을 졸업한 것도 아닌데도 중앙농협 직원이 된 것이다. 그리고 30대 초반에 진정 사랑했던 여자와 헤어지는 아픔을 겪기도 했다. 이처럼 30대에 의식의 변화가 이뤄지면 드라마틱한 삶이 펼쳐지기도 한다.

4. 여성(49세)

시	일	월	년
庚	辛	壬	戊
寅	未	戌	申

甲	乙	丙	丁	戊	己	庚	辛
寅	卯	辰	巳	午	未	申	酉

2번 케이스다. 파란만장한 삶을 산 운명의 소유자다. 우주 에너지의 비율은 금성: 2.04, 토성: 1.06, 목성: 1, 화성: 0.5, 수성: 0.2이다. 신(辛) 일간을 도와주는 오행은 토성(1.06)과 금성(2.04)으로 그 합이 3.1로 신강이다. 가장 강한 금성에 의해 목성이 피해 본다. 목성을 구하는 오행은 수성과 화성이다. 수성에게 목성을 구하고 부탁한다(1차 방정식). 토성이 수성의 활동을 방해하므로 한 번 더 공식을 대입한다. 수성을 구하는 오행은 금성과 목성이다. 신강이므로 목성에게 부탁한다(2차 방정식). 일반사주이며 용신은 목성으로 재성, 희신은 수성으로 식상, 이용육친은 화성으로

관성이다. 격국은 (관성)재성보식상격으로 의식 성향은 성공주의, 꿈 성향은 도전형, 무의식 성향은 금성(2.04)으로 비견체질이며 의리형이다.

운의 흐름은 다섯 번째 정사(丁巳) 대운까지는 3등과 4등의 시기에 있다가, 여섯 번째 병진(丙辰) 대운부터는 1등과 2등의 시기를 만난다. 이렇게 되면 역시 운이 급격하게 상승하는 경우이다. 그러면 40대 전과 후의 의식에 변화가 있음이다. 40대 전까지는 전환된 의식인 이상주의 영향을 받아오다가, 40대가 넘으면서 타고난 의식인 성공주의 영향을 받는다. 물론 행동거지는 의리형의 모습인 것은 틀림이 없다. 여자에게 있어 의리형이란 남편을 사랑하거나 아껴서 떠받들거나, 살림을 알뜰살뜰하게 하거나, 여성스러운 조신한 모습과는 거리가 있는 행동이다. 그래서 남편의 사랑이나 눈길을 받지 못할 가능성이 많다. 더구나 이상주의 의식의 영향을 받는 상태에서의 의리형 모습이 드러나면, 세상 모든 것에 대한 욕심이 사라지므로 유유자적, 관망적, 양보와 배려, 이타적 등 의욕이 상실된 모습을 드러낼 가능성이 90% 이상이다.

그래서 일하기도 귀찮고, 부모로부터 잔소리 듣는 것도 싫고 해서 결혼을 했다고 한다. 그러나 남편 뒷바라지에 최선을 다하지 못해 남편이 바람이 났다. 결국, 남편과 정리하고 오로지 자신에게만 잘하는 남자를 만나 동거를 시작했다. 그런데 동거남이 개인적 사업을 하는 바람에 친정으로부터 많은 돈을 가져왔다. 끝내 성공하지 못한 채 차일피일 시간만 끌다가, 40대 후반 들어 동거남과도 헤어지고 친정으로 들어갔다고 한다. 사실 40대가 넘어서면서부터는 동거를 끝내야겠다는 생각을 수없이 많이 했다고 한다. 그저 인간적인 정과 친정으로부터의 끌어들인 돈 때문에 혹시나 하는 기대로 쉽게 결행하지는 못했다. 여기서 더 늦으면 자신만의 삶을 살 기회가 영원히 오지 않을 것 같아서 2016년 여름 과감히 정리했다는 거다. 정리한 후 가장 먼저 한 일은 종합 건강검진이었다. 그동안 자기 몸도 돌보지 않고 살았기 때문에, 앞으로 무엇인가 하기 위해선 건강부터 먼저 찾아야 했기 때문이란다. 자신의 몸을 돌보기 시작했다는 것도, 역시 타고난 의식인 성공주의 영향을 받기 시작했음을 의미한다. 40대에 이뤄진 의식의 변화라 늦은 감은 있지만, 결국, 스스로 환경을 바꾸었다. 이렇게 조그마한 의식의 변화가 삶 전체에 미치는 영향은 이루 말할 수 없을 만큼 크다.

5. 남성(60세)

시	일	월	년
丙	甲	甲	丁
寅	子	辰	酉

丙	丁	戊	己	庚	辛	壬	癸
申	酉	戌	亥	子	丑	寅	卯

2번 케이스다. 초중고 때 우수한 성적과 모범적인 생활로 선생님, 동창생, 가족, 지인, 주위로부터 기대를 많이 받고 살아온 필자 친구의 사주팔자이다. 우주 에너지의 비율은 목성: 2.04, 수성: 1, 금성: 1, 화성: 0.4, 토성: 0.36이다. 갑(甲) 일간을 도와주는 오행은 수성(1)과 목성(2.04)으로 그 합이 3.04로 신강이다. 가장 강한 목성에 의해 토성이 피해 본다. 토성을 구하는 오행은 화성과 금성이다. 음양의 차이를 기준으로 하여 금성에게 부탁한다(1차 방정식). 정(丁) 화성이 유(酉) 금성의 활동을 방해하므로 한 번 더 공식을 대입한다. 금성을 구하는 이차 오행은 토성과 수성이다. 신강이므로 토성에게 부탁한다(2차 방정식) .일반사주이며 용신은 토성으로 재성, 희신은 금성으로 관성, 이용육친은 식상이다. 격국은 (식상)재성생관성격으로 의식성향은 실용주의, 꿈 성향은 권위형, 무의식 성향은 목성(2.04)으로 비견체질이며 의리형이다.

태어나 다섯 번째 기해(己亥) 대운까지 3등과 4등의 시기였다가, 여섯 번째 무술(戊戌) 대운부터는 1등과 2등의 시기이다. 이렇게 되면 40대 전과 후의 의식에 변화가 이뤄진다. 40대 전은 전환된 의식인 명분주의 영향을 받다가, 그 후로는 타고난 의식인 실용주의 영향을 받는다. 그래서 그랬는지 2000년(庚辰年)쯤에 잘 다니던 대기업을 그만두고 홀로 주식 거래를 했다. 만약 이즈음에 타고난 의식인 실용주의 영향을 받지 않았으면 회사를 그만두지 않았을 것이다. 그런데 1998년(戊寅年)부터 우리 사주로 많은 이득을 보았다. 그렇게 시작한 주식 매매로 인해 끝내 회사까지 그만두게 되었다. 실용주의란 물질적 풍요로움 아래 삶을 재밌고 낭만적으로 살고자 하는 이념이다. 그래서 그 즈음부터는 물질적 풍요로움을 얻고자 주식 매매에 올인한 것이다. 그런데 행동거지는 항상 비견체질인 의리형이다. 의리형의 가장 큰 특성은 욕심이 적고, 경쟁하지 않고, 유유자적하게 사는 모습이다. 생각은 실용주의 성향인데, 행동은 의리형이다? 돈을 많이 벌어 풍족하고 재밌게 살고자 하는데, 욕심 없는 모습과 양보하는 모습만 드러낸다. 돈을 벌려면 남보다 더 근면·성실, 경쟁력·능력 발휘, 이기적·계산적이 되어야 하는 데 말이다.

이 친구가 어릴 적에는 명분주의 의식의 영향을 받아서 모범생이면서도 친구들과 잘 지내서 인기가 많았다. 시골에서 서울대학교에 합격한다는 것은 하늘에서 별 따기만큼 어려운 일인데, 이 친구는 그 일을 당당히 해냈다. 그러니 남녀노소 모르는 사람이 없을 만큼 유명 인사가 되었다. 졸업하고 대기업 광고회사에 들어가 그 업계에서 알아줄 만큼 능력을 발휘하다가, 40대에 의식의 변화가 오는 바람에 회사에서의 출세보다는 물질적 풍요로움을 택했다. 그러나 돈을 벌어야겠다는 생각과는 달리 본능적으로 도인, 기인처럼 행동했기에 끝내 돈과는 인연이 닿지 않았다. 사실 지금이라도 처자식을 위해 의도적으로 의리형의 모습을 드러내지 않겠다고 다짐하고 살면 생활은 바뀔 수 있다. 그러나 자연인의 모습을 버리지 않고 살고 있다. 그러면서도 이 친구는 내심으로 한 번의 기회는 오지 않을까(?) 기다리고 있는 것 같다.

6. 남성(34세)

시	일	월	년
丙	辛	乙	癸
申	丑	丑	亥

丁	戊	己	庚	辛	壬	癸	甲
巳	午	未	申	酉	戌	亥	子

2번 케이스다. 앞서 뇌 구조에 올렸던 북한 김정은 사주팔자이다. 걱정스러운 내용의 글을 올리게 된 것도 나이 40대가 되지 않아서다. 우주 에너지의 비율은 수성: 2.74, 금성: 1, 토성: 0.66, 화성: 0.2, 목성: 0.2이다. 신(辛) 일간을 도와주는 오행은 토성(0.66)과 금성(1)으로 그 합은 1.66이므로 신강이다. 강한 수성에 의해 화성이 피해 본다. 화성을 구하는 오행은 목성과 토성이다. 신강이므로 목성에게 부탁한다(1차 방정식). 목성의 활동을 금성이 방해하므로 한 번 더 공식을 대입한다. 목성을 구하는 오행은 화성과 금성이다. 신강이므로 화성에게 부탁한다(2차 방정식). 일반

사주이며 용신은 화성으로 관성, 희신은 목성으로 재성, 이용육친은 인성이다. 격국은 (인성)관성보재성격으로 의식 성향은 보수주의, 꿈 성향은 감성형, 무의식 성향은 수성(2.74)으로 식상체질이며 모험형이다.

태어나 다섯 번째 경신(庚申) 대운까지 3등과 4등의 시기였다가, 여섯 번째 기미(己未) 대운부터는 1등과 2등의 시기로 이어진다. 그래서 이 역시 급격하게 상승하는 운의 흐름이다. 이렇게 되면 40대 전과 후의 의식에 변화가 이뤄진다. 그런데 현재 나이는 40대 전이니까, 전환된 모험주의 의식의 영향을 받고 있다. 거기에다가 행동도 모험형이다. 그래서인지는 모르지만, 모험과 도발을 불사하고 있다. 미사일 개발과 핵 개발에 박차를 가하면서 무모한 도전을 하고 있다. 북한의 관료들도 김정은 마음에 들지 않으면 가차 없이 숙청하고 있지 않은가. 40대 전까지는 모험주의 생각에 모험형의 행동이므로 천상천하유아독존과 예측 불가로, 2017년까지 김정은 자신조차 자제·통제가 안 되는 시기라 무슨 일을 저지를지 예측할 수 없어서다. 물론 40대 후부터는 타고난 의식인 보수주의 영향을 받으므로 지금의 김정은 모습은 아닐 것이지만 말이다.

7. 여성(54세)

시	일	월	년
庚	壬	壬	癸
戌	寅	戌	卯

庚	己	戊	丁	丙	乙	甲	癸
午	巳	辰	卯	寅	丑	子	亥

3번 케이스다. 우주 에너지의 비율을 보자. 목성: 2, 금성: 1.74, 토성: 0.66, 수성: 0.4, 화성: 0이다. 임(壬) 일간을 도와주는 오행은 금성(1.74)과 수성(0.4)으로 그 합은 2.14이므로 신강이다. 강한 목성에 의해 토성이 피해 본다. 토성을 구하는 오행은 화성과 금성이다. 신강이므로 화성에게 부탁해야 하나, 없으므로 금성에게 부탁한다(1차 방정식). 금성을 방해하는 화성이 없으므로 공식은 끝난다. 그리고 공식이 끝났을 때 일간이 진정 사용하고 싶은 구제오행이 있으므로 진가사주인 셈이다. 진가사

주이며 가용신은 금성으로 인성, 희신은 토성으로 관성, 진용신은 화성으로 재성이다. 격국은 인성보관성격(재성)으로 의식 성향은 보수주의, 꿈 성향은 감성형, 무의식 성향은 목성(2)과 금성(1.74) 그리고 토성(지지구조)으로 세 가지 체질인 관성/인성/식상체질로 보수형 대 모험형인 것이다.

 운 순위는 지지구조에 걸려서 화성이 1등, 금성이 2등, 목성이 3등, 수성이 4등이다. 그래서 첫 번째 계해(癸亥) 대운부터 여섯 번째 무진(戊辰) 대운까지 수성과 목성의 운으로 3등과 4등으로 흐르다가, 일곱 번째 기사(己巳) 대운부터 1등과 2등의 운을 맞이한다. 그렇다면 50대 전과 후의 의식이 다르다는 거다. 그리고 생활의 변화가 오기에는 심성체질도 세 가지 체질이라서 어려운 것은 사실이다. 그러나 생각만큼은 많이 바뀌었다고 당당히 말한다. 현재 직장생활을 하고 있지만, 오래 다닐 수 없을 것 같아서 감리사 자격증 공부를 하고 싶어 한다. 그래서 조건이 좋을 때 퇴직하려고 하나, 회사에서는 허락하지 않는다 한다. 그래서 회사 다니면서 틈틈이 공부하고 있다고 한다. 예전보다는 훨씬 밝아진 모습에 당당해진 느낌을 받는다. 여기서 중요한 점은 50대 의식의 변화가 오더라도 생활의 변화까지 오기에는 무척 어렵다는 점이다. 그럼에도 불구하고 생각의 변화는 어김없이 찾아온다.

운 흐름이 급격하게 하강할 때의 추론

운이 급격하게 하강한다는 것은 의식의 변화가 급하게 이뤄진다는 것이다. 타고난 의식의 영향을 받고 살다가, 전환된 의식의 영향을 받고 살기 시작한다는 의미이다. 경험으로 비춰 30대와 40대에 의식의 변화가 오는 운명의 소유자가 가장 만족스럽지 못한 삶을 산다. 그리고 누구는 의식의 변화가 있었는지도 모르고 지낼 수 있고, 누구는 의식의 변화가 이뤄져도 생활에까지 접목하지 않는다.

운이 급격하게 하강한다는 것은, 어릴 적부터 1등이나 2등의 운에 머물러 있다가, 사회 활동을 한창 할 시기에 3등이나 4등의 운 순위를 맞이하는 경우이다. 아래 도표를 참고하라.

1번										2번								
대운										대운								
壬	辛	庚	己	戊	丁	丙	乙	甲	癸	癸	壬	辛	庚	己	戊	丁	丙	乙	甲
申	未	午	巳	辰	卯	寅	丑	子	亥	未	午	巳	辰	卯	寅	丑	子	亥	戌
99	89	79	69	59	49	39	29	19	9	91	81	71	61	51	41	31	21	11	1
1.7	2.3	3	3.3	3.7	4	3.3	2.7	2	1.7	3	4	3.7	3.3	3	2.7	2.3	2	1.7	1.3

3번									4번									
대운									대운									
戊	丁	丙	乙	甲	癸	壬	辛	庚	己	甲	癸	壬	辛	庚	己	戊	丁	丙	乙
子	亥	戌	酉	申	未	午	巳	辰	卯	申	未	午	巳	辰	卯	寅	丑	子	亥
93	83	73	63	53	43	33	23	13	3	99	89	79	69	59	49	39	29	19	9
3	3.3	3.7	4	3	2	1	1.3	1.7	2	3.7	3.3	3	2.7	2.3	2	1.7	1.3	1	2

1. 대운 세 번째까지는 1~2등이었다가 네 번째부터 3~4등
2. 대운 네 번째까지는 1~2등이었다가 다섯 번째부터 3~4등
3. 대운 다섯 번째까지는 1~2등이었다가 여섯 번째부터 3~4등
4. 대운 여섯 번째까지는 1~2등이었다가 일곱 번째부터 3~4등

급격하게 운이 하강하는 경우는 네 종류이다. 이 중 가장 많은 당혹감과 실망감을 느낄 수 있는 소유자는 3번으로, 여섯 번째부터 운이 하강하는 경우이다. 왜냐하면, 자기 자신만 아니라 자신이 책임진 가족에까지 영향을 미치기 때문이다. 사회적으로도 자신의 위치를 어느 정도 확립했을 때의 변화라, 대인관계까지 영향이 미칠 수 있다. 생각해봐라, 40대 전까지는 타고난 의식의 영향으로, 성공주의는 가족 행복과 부귀가 따르는 방향으로, 보수주의는 인정받으며 안정적인 방향으로, 진보주의는 자유롭고 구속받지 않은 방향으로, 박애주의는 막강한 대인관계와 인간적인 방향으로, 실용주의는 물질적 풍요와 낭만적인 방향으로 나아가고자 한다. 그런데 40대 후부터는 전환된 의식의 영향으로, 성공주의는 이상주의 의식으로 전환하여 의욕이 상실되고, 보수주의는 모험주의 의식으로 전환되어 즉흥적·충동적이 되고, 진보주의는 신분주의 의식으로 전환하여 무거운 책임을 지고, 박애주의는 개인주의 의식으로 전환되어 세속적인 속물이 되고, 실용주의는 명분주의 의식으로 전환하여 남의 이목이 두려워 인내하는 방향으로 나아가고자 하니 말이다.

그다음으로 충격이 큰 것은 2번의 경우로 30대 전과 후에 의식의 변화가 이뤄지는 소유자이다. 사회생활을 시작할 때는 타고난 의식의 영향을 받아 나름 자신이 원하는 방향으로 나아가고 있다가, 30대 후부터는 원하지 않은 방향으로 나아가기 때문이다. 가장 크게 문제가 되는 것은 자신의 진로와 결혼 문제일 것이다. 다시 시작하는 자세로 돌아가야 하지만, 시간적 여유는 있다. 아직 30대이기 때문이다. 물론 만족스럽지는 않을 것이다. 그러나 어찌하리. 전환된 의식의 영향을 받으면서 평생을 살아가야 하니 말이다. 그래서 40대쯤 의식의 전환이 오는 소유자보다는 한결 시간적 여유는 있다.

그다음으로 충격을 받는 것은 1번의 경우로, 20대 전과 후에 의식의 변화가 이뤄지는 소유자이다. 대학교에 갓 들어갈 무렵이거나 고등학교 졸업 후 사회생활을 시작할 때쯤이다. 이쯤의 의식 변화는 자신도 모르게 이뤄질 수도 있다. 왜냐하면, 고등학교와 대학교의 생활도 다르고, 고등학생 생활과 사회인의 생활도 달라서다. 이처럼 생활의 환경이 바뀔 때 의식의 변화가 이뤄지면 본인이 인지하지 못할 수도 있다. 그래서 중고등학생 때 품었던 미래 삶의 모습이 대학생이나 사회인이 되면서는 전부 사라지고, 현실에 적응하기 위해 노력하는 자신만 발견한 뿐이다. 그래도 전환된 의식의 영향을 받기에 물질적 풍요를 이루거나, 권위 있는 위치에 오르더라도 만족감은 느낄 수 없다. 그저 평생 동안 자신도 모르는 사이에 타고난 의식의 삶을 그리워할 뿐이다.

4번 소유자는 50대에 의식의 변화가 오는 경우이다. 이럴 경우 과거엔 운이 급격하게 하강한다고 하지 않았다. 수명이 늘어나는 바람에 나이가 들어서도 기초적인 의식주 생활을 하지 않으면 안 되기 때문이다. 요즘은 고달픈 50대라고 부르기도 한다. 쉬어야 할 나이에 자녀 문제, 건강 문제, 재산 문제, 배우자 관계, 사회적 위치 문제, 노후대비 문제 등 이루 말할 수 없을 만큼 많다. 그래서 30대나 40대에 의식의 변화가 이뤄지는 것보다는 한층 더 조심스럽다. 그렇기에 누구나 다 의식의 변화를 받아들여 생활에 변화를 주기보다는, 무의식 성향에 따라 누구는 생활이 바뀌고, 누구는 바뀌지 않을 수도 있다.

1. 남성(56세)

시	일	월	년
丙	庚	甲	辛
子	辰	午	丑

丙	丁	戊	己	庚	辛	壬	癸
戌	亥	子	丑	寅	卯	辰	巳

2번 케이스다. 다섯 번째 대운부터 급격하게 하강하는 운의 소유자이다. 타고난 우주 에너지의 비율을 보자. 화성: 1.4, 수성: 1.3, 토성: 1.2, 목성: 0.7, 금성: 0.2이다.

경(庚) 일간을 도와주는 오행은 토성(1.2)과 금성(0.2)으로 그 합이 1.4라 신강이다. 가장 강한 오행은 화성으로 금성이 피해 본다. 일차 구제오행으로는 토성과 수성이 나온다. 신강이라 수성에게 금성을 구하라고 부탁한다(1차 방정식). 토성이 수성의 활동을 방해하므로 한 번 더 공식을 대입한다. 이차 구제오행은 금성과 목성이다. 신강이라 목성에게 부탁한나(2차 방정식). 그러나 금성이 목성을 방해하므로 또 한 번의 공식을 대입한다. 목성을 구할 오행은 삼차 구제오행은 수성과 화성이다. 음양 차이가 없어 수치가 강한 화성에게 부탁한다(3차 방정식). 그러나 수성이 화성의 활동을 방해하므로 또 공식을 대입한다. 화성을 구할 사차 구제오행은 목성과 토성이다. 신강이라 목성에게 부탁한다(4차 방정식). 일반사주이며 용신은 목성으로 재성, 희신은 화성으로 관성, 이용육친은 식상이다. 격국은 (식상)재성생관성격으로 의식 성향은 실용주의, 꿈 성향은 권위형, 무의식 성향은 기구신인 비견과 식상으로 진보형이다.

태어나 네 번째 경인(庚寅) 대운까지 1등과 2등이었다가, 다섯 번째 기축(己丑) 대운부터 3등과 4등으로 흘러 운이 급격하게 하강한다. 이렇게 되면 30대 전과 후의 의식이 다르다. 내담자는 어릴 적부터 경제관념과 계산이 빨라 가족들은 훗날 경제나 경영 쪽으로 진출해 직업을 가질 줄 알았다고 한다. 그래서 전공도 경제학 분야로 갔다. 대학 졸업 후 친구들과 함께 인터넷 관련 게임사업을 하게 되었고, 그중에서도 내담자는 돈 관련 업무를 맡았다. 결혼도 30대 되기 전에 했다. 이때까지는 타고난 의식인 실용주의 영향을 받고 있어 내담자가 원하는 대로 가정도, 사업도 무난했다고 한다.

그런데 30대가 넘어서부터다. 사업은 동업이니까 그런대로 굴러가고 있었지만, 아내와의 관계는 그렇지 못했다고 한다. 더구나 내담자 부모·형제는 내담자에게 거는 기대가 컸기에, 내담자가 조금만 풀리지 않아도 살림만 하는 내담자 아내의 팔자를 탓했다고 했다. 아들은 내담자 한 명이고, 시누이만 다섯 명이니 알 만하지 않겠는가. 내담자의 아내도 남편의 사주가 좋다는 소리에 괜히 기가 죽었다고 한다. 어쨌든 그런저런 이유로 다툼이 있었지만, 아이들이 태어나 자라면서 아내가 참고 살았다. 그런데 게임사업도 잘 풀리지 않아 내담자가 집에 있는 시간이 많아지면서 아내와의 다툼이 심해졌다. 특히 아이들이 커가면서 생활비가 늘어나는 바람에 아내가 밖에서 일하려고 하자, 부부 싸움이 걷잡을 수 없는 지경까지 이르렀다고 한다.

내담자가 30대가 넘어서는 전환된 의식인 명분주의 영향을 받는다. 그래서 남자로서의 자존심을 세우고, 가장의 의무를 다하고 싶은데, 가장 필요한 것은 돈이었다. 생활비를 갖다주지 못했기에 아내를 밖으로 내보낼 수밖에 없었을 것이다. 부부간의 다툼과 갈등이 심할 때, 부부는 필자를 찾았다. 해결책으로 남편과 아내가 떨어져 살아라, 아이들은 아내가 키우고, 남편은 고향으로 내려가 있다가 주말부부처럼 지내라, 그리고 시누이들의 말을 듣지 말라 등등 나름 해결책을 제시했다. 그러나 그렇게 하지도 못하고 아내가 끝내 집을 나가버렸다. 내담자는 할 수 없이 재산의 2분 1을 아이를 맡은 아내에게 주고 고향으로 내려갔다. 타고난 의식인 실용주의 의식의 영향을 받았으면 처자식과 오순도순 살 텐데, 전환된 의식인 명분주의 영향(남존여비 사상, 고귀한 신분 사상, 유교적인 사상, 전통과 관습 존중 사상, 처가 무시 사상, 가문 존중 사상)을 받은 탓에 아기자기한 생활을 못 하고 가정을 깨뜨리고 말았다. 이처럼 운이 급격하게 하락하면 커다란 변화가 일어난다.

2. 여성(54세)

시	일	월	년
壬	戊	丁	癸
戌	寅	巳	卯

乙	甲	癸	壬	辛	庚	己	戊
丑	子	亥	戌	酉	申	未	午

3번 케이스다. 여섯 번째 대운부터 급격하게 하강하는 운의 소유자이다. 타고난 우주 에너지의 비율은 목성: 2, 화성: 1.4, 토성: 0.5, 금성: 0.5, 수성: 0.4이다. 무(戊) 일간을 도와주는 오행은 화성(1.4)과 토성(0.5)으로 그 합이 1.9로 신강이다. 가장 강한 오행은 목성으로 토성이 피해 본다. 일차 구제오행으로는 화성과 금성이 나온다. 신강이라 금성을 사용하고 싶으나, 토성 속에 있으므로 할 수 없이 화성에게 부탁한다(1차 방정식). 그러나 수성이 화성의 활동을 방해하므로 한 번 더 공식을

대입한다. 이차 구제오행은 목성과 토성이다. 신강이라 목성에게 부탁한다(2차 방정식). 일반사주로 용신은 목성으로 관성, 희신은 화성으로 인성, 이용육친은 재성이다. 격국은 (재성)관성생인성격으로 의식 성향은 성공주의, 꿈 성향은 고상형, 무의식 성향은 목성(2)인 관성체질이며 권력형이다.

사주지지가 특수한 구조에 걸리는 바람에 태어나 다섯 번째 임술(壬戌) 대운까지는 타고난 의식인 성공주의 영향을 받다가, 여섯 번째 계해(癸亥) 대운부터는 전환된 의식인 이상주의 영향을 받으며 살아가야 하는 운명의 소유자이다. 내담자가 살아온 삶을 요약한 내용이다.

> 내담자는 궁금한 점이 있어 방송에서 유명하다는 안모라는 역학자를 찾아갔다. 그런데 그가 하는 말이 "어떠한 것을 해도 되지 않고, 돈도 모아지지 않으며, 남의 밑에서 일할 수도 없는 운명이다"라는 것이었다. 그러면서 그나마 역학을 공부해 인생 상담을 하는 것이 가장 잘 맞는 것이라며 공부하기를 권했다. 나이도 나이지만, 꿈에도 생각하지 않았던 역학 공부를 역학자의 말에 따라 안모의 제자에게 몇백만 원을 주고 공부를 했다. 그러나 배우면 배울수록 적성과 맞지 않음을 느꼈고, 인생 상담이라는 직업도 싫고 해서 결국 포기했다. 결과적으로는 역학자의 말만 믿었다가 돈과 시간만 손해 본 꼴이 되어 내심으로 억울했지만, 역학자의 말만 믿은 자신도 잘한 것이 없다는 생각에 항의 한 번 해보지 못했다.

내담자의 삶이 남과 다른 것은 23살(1985년=乙丑年)에 세속적·속물적인 세상이 싫어 출가했으며, 5년간 비구니 생활을 하다 28세(1990년=庚午年)에 환속했다고 한다. 출가할 때의 심정은 남들과 똑같은 삶을 살기 싫었고, 환속했을 때의 심정은 남자에게 사랑받고 싶어서라고 한다. 그래서 환속한 지 일 년도 안 되는 1991년(辛未年=29세)에 오빠 친구와 결혼했다. 어릴 때부터 자신을 유난히 좋아했기에 미련 없이 결혼했다고 한다. 그런데 나이 40세가 넘자 남편에 대한 사랑이 시든 것도 아닌데, 남편을 마주하기가 거북해졌다고 한다. 그래서 별거하다가 2005년(乙酉年=43세)에 이혼했다. 아이는 내담자가 맡기로 하고 말이다. 필자와 상담했을 때 내담자는 자신이 가장 잘할 수 있는 인테리어 분야에서 일하고 싶다고 했다. 아마 지금은 그 분야에서 일을 열심히 하고 있을 거로 생각한다.

여섯 번째 대운부터 전환된 의식인 이상주의 영향을 받기에 나이 40대 전과 후의 의식에 변화가 있다. 남편과 아무런 문제가 없었음에도 불구하고 이상주의 의식(비현실주의, 공동체 의식, 정신과 마음이 우선, 무소유의 삶, 인간성 회복과 의리, 종교적인 삶) 영향 탓에 가정을 해체하고 말았다. 또 하나 밝힌다면, 용신 관성과 체질 관성이 같아 언행일치가 되지 않은 삶을 산 것도 작용했으리라. 타고난 의식인 성공주의 영향을 받을 때는 남편을 사랑했지만, 전환된 의식인 이상주의 영향을 받으면 남편이 부담스러웠을 것이다. 생각은 관성이지만, 행동은 관성의 반대인 식상의 모습이었기에 남편 입장에서는 쉽게 다가가기가 어려웠으리라. 이렇게 급격한 의식의 변화가 오면 그대로 따르지 않을 수가 없으니 안타깝기만 하다.

3. 남성(55세)

시	일	월	년
壬	癸	丙	壬
戌	卯	午	寅

甲	癸	壬	辛	庚	己	戊	丁
寅	丑	子	亥	戌	酉	申	未

2번 케이스다. 다섯 번째 대운부터 급격하게 하강하는 운의 소유자이다. 타고난 우주 에너지의 비율은 목성: 2, 화성: 1.4, 금성: 0.5, 토성: 0.5, 수성: 0.4이다. 계(癸) 일간을 도와주는 오행은 금성(0.5)과 수성(0.4)으로 그 합이 0.9로 신약이다. 가장 강한 오행은 목성으로 토성이 피해 본다. 일차 구제오행으로는 화성과 금성이 나온다. 신약이라 금성을 사용하고 싶으나, 토성 속에 있으므로 할 수 없이 화성에게 부탁한다(1차 방정식). 그러나 수성이 화성의 활동을 방해하므로 한 번 더 공식을 대입한다. 이차 구제오행은 목성과 토성이다. 음양 차이로 선택해야 하는데, 양기가 음기보다 2.9나 더 많다. 그래서 중성인 토성에게 화성을 구하라고 부탁한다(2차 방정식). 일반사주로 용신은 토성으로 관성, 희신은 화성으로 재성, 이용육친은 인성이다. 격국은 (인성)관성보재성격으로 의식 성향은 보수주의, 꿈 성향은 감성형, 무의

식 성향은 목성(2)인 식상체질이며 모험형이다.

어릴 적 엄친아로 불리던 잘난 내담자다. 네 번째 경술(庚戌) 대운까지 1등과 2등에 있다가, 다섯 번째 신해(辛亥)] 대운부터 3등과 4등으로 운이 급격하게 하강한다. 이렇게 되면 30대 전과 후의 의식이 다르다. 30대 전까지는 타고난 성향인 보수주의 의식의 영향을 받은 탓에 초중고대학교까지 누구나 부러워하는 엄친아의 모습을 드러냈던 것이다. 대학 졸업 후 미국으로 유학을 떠났고, 유학을 마치고 귀국할 때는 한국에 있는 미국 기업인 구글에 취직된 상태였다. 아마 이때까지는 보수주의 의식의 영향을 받았다고 볼 수 있다. 그러나 그 후부터는 전환된 의식인 모험주의 영향을 받는다. 그래서 그런지는 모르지만, 회사에서 실력을 인정받고는 있었으나 그만큼의 대접은 받지 못했다. 그래서 구글을 떠나 다른 회사로 이동했다. 그러나 결국 한 직장에 오래 머물지 못하고 이곳저곳을 떠돌다가, 지금은 대기업의 간부로 일하고 있다고 한다. 그러나 그곳도 오래 있을 곳은 아니라고 말한다.

늘 했던 말이, 어릴 적 어머니가 자신에게 쏟았던 정성에 비하면, 지금의 모습은 너무 초라하다는 것. 부모님이나 주위 사람들은 최소한 대학교 총장, 장관, 국회의원 중 하나는 충분히 할 수 있을 것으로 내다봤다고 한다. 그런데 지금의 모습은 구글에서 시작하여 언론사, 대기업 등을 전전하고 있으니, 어릴 적 꿈에 비하면 말도 안 되는 모습이라고 한다. 나름 고액 연봉을 받고 있지만, 내담자 자신만의 야릇한 취미 생활(?)을 하기에도 턱없이 부족해 100% 재밌게 즐기지 못한다고 한다. 이렇게 운이 급격하게 하락하면 어렸을 때 상상했던 미래의 모습과는 전혀 아닌 모습으로 살게 된다. 다행인 것은, 가정과 아내를 뜻하는 재성이 희신으로, 운이 하강할 때 삶의 30% 정도 드러나므로 가정을 해체하지 않았다는 점이다.

4. 남성(53세)

시	일	월	년
辛	甲	甲	甲
未	午	戌	辰

壬	辛	庚	己	戊	丁	丙	乙
午	巳	辰	卯	寅	丑	子	亥

제4장

4번 케이스다. 일곱 번째 대운부터 급격하게 하강하는 내담자이다. 타고난 우주에너지의 비율은 토성: 1.56, 화성: 1.5, 금성: 1.04, 목성: 0.7, 수성: 0이다. 갑(甲) 일간을 도와주는 오행은 수성(0)과 목성(0.7)으로 합이 0.7로 신약이다. 가장 강한 오행은 토성으로 수성이 피해 본다. 구제오행으로는 금성과 목성이 나온다. 신약이라 목성에게 부탁한다(1차 방정식) .그러나 금성이 목성의 활동을 방해하므로 한 번 더 공식을 대입한다. 이차 구제오행은 수성과 화성이다. 신약하므로 수성에게 부탁하고 싶으나, 없으므로 어쩔 수 없이 화성에게 부탁한다(2차 방정식). 공식이 끝났을 때, 일간이 진정 사용하고 싶은 오행이 있었으므로 진가사주가 되었다. 가용신은 화성으로 식상, 희신은 목성으로 비견, 진용신은 수성으로 인성이다. 격국은 식상보비견격(인성)으로 의식 성향은 진보주의, 꿈 성향은 협동형, 무의식 성향은 지지에 3개인 토성으로 재성체질이며 물질형이다.

솔직히 예전 수명이 길지 않던 시절에는 운이 급격하게 하락한다고 보지 않았던 사주이다. 그러나 지금은 수명이 길어진 덕분에 일곱 번째 대운에서 하락해도 무의식 성향에 따라 의식의 전환이 이뤄진다. 일곱 번째 대운이라고 하면 50대 전과 후의 의식이 달라진다는 거다. 이 내담자의 경우, 50대 전까지는 타고난 의식인 진보주의 영향을 받다가, 50대가 넘어서는 전환된 의식인 신분주의 영향을 받는다. 필자에게는 52세 때 왔다. 광고회사를 운영하는 내담자는 50대 전까지는 직원들과 함께 벌고 나누며 사는 것을 자랑으로 여겼다고 한다. 그런데 50대가 넘어서자 자신도 모르게 지금보다는 더 많은 것을 가져야 한다는 생각들이 떠오르기 시작했다. 그래서 노후에 직원들과 함께 사용할 건물을 지으려고 했으나, 마음이 내키지 않아 필자를 찾아왔다는 거다. 그리고 전에는 생각지도 않았던, 예쁜 여자만 보면 자신과 연관지어 생각하는 경우가 많아졌다고 한다.

진보주의 의식의 영향일 때는 직원들과 함께 나누고 사용하는 것이 당연히 맞을 수 있다. 그러다가 신분주의 의식의 영향을 받으면 직원들보다는 한 단계 높은 신분을 유지하고 싶은 것이다. 그래서 공동체 건물을 짓는 것이 어딘가 마음에 들지 않았던 거다. 그리고 운 흐름과 관계없이 행동거지는 물질형이다. 물질형은 여자하고의 인연이 강한 편이다. 그동안은 진보주의 의식의 영향으로 삶의 가치관이나 인간의 존엄성 등을 따지다가, 50대가 넘어서는 신분주의 의식에 물질형의 행동이므로 자신만 특별히 예쁜 여자를 차지하고 싶은 욕망이 드러난 것이다. 이렇게 나이가 들어도 운이 바뀌면 의식의 변화가 이뤄지고, 삶의 모습도 바뀐다는 사실이다.

5. 여성(44세)

시	일	월	년
丙	壬	丙	癸
午	辰	辰	丑

甲	癸	壬	辛	庚	己	戊	丁
子	亥	戌	酉	申	未	午	巳

1번 케이스다. 네 번째 대운부터 급격하게 하강하는 사주팔자이다. 우주 에너지의 비율은 목성: 1.54, 화성: 1.4, 토성: 1.16, 수성: 0.7, 금성: 0이다. 임(壬) 일간을 도와주는 오행은 금성(0)과 수성(0.7)으로 합이 0.7로 신약이다. 가장 강한 오행은 목성으로 토성이 피해 본다. 구제오행으로는 화성과 금성이 나온다. 신약이라 금성에게 부탁하고 싶으나, 없으므로 화성에게 부탁한다(1차 방정식). 그러나 수성이 화성의 활동을 방해하므로 한 번 더 공식을 대입한다. 구제오행은 목성과 토성이다. 목성은 수치는 있지만 활동하지 않으므로 토성에게 부탁한다(2차 방정식). 일반사주로 용신은 토성으로 관성, 희신은 화성으로 재성, 이용육친은 인성이다. 격국은 (인성)관성보재성격으로 의식 성향은 보수주의, 꿈 성향은 감성형, 무의식 성향은 지지에 3개인 토성으로 관성체질이며 권력형이다.

네 번째 경신(庚申) 대운부터 3등과 4등으로 흐르므로 20대 전과 후의 의식이 다르다. 결혼을 일찍 했는데, 그 이유가 성욕 때문이었다고. 자제하기 힘들어 동네 노총각과 결혼했다고 한다. 그런데 결혼생활 15년 동안 남편과는 10번 정도 잠자리를 했다고 한다. 그럼에도 불구하고 아이는 둘을 낳았다고. 아이 키우는 동안 조용히 살았지만, 더는 참을 길 없어 남편과 떨어져 살았다. 이 남자, 저 남자 만나면서 욕정을 채우다가 2012년에 남편과 호적을 정리했다. 그랬는데, 2014년 연말쯤 만난 남자에게 멀티오르가즘을 느꼈다고. 그래서 필자를 찾은 것이다.

내담자는 부동산 중개업을 하고 있는데, 멀티오르가즘을 느끼게 해준 남자는 가진 것이 별로 없는 남자여서 갈등하고 있다고 한다. 이러한 이유는 바로 타고난 의식인 보수주의 영향이 사라지면서 전환된 의식인 모험주의 의식의 영향을 20대부터 받아서다. 모험주의 의식이란 본능, 관능, 일탈, 충동, 반항, 막가파적인 생각이다. 더구나 용신과 체질이 관성으로 같아, 생각은 관성이지만 행동은 식상이기에 더욱더 욕정에 불타고 있는 몸짓이다. 지금까지의 삶이 모두 모험주의 의식에 모험주의 행동을 한 것이다. 필자는 이렇게 말했다. 본능에 충실해야 하지만, 아이들이 있으니 자신의 욕정을 채우는 것보다는 삶에 도움이 되는 남자를 만나는 것이 나을 것이다. 그러자면 그 남자를 조금은 멀리하고, 있는 남자를 소개받으라고 했다.

운 흐름이 완만하게 흐를 때의 추론

완만하게 흐른다는 것은 1등에서 2등으로, 2등에서 1등으로, 3등에서 4등으로, 4등에서 3등으로 의식의 전환이 없이 운이 흐르고 있음을 뜻한다. 1등에서 2등으로와 2등에서 1등으로는 평생 타고난 의식의 영향을 받을 것이고, 3등에서 4등으로와 4등에서 3등으로는 전환된 의식의 영향을 받을 것이다. 이런 흐름이라면 평생 좋은 운 흐름인지, 안 좋은 운 흐름인지 정작 자신은 모를 수도 있다. 왜냐하면, 태어나면서부터 혹은 사회생활을 할 무렵부터 생을 마칠 때까지 타고난 의식 또는 전환된 의식이든지 간에 한 종류의 의식 영향 아래 있기 때문이다. 이런 운 흐름의 종류는 모두 여섯 종류이다.

제4장

　1번부터 3번까지는 타고난 의식의 영향을 받는 운 흐름이 좋은 경우이며, 4번부터 6번까지는 전환된 의식의 영향을 받는 운 흐름이 좋지 않게 흐르는 경우이다. 그런데 1번과 4번은 첫 번째 대운부터 여섯 번째 대운까지 1등에서 2등으로, 3등에서 4등으로 흐른다. 이런 운 흐름의 소유자는 평생 타고난 의식이나 전환된 의식의 영향을 받게 된다. 1번 운의 소유자는 자신이 바라는 것의 70~80%까지는 이뤄진다고 생각한다. 원하는 것이 아예 이뤄지지 않는 것도 아니라는 거다. 그렇다고 아주 행복하다는 것도 아니고, 아주 힘들거나 고생한 것도 아니다. 되는 듯 안 되는 듯 이렇게 평생 살아간다는 거다. 그래서 대부분의 사람들이 삶이 지겹다고 생각한다. 그날이 그날이라고 말이다. 그 이유는 삶의 굴곡이 없기 때문이다. 그리고 앞서도 언급했지만, 수명이 길어지는 바람에 무의식 성향에 따라 50대 전과 후의 의식 전환으로 생활 전반에 변화가 올 수도 있음을 알아야 한다. 그러나 4번 운의 소유자는 평생 바라는 삶을 살 수가 없다. 그래서 조금이나마 만족스럽게 살았던 기억이나 추억이 없이 평생 고생스럽고 힘든 기억밖에 없다. 타고난 의식 성향이 가르치는 대로 계획을 세우거나 마음을 먹으면 이상하게도 어긋나거나 피치 못할 일이 생겨 모든 것이 허사로 돌아간다. 이러한 경우를 몇 번 겪고 나면 자포자기 마음이 든다. 그러나 수명이 길어진 덕분에 4번 운의 소유자도 50대 이후로는 타고난 의식의 영향을 받으므로 무의식 성향에 따라 만족스러운 방향으로 삶을 마칠 수도 있다.

　2번과 5번의 경우는 첫 번째 대운을 제외하고 두 번째부터 일곱 번째 대운까지 1등에서 2등 또는 3등에서 4등으로 흐른다. 첫 번째 대운은 나머지 대운하고 운 순위가 다르지만, 10세 전에 의식의 전환이 이뤄졌기에 자신이 인지하기 어렵다. 그래서 자신은 태어날 때부터 한 가지 의식으로 살아왔다고 믿게 된다. 2번 운의 소유자도 자신이 바라는 것의 70~80%까지는 이뤄졌다고 생각한다. 그래서 되는 듯 안 되는 듯, 이렇게 살기에 삶이 지겹다고 생각한다. 앞서도 언급했지만 그러한 이유는 삶의 굴곡이 없어서이다. 1번 운의 소유자는 무의식 성향에 따라 50대 후의 생활에 변화를 줄 수도 있지만, 이 경우는 60대 후의 의식 전환이기에 생활에 변화를 줄 수 있는 기회도 거의 박탈당했다고 볼 수 있다. 5번 운의 소유자는 평생 바라는 삶을 살 수가 없다. 평생 고생스럽고 힘든 기억밖에 없다. 4번 운의 소유자처럼 무의식 성향에 따라 50대 후의 생활에 만족스러움을 표하기도 어렵다. 왜냐하면, 60대 후의 의식 전환이 오기에 생활의 변화를 주고 만족스러움을 느끼기에는 모든 조건이나 환경이 허락하지 않기 때문이다. 그래서 마치 타고난 의식 성향이 가르치는 삶이 평생 꿈인 양 착각하며 살기도 한다.

3번과 6번 케이스는 첫 번째와 두 번째 대운을 제외하고 세 번째부터 여덟 번째 대운까지 1등에서 2등, 3등에서 4등으로 흐르는 경우이다. 초등학교 시절에 타고난 의식에서 전환된 의식으로, 전환된 의식에서 타고난 의식으로의 변화가 이뤄진다. 그래서 어렸을 때 당시에는 의식의 변화를 감지할 수 있지만, 중고등학교 시절 이후의 의식에는 아무런 영향을 미치지 않는다. 그렇다면 어렸을 때 의식의 전환이 이뤄졌음을 무엇으로 알 수 있을까? 그것은 바로 그 당시의 일기장 또는 취미나 취향을 통해서다. 삶의 회의나 인생무상을 외치다가 경쟁력이 있는, 모범생으로 지내다가 막가파로, 착하고 순진하다가 양아치로, 장난만 치다가 공부 장학생으로 바뀌는 사람들을 볼 수 있다. 그런 경우의 사람들이 3번과 6번 운의 소유자라고 보면 틀림이 없다. 3번 운의 소유자도 자신이 바라는 것의 70~80%까지 이뤄졌다고 생각한다. 되는 것도 없고 안 되는 것도 없이 살아왔다고 말이다. 나이 70대가 넘어서야 의식의 전환이 이뤄지므로, 마땅히 삶이 지루하다고 말할 것이다. 그렇다고 삶에 커다란 불만이 있는 것도 아니다. 그러나 6번 운의 소유자는 그렇지가 않다. 아주 어렸을 때만 빼고 나머지 삶은 전환된 의식의 영향을 받았으니 말이다. 원하는 것, 바라는 것 하나 되지 않고 굴절된 인생을 살았으니 무어라 표현하기도 힘들다. 그러니 당연히 자신이 타고난 의식 성향이 가르치는 삶이 평생 꿈이 되어버린 것이다.

제4장

시	일	월	년
丁	乙	壬	壬
丑	未	寅	寅

庚	己	戊	丁	丙	乙	甲	癸
戌	酉	申	未	午	巳	辰	卯

안철수 국회의원의 사주팔자다. 운의 흐름을 보면 3번에 해당하는 경우이다. 지지 구조에 걸려 운 순위가 금성이 1등, 화성이 2등, 수성이 3등, 목성이 4등이다. 두 번째 대운까지는 4등이었다가, 세 번째 대운부터 여덟 번째 대운까지 1등과 2등이다. 이런 경우는 초등학교 시절에 의식의 전환이 온다. 그래서 초등학생 시절에는 전환된 의식인 이상주의 의식의 영향을 받다가, 중학생 시절부터 타고난 의식인 성공주의 의식의 영향을 받는다. 이런 의식의 변화를 필자가 추론한다면, 안철수 국회의원의 어린 시절은 이상주의 의식의 영향으로, 그냥 부모가 시키는 대로, 삶이란 무엇일까 철학적인 고민과 인생무상이나 외치며, 삶을 다룬 세계적인 고전이나 읽고, 공부보다는 친구들과 뛰어노는, 나이보다는 어른스러운 생각을 했을 것이다. 그러다가 중학생이 되면서부터는 성공주의 의식의 영향으로, 친구보다 앞서야 하므로 경쟁에서 이겨야 하고, 모범생이 되어야 하고, 어느 분야로 나가야 성공할 수 있는지 파악하고, 그래서 의사란 직업보다 컴퓨터 바이러스 퇴치가 더 빠른 성공을 줄 수 있음을 깨달아서 전업한 것이라 할 수 있다.

1. 남성(66세)

시	일	월	년
壬	癸	丁	辛
子	亥	酉	卯

己	庚	辛	壬	癸	甲	乙	丙
丑	寅	卯	辰	巳	午	未	申

새누리당 대통령 후보라고 나서는 김무성 국회의원 사주팔자이다. 우주 에너지의 비율을 보자. 수성: 2.2, 금성: 1.4, 목성: 1, 화성: 0.2, 토성: 0이다. 계(癸) 일간을

도와주는 오행은 금성(1.4)과 수성(2.2)으로 그 합이 3.6으로 신강이다. 가장 강한 오행은 수성으로 화성이 피해 본다. 구제오행으로는 목성과 토성이다. 토성은 없으므로 목성에게 부탁한다(1차 방정식). 그러나 금성이 목성의 활동을 방해하므로 한 번 더 공식을 대입한다. 이차 구제오행은 수성과 화성이다. 신강이라 화성에게 부탁한다(2차 방정식). 일반사주로 용신은 화성으로 재성, 희신은 목성으로 식상, 이용육진은 관성이다. 격국은 (관성)재성보식상격으로 의식 성향은 성공주의, 꿈 성향은 도전형, 무의식 성향은 수성(2.2)으로 비견체질이며 의리형이다.

타고난 의식 성향은 성공주의로 남보다 모든 부분에서 앞서 나가야 하고, 현실에서 가장 빠른 출세를 할 수 있는 분야로 진출하고, 재물과 명예 부분에서도 만족스러울 만큼 가져야 하고, 이기적·경쟁적·계산적으로 살고자 한다. 의식이 바라는 대로 살자면 모든 것을 혼자서 다 해결하고 처리하고 차지해야 한다. 그런데 무의식 성향이 의리형이라, 혼자서 하기보다는 남들과 함께 움직이고 행동한다. 그러면 의식이 바라는 만큼 성공할 수는 없다. 물론 정치는 함께해야 하는 것이니 무의식 성향인 의리형 스타일과는 맞지만 말이다.

2번의 경우에 해당한다. 첫 번째 병신(丙申) 대운은 4등, 두 번째 을미(乙未) 대운부터 일곱 번째 경인(庚寅) 대운까지 1등과 2등의 흐름이다. 이렇게 되면 태어나면서 60대 전까지는 타고난 의식인 성공주의 영향을 받고, 60대가 넘은 지금의 시점은 전환된 의식인 이상주의 영향을 받는다. 그러나 지금 이상주의 의식의 영향을 받고 있다고 믿을 수 있는 물증이 없다. 언론을 통해 보면 오히려 과거보다 좀 더 욕심을 내어 대통령이 되고자 하고 있으니 말이다. 이는 60대가 넘어서 의식의 전환이 이뤄진다고 해도 생활까지 변화시킬 수 있는 환경, 조건, 기반 등은 마련되지 않아서다. 그럼에도 의식의 전환은 이뤄진 것이다. 그래서 김무성 대표가 박근혜 대통령과 180도 다른 의견을 제시하고도 박근혜 대통령 한마디에 찍소리도 내지 못하고, 새누리당 국회의원이 김무성 대표에게 욕하고, 새누리당 국회의원 공천권조차 행사하지 못하게 해도 그저 조용히 있는 것만 보면, 타고난 성공주의 의식의 영향이 아닌, 전환된 이상주의 의식의 영향을 받고 있다는 증거인 셈이다. 이상주의 의식이란 야비한 짓, 속물 같은 짓, 치사한 짓, 강제하는 짓 등은 좋아하지 않아서다.

아무튼, 현재로서는 여권의 유력한 대통령의 후보로 거론되고 있다. 현재 전환된 의식인 이상주의의 영향을 받으면서 행동은 의리형 70%와 꿈 성향인 도전형 30%의 모습을 드러낸다. 그래서 무리 리더의 자격은 충분하다. 단 무리의 리더라는 의미는 자신이 리드할 수 있는 범위의 무리를 말함이지, 전부나 전체를 리드할 수 있는 범위를 의미한 것은 아니다. 결국, 여권 내의 김무성 국회의원을 따르는 국회의원들의 대통령 후보라는 거다. 보수진영 여권 전체가 지지하는 대통령 후보는 되지 못한다는 거다. 원래 의리형의 행동 성향은 복잡하거나 시끄럽거나 경쟁하거나 계산적이면 쉽게 포기하는 경향이 있다. 그러한 것들 극복하고 또 극복해야만 대통령의 자리를 차지할 수 있는데 말이다. 그러나 그러한 행동과는 거리가 있는 의리형인지라, 김무성 국회의원을 지지하는 그룹의 대통령 후보로 그칠 것이라 예측한다.

2. 남성(65세)

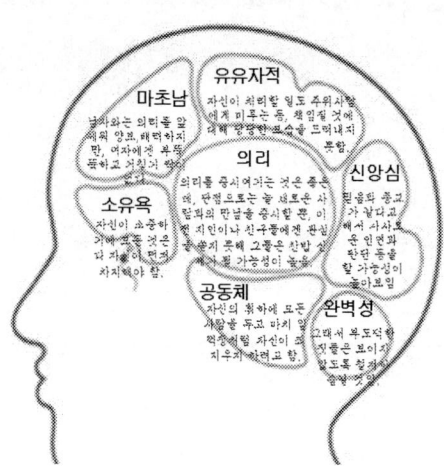

시	일	월	년
壬	乙	癸	壬
子	亥	丑	辰

辛	庚	己	戊	丁	丙	乙	甲
酉	申	未	午	巳	辰	卯	寅

현재 민주당의 유력한 대통령 후보로 거론되고 있는 문재인의 사주팔자이다. 타고난 우주 에너지의 비율은 수성: 2.44, 화성: 1, 토성: 0.86, 목성: 0.5, 금성: 0이다. 을(乙) 일간을 도와주는 오행은 수성(2.44)과 목성(0.5)으로 그 합이 2.94로 신강이다. 가장 강한 오행은 수성으로 화성이 피해 본다. 구제오행으로는 목성과 토성이다. 신강이라서 토성에게 부탁한다(1차 방정식). 토성을 억제하는 목성의 수치는 있지만, 토성 안에 있기에 활동할 수가 없다. 일반사주로 용신은 토성으로 재성, 희신은 화성으로 식상, 이용육친은 관성이다. 격국은 (관성)재성보식상격으로 의식 성향은 성공주의, 꿈 성향은 도전형, 무의식 성향은 수성(2.44)으로 인성체질이며 안정형이다.

김무성 국회의원과 같은 의식과 꿈 성향이다. 그래서 남보다 모든 부분에서 앞서 나가야 하고, 현실에서 가장 빠른 출세를 할 수 있는 분야로 진출하고, 재물과 명예적인 부분에서도 만족스러울 만큼 가져야 하고, 이기적·경쟁적·계산적으로 살고자 하는 성향은 김무성 국회의원과 같다. 그런데 무의식 성향이 의리형인 김무성 국회의원과는 다른 안정형이다. 안정형의 행동은 윤리 도덕적이다, 양심에 따른다, 인내한다, 의무와 도리를 다한다, 이미지 관리한다, 남에게 막말이나 욕을 못 한다, 감정을 표출하지 않는다, 악에 받치지 않는다, 동정심과 인간애가 있다, 끝까지 물고 늘어지지 못한다 등이다.

운의 흐름을 보면 1번의 경우에 해당한다. 첫 번째 갑인(甲寅) 대운에서 여섯 번째 기미(己未) 대운까지 1등과 2등의 운 흐름이다. 이렇게 되면 50대 전과 후의 의식이 다르다고 했다. 50대 전에는 타고난 의식인 성공주의 영향 아래 있다가, 50대가 넘어서면 전환된 의식인 이상주의 영향 아래 있게 된다. 현재 60세가 넘은 문재인 대표는 이상주의 의식 아래 안정형의 행동 70%와 꿈 성향 모험형 30%가 드러나고 있다. 안정형의 행동 때문인지 모르지만, 일부 국민들은 18대 대통령 선거가 부정선거라고 법원에 소송을 제기했다. 법원은 부정선거 소송을 받게 되면 대통령 선거 날로부터 6개월 이내에 판결을 내려야 한다. 그래야만 새로운 대통령을 선출할 수 있으니까 말이다. 그런데 3년 6개월이 지나가도록 법원은 심사조차 하지 않고 있다. 선의의 피해를 보고 있는 당사자인 문재인은 뭐하는가? 만약 문재인의 무의식 성향이 모험형이나 진보형이라면 어마어마한 시위나 데모를 주도했을 것이다. 부정선거로 당선된 박근혜 대통령 물러나라고 말이다.

그렇다면, 19대 대통령 선거에 명실상부한 야권의 대통령 후보가 될 수 있을까? 18대 대통령 선거에서는 안철수가 유일한 야권의 경쟁자였다. 앞서 언급했지만, 안철수는 갈등하는 체질로 이뤄져 쉽게 포기한다고 했다. 그래서 문재인은 어렵지 않게 야권의 대통령 후보가 될 수 있었다. 그러나 19대 대선은 다르다. 범야권의 대통령 후보들이 차고 넘친다. 안철수는 물론이고 박원순, 이재명, 안희정, 김부겸 등이다. 그들과의 경쟁에서 이겨 범야권의 대통령 후보가 되어야 하는데, 무의식 성향이 안정형인 문재인에게는 쉽지 않은 숙제이다. 꿈 성향은 김무성과 같은 도전형이라, 조금 늦게나마 대통령 자리에 도전하는 것은 이해가 간다. 그리고 의리형인 김무성보다는 안정형의 문재인이 국민들에게 신뢰감과 안정감을 주기에 낫다고 할 수 있다. 만에 하나, 범야권의 대통령 후보가 되었다 해도 거칠고 더럽고, 지역이기주의 조장하고, 야비하고 치사하고, 속이고 사기치고, 거짓말하고 이기적이고, 비인간적이고 비도덕적인 선거에서 살아남아야 하는데, 아무래도 안정형의 모습으로는 쉽게 극복할 수가 없을 것이다. 그래서 문재인 자신보다 더 강력한 배짱과 파워를 가진 후보에게 범야권의 대통령 후보를 양보하는 것이 진보 진영이 정권을 잡을 유일한 기회일지도 모른다.

아래 내용은 예전 필자의 페이스북과 블로그에 썼던 내용이다.

> 악착같이 끝까지 물고 늘어지는 부분이 약해서 저번 대통령 선거에서 권력형의 박근혜 후보에게 진다고 예언했던 것입니다. 그렇습니다. 무의식 성향이 안정형이라서, 끝까지 승부를 보려 할 때는 이상하게도 자신의 이미지 관리를 하는 바람에 경쟁력 있는 모습을 보이지 못합니다. 다음 대통령 선거에 나서고자 대표를 맡았지만, 안정형의 무의식 성향을 변화시키지 않으면 결코 대통령에 당선될 수 없습니다. 왜냐하면, 정치는 더럽고 치사하고 속이고 비열하고 아부하고 싸우고 거짓말하고 흉보고 사기치고 눈 가리고 아웅하는 등, 정말로 온갖 나쁜 짓을 다 해야만 하기 때문입니다. 그런데 문재인 대표의 뇌 구조로는 아무래도 그런 더러운 정치판에서 살아남기가 쉽지 않아서입니다.

시	일	월	년
乙	甲	癸	丁
丑	申	丑	酉

乙	丙	丁	戊	己	庚	辛	壬
巳	午	未	申	酉	戌	亥	子

유승민 국회의원의 사주팔자이다. 타고난 의식 성향은 진보주의, 꿈 성향은 낭만형, 꿈 성향은 보수형이다. 운의 흐름을 보면 3번의 경우에 해당한다. 태어나 두 번째 신해(辛亥) 대운까지 전환된 의식인 신분주의 영향 아래 있다가, 세 번째 경술(庚戌) 대운부터 타고난 성향인 진보주의 의식의 영향을 받는다. 이런 흐름이라면 초등학생 때 의식의 전환이 이뤄진다. 그리고 중고등학생 이후 지금까지 진보주의 의식의 영향 아래 있는 것이다. 진보주의 의식이란 '사회적 강자나 많이 가진 자들보다는 사회적 약자나 가지지 못한 자들을 위해 대신 나서서 그들의 권리를 찾아주는 이념'이다. 그런데 유승민 국회의원이 보기에 박근혜 정권이 국민을 위한 정치를 하지 않자, 감히 박근혜 대통령을 향해 '이것은 아니다.'라고 외친 것이다. 새누리당, 행정부, 사법부뿐 아니라 보수진영 어느 누구도 박근혜 대통령에게 반대의견을 제시하기 어려운 때인데 말이다. 새누리당 대표인 김무성도 항의하다가 박근혜 대통령 한마디에 꼬리를 내리지 않았나. 그러나 유승민 국회의원은 진보주의 의식을 지녔기에 겁도 없이 '이것은 아니다.'라고 끝까지 외친 것이다.

아무튼, 현재의 의식도 타고난 성향인 진보주의 의식의 영향 아래에 있다. 그러나 유승민 국회의원 무의식 성향은 보수형이다. 생각은 진보형에 행동은 보수형으로, 정반대의 성향이다. 보수형은 신중하고 침착하다, 다리도 두드리고 건넌다, 몸을 사린다, 남의 이목을 중시한다, 고상하고 지적인 이미지 관리한다, 법과 질서를 존중한다, 유교적이다, 신분 차이를 인정한다, 상명하복한다, 기득권을 인정한다, 있는 자들의 편이다 등등의 모습이다. 이런 행동을 본능적으로 하기에 새누리당에서 공천받지 못하고 쫓겨났어도 다시 새누리당으로 복귀하는 것을 봐라. 생각과는 전혀 다른 행동인 것이다.

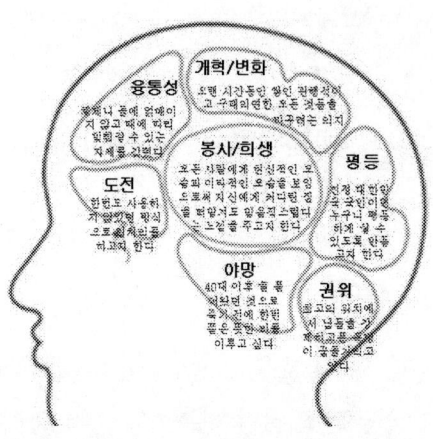

그렇다면 스스로 여권의 19대 대통령 후보가 되려면 2%가 부족하다. 무의식 성향이 모험형, 진보형, 권력형, 이기형들은 스스로 쟁취하는 데 반해, 보수형은 자신을 지지하고 따르는 자들에 의해 옹립하는 모양새를 갖춰야만 앞에 나서기 때문이다. 그런데 현재 새누리당에서 유승민 국회의원이 처한 상황을 보면, 그럴 가능성은 거의 없다. 유승민 국회의원을 지지하는 의원이 거의 없어서다. 마지막으로 기대할 수 있는 길은, 박근혜 대통령의 지지도가 땅에 떨어지고 친박들이 힘을 쓰지 못할 때이다. 이럴 때 그들이 다시 일어서고자 하면 유승민 국회의원을 대통령 후보로 내세울 수 있다. 그렇지 않고는 스스로 대통령 후보가 되는 길은 요원하기만 하다.

3. 남성(75세)

시	일	월	년
庚	己	乙	壬
午	丑	巳	午

癸	壬	辛	庚	己	戊	丁	丙
丑	子	亥	戌	酉	申	未	午

현재 국민의당 원내대표 및 비상대책위원장이라는 막중한 임무를 맡고 있는 박지원 국회의원의 사주팔자이다. 타고난 우주 에너지의 비율은 화성: 3.2, 토성: 0.7, 수성: 0.5, 금성: 0.2, 목성: 0.2이다. 기(己) 일간을 도와주는 오행은 화성(3.2)과 토성

(0.7)으로 그 합이 3.9로 신강이다. 가장 강한 오행은 화성으로 금성이 피해 본다. 구제오행으로는 토성과 수성이다. 신강이라서 수성에게 부탁한다(1차 방정식). 수성을 억제하는 토성이 있어 또 한 번의 공식을 대입한다. 이차 구제오행은 금성과 목성으로 음양의 차이로 살펴야 한다. 양기는 3.4, 음기는 1.4로 양기가 2나 많다. 따라서 부족한 음기인 금성에게 수성을 구하라고 부탁한다(2차 방정식). 일반사주로 용신은 금성으로 식상, 희신은 수성으로 재성, 이용육친은 비견이다. 격국은 (비견)식상생재성격으로 의식 성향은 진보주의, 꿈 성향은 낭만형, 무의식 성향은 화성(3.2)으로 인성체질이며 안정형이다.

운 흐름이 3번에 해당한다. 두 번째 정미(丁未) 대운까지는 3등에 있다가, 세 번째 무신(戊申) 대운부터 여덟 번째 계축(癸丑) 대운까지 1등과 2등의 흐름이다. 역시 초등학교 시절 의식의 전환이 이뤄져 70대 전까지 이어져 왔다. 현재 나이 75세. 지금은 타고난 의식인 진보주의 의식이 아닌, 전환된 의식인 신분주의 영향을 받고 있다. 그러나 행동 성향은 문재인 대표와 같은 안정형이다. 의식 성향은 진보주의에 무의식 성향이 안정형이라면, 생각은 과감하고 직설적이고 도전적인 데 반해, 행동은 누군가에게 의지하지 않으면 당당히 설 수 없는 성향이다. 그래서 문재인도 노무현 대통령의 그늘에서, 박지원 국회의원은 김대중 대통령의 그늘에서 2인자 역할을 충실히 했다. 현재 박지원 비상대책위원장이 평생 모셨던 김대중 선생처럼 안철수 국회의원을 끝까지 보필할 수 있을지 의문이 든다.

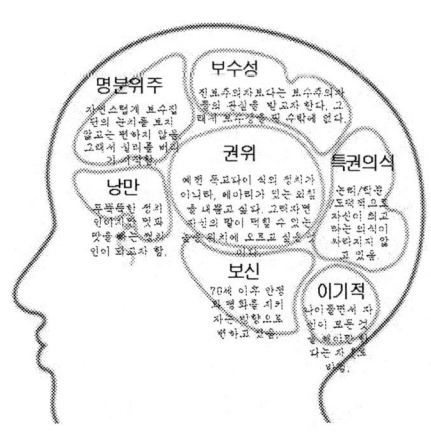

4. 남성(51세)

시	일	월	년
己	乙	乙	丙
卯	亥	未	午

癸	壬	辛	庚	己	戊	丁	丙
卯	寅	丑	子	亥	戌	酉	申

어려서부터 현재까지 자신이 하고 싶은 것을 제대로 해본 적이 없다는 내담자의 사주팔자이다. 타고난 우주 에너지의 비율은 화성: 2.04, 목성: 1.2, 수성: 1, 토성: 0.56, 금성: 0이다. 을(乙) 일간을 도와주는 오행은 수성(1)과 목성(1.2)으로 그 합이 2.4로 신강이다. 가장 강한 오행은 화성으로 금성이 피해 본다. 구제오행으로는 토성과 수성이다. 신강이라서 토성에게 부탁한다(1차 방정식). 목성의 방해가 있으므로 한 번 더 공식을 대입한다. 이차 구제오행은 화성과 금성. 화성에게 토성을 구하라고 부탁한다(2차 방정식). 그러나 수성의 방해가 있으므로 또 한 번의 공식을 적용한다. 삼차 구제오행은 목성과 토성. 신강이라 토성에게 화성을 구하라고 부탁한다(3차 방정식). 일반사주로 용신은 토성으로 재성, 희신은 화성으로 식상, 이용육친은 관성이다. 격국은 (관성)재성보식상격으로 의식 성향은 성공주의, 꿈 성향은 도전형, 무의식 성향은 화성(2.04)으로 식상체질이며 모험형이다.

4번에 해당하는 운 흐름이다. 첫 번째 병신(丙申) 대운부터 여섯 번째 신축(辛丑) 대운까지 3등과 4등이다. 이렇게 되면 50대 전과 후의 의식 성향이 다르다. 앞서 무의식 성향에 따라 의식은 물론 생활까지도 변화가 가능하다고 했다. 내담자처럼 모험형이면 생활의 변화까지도 바라볼 수 있다. 50대 전에는 전환된 의식인 이상주의 의식의 영향을 받다가, 50대 후에는 타고난 의식인 성공주의 영향을 받는다. 50대 전까지는 이상주의 생각에 모험형 행동 70%와 꿈 성향인 도전형 30%가 드러난다. 그래서 친구들보다는 나은 능력을 지녔거나 잘난 것은 하나도 없었다. 그저 무의식 성향과 꿈 성향이 같아 본능(?)에 충실했다. 고등학생 때 사귄 여자랑 도망 다니다시피 하면서 만나 결혼까지 했다. 그러나 능력이 많지 않은 덕에 아내랑 맞벌이를 하지 않으면 안 되었다.

잘나고 멋진 회사도 다녀보고 싶었고, 아이들과 여행도 하고 싶었고, 아내에게 생활비를 여유 있게 주고 싶었고, 친구들과 만남에서도 떵떵 큰소리치고 싶었고, 멋진 집에 멋진 차를 가지고 싶었다. 하고 싶은 것은 많았지만, 모두가 이뤄지지 않았다고 한다. 그나마 가정을 지킬 수 있었던 것은 아내의 헌신이 있었기 때문이다. 만약 아내의 헌신이 아니었으면 깨져도 벌써 깨졌을 것이다. 그러나 50대 후부터는 타고난 의식인 성공주의 영향을 받아서인지는 모르지만, 몇 년간 열심히 일한 덕분에 올해 새로 짓는 아파트 한 채를 구입하여 입주하게 되었다. 사실 필자는 내담자보다 아내에게 박수를 쳐주고 싶다. 20여년 간 함께 살면서 남편을 타박하지 않았으니 말이다. 다행히 무의식 성향이 모험형이라 50대 후라도 생활의 변화를 기대할 수 있어서 좋았다.

5. 남성(62세)

시	일	월	년
乙	丙	己	乙
未	戌	丑	未

辛	壬	癸	甲	乙	丙	丁	戊
巳	午	未	申	酉	戌	亥	子

평생 부모님께 제대로 된 효도 한 번 못 한 것이 늘 마음에 걸린다는 내담자의 사주팔자이다. 타고난 우주 에너지의 비율은 토성: 2.46, 수성: 0.84, 화성: 0.6, 금성: 0.5, 목성: 0.4이다. 병(丙) 일간을 도와주는 오행은 목성(0.4)과 화성(0.6)으로 그 합이 1로 신약이다. 가장 강한 오행은 토성으로 수성이 피해 본다. 구제오행으로는 금성과 목성이다. 신약이라 목성에게 부탁한다(1차 방정식). 목성의 활동을 방해하는 금성은 활동을 못 하므로 공식은 끝난다. 일반사주로 용신은 목성으로 인성, 희신은 수성으로 관성, 이용육친은 비견이다. 격국은 (비견)인성보관성격으로 의식성향은 박애주의, 꿈 성향은 리더형, 무의식 성향은 토성(2.46)으로 식상체질이며 모험형이다.

6번에 해당하는 운 흐름이다. 세 번째 병술(丙戌) 대운부터 여덟 번째 신사(辛巳) 대운까지 3등과 4등이다. 이렇게 되면 초등학생 시절은 타고난 의식인 박애주의 영향을 받다가, 그 후로 지금까지 전환된 의식인 개인주의 영향을 받는다. 다만 무의식 성향은 모험형이라 의식의 변화는 물론 생활의 변화까지도 가능하다고 보지만, 나이가 나이인지라 무엇을 기대하기란 늦은 것 같다. 그리고 타고난 의식인 박애주의 영향을 받으며 사는 것보다는 전환된 의식인 개인주의 영향을 받는 것이 삶에 유리할 때가 많다. 물론 자신이야 만족스럽지 않지만 말이다. 그런데 행동 성향이 모험형인 것이 마음에 걸린다. 왜냐하면, 안정적으로 살아가기가 어렵기 때문이다. 개인주의 생각에 모험형 행동 70%와 꿈 성향 리더형 30%가 드러나는 삶이다.

필자의 사무실을 방문하자마자 하는 말이, 부모님에게 효도할 만큼 돈을 벌 수 있는지, 올해 집을 살 수 있는지였다. 아내에게 올해 꼭 집을 사준다고 약속했다고 한다. 현 직책은 모 회사 대리사장인데, 돈을 벌어도 부하 직원들에게 너무 많이 베푼다고 한다. 또 투자하고, 그래서 돈이 모이지 않는다고 한다. 오죽하면 나이 62세가 될 때까지 돈을 벌어 부모에게 효도하고, 아내에게 집을 사주고 싶을까 생각이 든다. 이처럼 평생 타고난 의식 성향의 영향을 받지 못한 채 살다 보면 타고난 의식 성향이 바라는 삶이 마치 꿈인 양 생각되기도 한다. 이렇게 두 번째 대운부터 하락하여 70대쯤에 상승해도 생활의 변화는 거의 일어나지 않는다.

운 흐름에 변화가 많을 때의 추론

운 흐름에 변화가 많다는 것은 의식의 전환이 많다는 거다. 여기서 언급하는 의식의 전환은, 태어나 어릴 적부터 초중고 시절까지 전환된 의식의 영향을 받다가, 대학생활을 하거나 고등학교 졸업 후에 사회생활을 막 시작할 즈음부터는 타고난 의식의 영향을 받고, 나이 40세쯤에 다시 전환된 의식의 영향을 받는 경우이다. 그렇다면 운의 흐름은, 태어나 20대 전까지 3~4등의 운으로 흐르다가, 20대 후부터 40대 전까지 1~2등 운으로 흐르고, 다시 40대 후부터 3~4등의 운으로 흘러야 한다. 이런 흐름이어야 방금 언급한 의식의 전환과 맞아떨어진다. 그런데 사주 상의 운 흐름은 이와 같지 않다. 첫 번째 대운부터 세 번째 대운까지 3~4등이었다가, 네 번째 대운부터 아홉 번째 대운까지 1~2등으로 흐르는 모양을 띠고 있다. 이런 운의 흐름이라면, 20대 전까지는 전환된 의식의 영향을 받다가, 20대 후부터 80대까지 타고난 의식의 영향을 받아야 하는 것이 마땅하다. 생각해봐라! 20대부터 80대까지 타고난 의식의 영향을 받으며 산다는 것은 만족스럽기 그지없는 삶이다. 생활의 변화도 동반되는 것임은 의심의 여지가 없다.

필자는 이러한 경우를 발견하고서 사주는 점치는 학문이 아닌, 사람의 심리를 살피는 학문임을 더욱더 깨달았다. 사주 상으로는 첫 번째 대운부터 세 번째 대운까지 3~4등이었다가 네 번째 대운부터 아홉 번째 대운까지 1~2등 흐름인데, 이러한 운의 흐름을 지닌 사람들은 20대부터 80대까지 타고난 의식의 영향을 받지 못한다는 것이다. 20대부터 40대 전까지만 타고난 의식의 영향을 받다가, 그 후로는 운의 순위와 관계없이 전환된 의식의 영향을 받으며 살아감을 확인하고 또 확인했다. 참으로 기가 막힐 일이다. 운의 순위가 1~2등임에도 불구하고 타고난 의식이 아닌, 전환된 의식의 영향을 받으니 말이다. 이러한 경우들을 무수히 보았다. 모두 다 40대 후부터는 타고난 의식이 아닌 전환된 의식의 영향을 받으며 살아갔다.

고민에 빠졌다. 운의 순위를 잘못 정한 것도 아니고, 지지가 특수하게 구성된 것도 아니고, 아무래도 사주학적 접근으로는 의문이 해소되지 않았다. 그래서 심리학적인 접근 방법을 사용하기로 했다. 30대에 의식의 변화가 온 자, 40대에 의식의 변화가 온 자, 20대에 의식의 변화가 온 자, 이렇게 세 부류로 나눠놓고 그들의 심리 변화를 분석했다. 앞서도 언급했지만, 30대에 의식의 전환이 온 소유자는 사회에 나왔을 때 처음 몇 년 간은 만족스럽지 못한 사회생활을 했고, 40대에 의식의 전환이 온 소유자도 십여 년 이상을 만족스럽지 못한 사회생활을 했다. 그런데 20대에 의식의 전환이 온 소유자는 대학을 갓 입학했거나 고등학교 졸업 후에 사회생활을 막 시작한 케이스다. 차이점은 사회생활을 시작할 때쯤 원하지 않았던 삶을 맛봤는지, 그렇지 않은 지에 있다. 30대와 40대에 의식의 전환이 온 소유자는 사회생활의 어려움을 맛보았고, 20대에 의식의 전환이 온 소유자는 사회생활의 쓴맛을 보지 않았다. 이 점이 운의 흐름대로 의식의 영향을 받을 수 없게 만든 원인이었다.

대학을 갓 입학했거나 사회생활을 막 시작할 무렵부터 타고난 의식의 영향을 받는 소유자는 일찍부터 자신이 바라는 대로의 삶을 이룬다. 참으로 복 받은 소유자들이다. 20대부터 원하는 삶을 살게 되니 말이다. 그래서 20대 후반을 지나 30대 초반을 거쳐 30대 후반이 되어도 다 자신이 원하는 대로 삶이 꾸려진다. 박애주의 의식의 소유자는 모두와 함께 어울리면서 살아가는 삶을, 진보주의 의식의 소유자는 가치 있으면서 서민을 위해 봉사하는 삶을, 보수주의 의식의 소유자는 인정과 존경받으며 안정적인 삶, 실용주의 의식의 소유자는 재미와 즐거움 속에 낭만을 찾는 삶을, 성공주의 의식의 소유자는 남보다 더 많은 부와 귀를 차지하는 삶을 살고 있을 것이다.

30대와 40대 의식의 전환이 이뤄진 소유자는 사회생활의 쓴맛을 맛봤기에 타고난 의식의 영향을 받고 산다는 것에 진정한 고마움을 느끼지만, 20대에 의식의 전환이 이뤄지면 모든 것이 자신이 잘해서 된 것으로 생각한다. 사회생활을 맛보기도 전에 타고난 의식의 영향으로 20년간 살다 보면, 100% 자만에 빠진다. 인간은 원래 그렇다고 한다면 할 말이 없지만, 참으로 어리석은 짓이다. '자신만만하고…', '겁도 나지 않고…', '마음만 먹으면 안 되는 것이 없고', '이만하면 살 만한데 뭐 다른 것 없을까?', '의미 있는 일을 해볼까?', '더 늦기 전에 하고 싶은 것이나 할까?' 등으로 말이다. 타고난 의식의 영향을 받아 이만큼이나 살았는데, 뭔가 더 나은 삶을 찾다니 말이다. 실패를 맛보지 않아서 하고자 하면 다 될 것으로 생각하고 있어서이다. 운 순위가 1~2등에 있더라도 소용이 없다. 그래서 사주팔자 이론은 점치는 이론이 아닌, 인간의 심리를 다룬 이론임을 100% 확실히 믿게 되었다.

사람의 생각은 늘 두 가지로 타고난 의식 성향과 전환된 의식 성향이 수시로 왔다 갔다 한다고 했다. 그리고 운의 흐름이 좋을 때는 타고난 의식의 성향대로, 운의 흐름이 좋지 않을 때는 전환된 의식의 성향대로 삶이 흐른다고 했다. 그런데 이처럼 운의 흐름이 좋을 때도 타고난 의식 성향대로의 삶을 거부한다면, 전환된 의식 성향대로의 삶을 살게 된다. 그래서 운으로는 1~2등의 흐름이 네 번째 대운부터 아홉 번째 대운까지 차지하고 있다면, 40대를 전후해서 전환된 의식의 영향을 받게 되고, 70%는 행동 성향을, 30%는 꿈 성향을 드러내면서 살게 된다. 그 이후의 모든 삶에 행동 성향 70%와 꿈 성향 30%가 그대로 적용된다.

아래 첫 번째 대운부터 세 번째 대운까지 3~4등이었다가, 네 번째 대운부터 아홉 번째 대운까지 1~2등인 경우의 운 그래프를 소개한다.

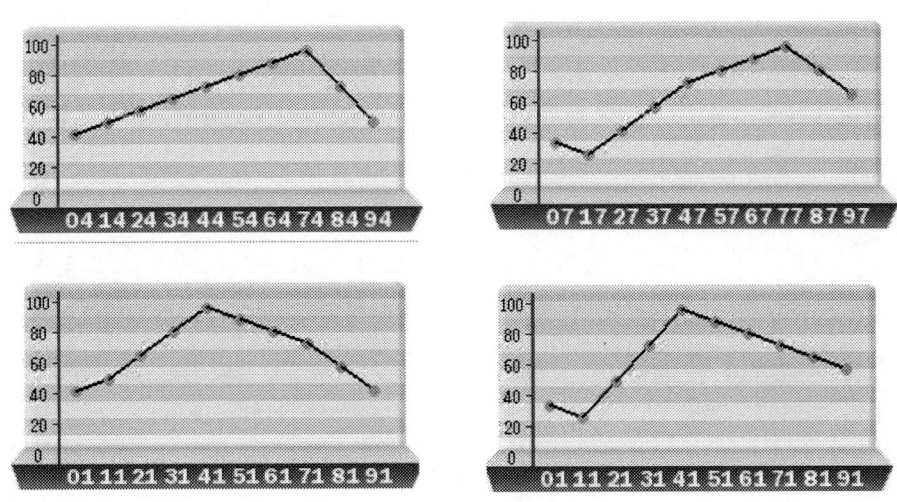

제4장

시	일	월	년
辛	癸	戊	乙
酉	卯	寅	未

庚	辛	壬	癸	甲	乙	丙	丁
午	未	申	酉	戌	亥	子	丑

일반사주로 용신은 금성으로 인성, 희신은 토성으로 관성이다. 격국은 (비견)인성 보관성격으로 의식 성향은 박애주의, 무의식 성향은 목성(2.4)인 식상체질로 모험형, 꿈 성향은 리더형이다. 운의 순위를 살펴보자. 특수한 지지구조에 걸려 금성의 운이 1등, 화성의 운이 2등, 수성의 운이 3등, 목성의 운이 4등이다. 그래서 첫 번째 정축(丁丑) 대운부터 세 번째 을해(乙亥) 대운까지의 수성 운은 3등, 네 번째 갑술(甲戌) 대운부터 아홉 번째 기사(己巳) 대운까지 금성과 화성의 운으로 1등과 2등이다. 이렇게 되면 세 번째 을해(乙亥) 대운부터 상승하기 시작한다. 그래서 20대 전과 후의 의식의 전환이 온다. 20대 전까지는 전환된 의식인 개인주의 영향을 받다가, 20대 후부터 80대까지 타고난 의식인 박애주의 영향을 받는다. 이런 운의 흐름이라면 40대 전과 후에 의식의 전환이 있었음을 입증하기 어렵다.

그런데 박원순 서울시장이 개인적인 일이 아닌 국민을 위한 일을 하기 시작한 해는 1995년(乙亥年=41세)이다. 이때부터 참여연대 사무처장으로 일하기 시작한 것이다. 왜 그랬을까? 만약 의식의 변화가 없었다면, 굳이 이 시기에 개인적인 일에서 벗어나 권력을 감시하는 시민단체의 일을 했을까? 국민을 위해 올바른 정치와 행정을 펼치라고 말이다. 그리고 그 일을 시작한 지 16년 만인 2011년(己卯年=57세)에 서울시장에 당선되었다.

20대부터 타고난 의식인 박애주의 영향을 받아 40대까지 받아오다가, 40대가 넘어서자 전환된 의식인 개인주의 영향을 받는다. 물론 행동은 늘 모험형이다. 박애주의 의식의 영향을 받을 때는 꼭 자신이 튀어야 할 필요가 없다. 그저 있는 듯 없는 듯 살면 된다. 그러나 개인주의 영향을 받을 때는 그렇지가 않다. 남보다 자신이 앞서가야 한다. 더구나 행동은 모험형의 모습을 드러내면서도 30%는 꿈 성향인 리더형의 모습을 띠어야 한다. 봐라. 그 시기부터 서민과 국민을 위해 적극적인 봉사와 희생을 하면서도, 꿈인 모두의 지도자가 되기 위해 어필할 수 있는 이미지와 액션이 필요했다. 그리고 지지도가 안철수보다 현저하게 낮은데도 불구하고 안철수를 만나 서울시장 후보직을 양보받았다. 이 모든 일련의 과정들이 박애주의 의식의 영향 아래서는 불가능한 일들이다.

그렇다면 전환된 개인주의 생각에 행동은 모험형 70%와 리더형 30%가 드러난다? 언제까지? 세상을 떠나는 날까지다. 모험형의 모습은 성남시장 이재명의 행동과 같다. '개혁하고 혁신하자는 거다', '서민을 위해 복지정책을 하자', '있는 자에게 세금을 많이 내게 하자', '권위 의식을 버리자', '평등하게 살자', '개방하고 투명하게 살자', '남북통일을 위해 살자', '비리 없는 세상 만들자', '동네 시장을 살리자' '위보다 아래를 보고 살자' 등이다. 그러나 성남시장 이재명과 다른 점은 바로 꿈 성향이다. 박원순 서울시장의 꿈은 리더형이고, 이재명 성남시장의 꿈은 도전형인 것이다. 행동 성향과 꿈 성향이 식상으로, 같은 이재명 성남시장을 앞뒤 가리지 않고 돌진하는 황소에 비유한다면, 꿈 성향이 관성으로 리더형인 박원순 서울시장은 못되거나 나쁜 사람만 보면 짖는 진돗개에 비유할 수 있다.

그래서 세상을 180도 바꿀 수 있는 힘은 성남시장 이재명이 앞서지만, 모두에게 신뢰와 믿음을 주어 보듬고 감싸는 면에서는 박원순 서울시장이 앞선다. 그리고 꿈 성향이 리더형인 박원순 서울시장은 권력·명예·가문의 영광·권위 등에 대한 욕심이, 꿈 성향이 도전형인 이재명 성남시장보다 훨씬 강한 것은 사실이다. 또한 무의식 성향이 안정형인 사람들보다는 모험형인 사람들이 위기대처 능력이 빠르고, 무엇인가 쟁취하는 데 있어 강력한 힘을 발휘한다. 19대 대선에 박원순 서울시장은 야권의 대통령 후보로 나설 수도 있다. 다만 걱정되는 것은, 민주당의 대통령 후보 선출 과정에서 당당히 승리할 수 있는가이다. 당내 세력이 거의 없는 박원순 서울시장의 최대 약점이기도 하다. 그것만 무사히 통과한다면, 19대 대통령 선거에서 여권 후보를 이길 가능성은 매우 높다.

시	일	월	년
甲	戊	辛	辛
寅	寅	丑	卯

己	戊	丁	丙	乙	甲	癸	壬
酉	申	未	午	巳	辰	卯	寅

대통령 박근혜의 사주팔자다. 진가사주로 격국은 식상보비견(인성)이며, 의식 성향은 진보주의, 무의식 성향은 권력형, 꿈 성향은 안락형이다. 운의 흐름을 보자. 진용신인 화성이 1등, 가용신인 금성이 2등, 수성의 운이 3등, 목성의 운이 4등이다. 첫 번째 대운부터 세 번째 대운까지 목성의 운이므로 4등이었다. 그러다가 네 번째 대운부터 아홉 번째 대운까지 1등과 2등의 운이다. 그러면 20대쯤 의식 전환이 이뤄진다. 20대 전까지는 전환된 의식인 신분주의 영향을 받다가, 20대 후부터 80대까지는 타고난 성향인 진보주의 영향을 받는다. 그러나 20대에 의식 전환이 와서 80대까지 이어진다면, 운 흐름과 관계없이 40대를 전후해 또 한 번의 의식 전환이 이뤄진다고 했다. 그러니까 신분주의 영향에 있다가 진보주의 영향을 받고, 다시 신분주의 영향을 받는다는 것이다. 물론 행동으로 보여주는 모습은 권력형으로, 절제나 자제하는 모습, 모범적인 모습, 책임감 있는 모습, 절도 있는 모습, 남자에게 의지하는 모습 등이다.

1961년(辛丑年=10세) 5·16쿠데타 이후 1979년(己未年=28세) 청와대를 떠날 때까지는 늘 권력형의 모습이었으니, 의식의 전환을 확인할 방법은 없다. 그러나 풍문으로 들리는 바에 의하면, 어머니 육영수 여사가 갑작스럽게 세상을 떠난 후인 1975년(乙卯年=24세)부터 최태민 목사와의 만남이 이어졌다고 한다. 나아가, 아버지인 박정희 대통령보다 나이가 많은 최 목사와 연인 관계로까지 발전했다고 한다. 이때 박근혜 대통령의 의식이 신분주의 영향을 받고 있었다면, 최 목사 같은 사람은 만나지도 않았을 것이다. 그런데 이 시기는 이미 타고난 의식인 진보주의 영향을 받고 있었으므로 '남녀노소 모두가 평등하다는', '가치관이 통하면 누구나 대화가 되는', '가볍게 만날 수 있는', '본능(性)에 충실하자는', '개방적이고 수용하자는' 등의 생각을 할 수 있었던 거다.

그리고 1979년(己未年=28세) 박정희 대통령이 서거한 뒤로 1994년(甲戌年=43세) 최 목사가 사망한 날까지, 박근혜 대통령은 세상 밖으로 나오지 않고 있었다. 이 시기는 타고난 의식인 진보주의 영향 아래 있었을 때이다. 진보주의자들은 몸 쓰는 것을 좋아해서인지, 양재동 테니스 코트에서 살다시피 했다고 한다. 만약 이 시기에 신분주의 의식의 영향을 받았다고 한다면, 은둔 생활을 하지는 못했을 것이다. 사실 이 시기엔 최 목사의 가족이나 지인, 심복들이 육영재단과 영남대학교를 쥐고 펴고 했다고 한다. 이것 하나만 봐도 박근혜 대통령과 최태민 목사와의 관계를 짐작할 수 있을 것이다. 아버지 박정희 대통령을 살해한 김재규 중앙정보부장이 최목사와 박근혜의 관계를 보고 10·26 사건을 일으켰다는 소문도 있었다.

그 후 1997년(丁丑年=46세) 15대 대선을 앞둔 시점에 한나라당에 입당함으로써 정치에 입문했다. 이 시기도 진보주의 의식의 영향 아래 있었다면, 정치권에서 아무리 손길을 뻗어도 편하고 가볍고 부담 없이 살고 싶어 참여하지 않았을 것이다. 그러나 40대 무렵부터 타고난 의식인 진보주의 영향에서 전환된 신분주의 영향으로 바뀌었으므로, 자신도 모르게 정치 쪽으로 마음이 쏠렸던 거다. 1998년(戊寅年=47세) 국회의원 보궐선거에 나가 당선됨으로써 국회의원이 되었다. 이것으로 운의 순위가 바뀌지 않았어도 의식의 전환이 있었음을 능히 알 수 있는 것이다.

지금도 영향을 받고 있는 신분주의 의식이란 '명예로운 자리나 권위에 오르고자 기존체제에 순응하며, 상명하복의 모습을 보이려는 이념'이다. 40대 이후 신분주의 의식의 영향을 받기 시작하면서 행동은 권력형 70%는 '남과는 신분 자체가 다른, 권위가 설 수 있는, 남을 강제할 수 있는, 지시나 명령만 내리는, 마치 예전 설대군주처럼' 행동하는 거다. 그리고 꿈인 30%의 안락형은 '부모를 생각하는, 조용하고 편안한, 공주처럼 우아한, 이성적이고 윤리 도덕적인'인 모습을 드러낸다. 문제는 대통령 자리에서 물러난 후이다. 80대가 넘어가도 신분주의 생각에 권력형의 행동 그리고 안락형의 꿈이 사라지지 않을 텐데, 이를 어쩌란 말인가.

그리고 무의식 성향이 권력형인 소유자는 1인자의 위치보다는 2인자의 위치가 안성맞춤이다. 스스로 판단해서 움직이는 것보다는 누군가의 지시를 받아 움직이는 것이 훨씬 더 편하기 때문이다. 그래서 박근혜 대통령을 십상시, 최순실, 정윤회가 움직인다는 소문도 있지 않았던가. 어쨌든 생각도 신분주의 이념에, 행동도 권력형이면 오로지 남과는 신분 자체가 다른, 권위가 설 수 있는, 남을 강제할 수 있는, 지시나 명령만 내리는, 마치 예전 절대군주인 왕처럼 생각하고 행동하게 된다.

1. 남성(64세)

시	일	월	년
丁	乙	癸	癸
丑	亥	亥	巳

乙	丙	丁	戊	己	庚	辛	壬
卯	辰	巳	午	未	申	酉	戌

말도 많고 탈도 많은 경남도지사 홍준표의 사주팔자이다. 타고난 우주 에너지의 비율은 수성: 3.3, 화성: 1.2, 토성: 0.3, 목성과 금성은 0이다. 을(乙) 일간을 도와주는 오행은 수성(3.3)과 목성(0)으로 그 합이 3.3으로 신강이다. 가장 강한 오행은 수성으로 화성이 피해 본다. 화성을 구할 오행은 목성과 토성이다. 토성에게 화성을 구하라고 부탁한다(1차 방정식). 일반사주로 용신은 토성으로 재성, 희신은 화성으로 식상, 이용육친은 관성으로, 격국은 (관성)재성보식상격이다. 의식 성향은 성공주의, 꿈 성향은 도전형, 무의식 성향은 수성(3.3)으로 인성체질이며 안정형이다.

운의 순위를 보자. 지지구조에 걸려서 화성의 운이 1등, 목성의 운이 2등, 금성의 운이 3등, 수성의 운이 4등이다. 첫 번째 대운부터 세 번째 대운까지는 금성의 운으로 3등이다. 네 번째 대운부터 아홉 번째 대운까지 맞이하는 화성과 목성의 운은 1등과 2등의 운이다. 이렇게 되면 20대 전과 후의 의식이 다르다. 20대 전에는 전환된 의식인 이상주의 영향 아래 있다가, 20대 후부터 80대까지 타고난 의식인 성공주의 영향 아래 있다. 물론 행동은 늘 안정형임은 말할 나위가 없다.

이렇게 되면 40대쯤 의식의 전환이 있어야 한다. 삶을 살펴보자. 1996년(丙寅年=44세) 국회의원에 당선되기 전까지는 막강한 권력을 휘두를 수 있는 검사 생활을 했다. 만약 40대에도 타고난 성공주의 의식의 영향을 받았더라면, 파워도 있고 영향력이 크면서도 출세가도를 달릴 수 있는 검사란 직업을 놓치지 않았을 것이다. 그러자면 마땅히 경쟁이 치열할 수밖에 없다. 그런데 홍준표 경남도지사는 국회의원을 선택했다. 왜일까? 홍준표 경남도지사 입장에서는 영향력이나 권위적인 부분과는 거리가 있지만, 안정적으로 오래도록 할 수 있는 직업이 국회의원만 한 것이 없다고 판단한 것이다. 더구나 국민들의 인정과 존경을 받을 수 있으니 말이다. 그래서 검사란 직업을 버리고 국회의원이 된 것이다. 이런 일련의 흐름만 보아도, 성공주의 의식의 영향보다는 이상주의 의식의 영향을 받고 있었음을 알 수 있다. 즉 운의 순위는 변동이 없었지만, 의식의 전환은 있었다는 것이 증명된 것이다.

40대 이후로는 이상주의 생각에 안정형의 행동 70%와 꿈인 도전형의 모습 30%를 드러낸다. 앞서 언급했지만, 안정형인 인성체질은 남의 이목을 중시하거나 이미지 관리를 하느라고 감정표출을 못 한다. 그래서 간혹 물질형인 재성체질처럼 한꺼번에 감정을 분출한다. 그리고 이상주의 생각이란 현실성 없거나 실천 가능하지 않은, 논리만을 위한 논리에, 책임지지 않으려는, 복잡하거나 다양성을 인정하지 않으려는 의식이다. 그래서 어린아이도 판단할 수 있는 문제를 홍준표 경남도지사는 자신의 이론에 빠져 납득할 수 없는 결정을 하는 것이다. 그리고 안정형의 행동과 꿈인 도전형의 행동은 간혹 도발적인 모습, 감정적인 모습, 무시하고 깔보는 모습, 막가파적인 모습 등을 연출한다. 그래서 도립병원 폐쇄, 무상급식 중지, 골프여행 등, 오죽하면 도민들이 도지사 사퇴하라고 주민소환투표를 하자고 하는가 말이다. 한 가지 덧붙인다면, 안정형의 행동 중에 가장 안 좋은 점이 별 볼 일 없는 사람이면 완전히 무시한다는 점이다. 그래서 아마도 홍준표 경남도지사 입장에서 경남도민들은 안중에도 없을지 모른다.

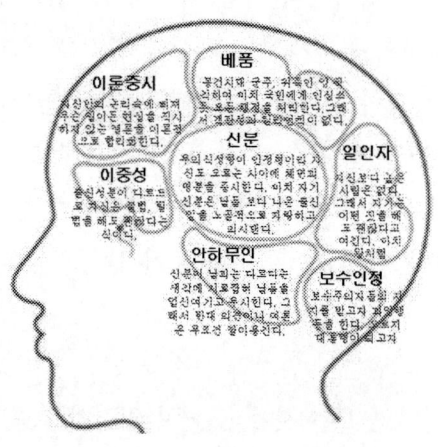

2. 남성(70세)

시	일	월	년
戊	乙	辛	丁
寅	巳	亥	亥

癸	甲	乙	丙	丁	戊	己	庚
卯	辰	巳	午	未	申	酉	戌

　현재 몸값이 오르고 있지만, 막상 어디로 가야 할지 헤매는 손학규 진 대표의 사주팔자이다. 타고난 우주 에너지의 비율은 수성: 2.2, 화성: 1.2, 목성: 1, 토성: 0.2, 금성: 0.2이다. 을(乙) 일간을 도와주는 오행은 수성(2.2)과 목성(1)으로 그 합이 3.2로 신강이다. 가장 강한 오행은 수성으로 화성이 피해 본다. 화성을 구할 오행은 목성과 토성이다. 신강이라 토성에게 화성을 구하라고 부탁한다(1차 방정식). 목성이 토성의 활동을 방해하니 또 한 번의 공식을 대입한다. 이차 구제오행은 화성과 금성. 음양 차이가 없으므로 수치가 강한 화성에게 토성을 구하라고 부탁한다(2차 방정식). 일반사주로 용신은 화성으로 식상, 희신은 토성으로 재성, 이용육친은 비견으로, 격국은 (비견)식상생재성격이다. 의식 성향은 진보주의, 꿈 성향은 낭만형, 무의식 성향은 수성(2.2)으로 인성체질이며 안정형이다.

운의 순위를 보자. 지지구조에 걸려 목성의 운이 1등, 화성의 운이 2등, 금성의 운이 3등, 수성의 운이 4등이다. 첫 번째 대운부터 세 번째 대운까지는 금성의 운으로 3등이다. 네 번째 대운부터 아홉 번째 대운까지 맞이하는 화성과 목성의 운은 1등과 2등의 운이다. 이렇게 되면 20대 전과 후의 의식이 다르다. 20대 전에는 전환된 의식인 신분주의 영향 아래 있다가, 20대 후부터 80대까지 타고난 의식인 진보주의 영향 아래 있다. 물론 행동은 늘 안정형임은 말할 나위가 없다.

40대쯤에 의식의 전환이 있었는지 살펴보자. 1987년(丁卯年=41세)까지는 한국기독교라는 종교 쪽에 몸을 담고 있다가, 1988년(戊辰年=42세)에 갑자기 대학 강의를 맡는다. 그러다 얼마 안 있어 민자당 국회의원이 된다. 타고난 의식인 진보주의 영향 아래 있을 때는 종교 쪽에 몸을 담고 있어도 전혀 부자연스럽지가 않다. 그러나 전환된 의식인 신분주의 영향 아래서는 어딘가 부자연스러웠을 것이고, 그래서 대학교수란 직업으로 변경한 것이 아닐까? 학생들의 인정과 존경을 받을 수 있을 테니까 말이다. 이러한 삶의 변화를 보면 틀림없이 의식의 전환이 있었음을 감지할 수 있다. 교수 생활 몇 년 하다가 민자당으로 들어갔고, 마침내 1992년(壬申年=46세) 국회의원에 당선되었다. 그 뒤 장관까지 지내다가 2002년(壬午年=56세) 경기도지사가 되었다. 그 뒤 대통령 후보가 되려고 애썼지만, 지금까지 단 한 번도 대통령 후보는 되지 못했다.

40대 이후 신분주의 생각에 안정형의 행동 70%와 꿈인 낭만형 30%가 드러난다. 그래서 '저녁이 있는 삶'을 야권의 대통령 후보 경선 선거홍보 글귀로 사용하거나, 은퇴하면서 낭만이 넘치는 산속 토굴집으로 간 것 등이 그것이다. 문제는 무의식 성향이 안정형이라는 거다. 문재인, 박지원, 홍준표 등과 같은 안정형이라는 거다. 모험형이나 권력형같이 강한 그 무엇인가를 지니고 있거나 터뜨려야 하는데, 안정형은 늘 2% 부족하다. 죽기 아니면 살기 식의 배짱, 정권의 잘못을 끝까지 파고드는 배짱, 진정 서민을 위한 봉사와 희생을 하겠다는 배짱 등을 보여줘야 하는 데 말이다.

3. 남성(54세)

시	일	월	년
壬	壬	甲	癸
寅	辰	寅	卯

丙	丁	戊	己	庚	辛	壬	癸
午	未	申	酉	戌	亥	子	丑

40세가 넘어가자 청춘으로 회춘했다고 믿고 있는 내담자의 사주팔자이다. 타고난 우주 에너지의 비율은 목성: 4.1, 수성: 0.4, 토성: 0.3, 화성과 금성은 0이다. 임(壬)일간을 도와주는 오행은 금성(0)과 수성(0.4)으로 그 합이 0.4로 신약이다. 가장 강한 오행은 목성으로 토성이 피해 본다. 토성을 구할 오행은 화성과 금성이다. 그런데 그 둘 다 사주 상에 없다. 그래서 공식은 여기서 끝나고, 병약사주로 병신은 토성으로 관성, 1약신은 금성으로 인성, 2약신은 화성으로 재성이다. 격국은 (재성)관성격(인성)으로, 의식 성향은 성공주의, 꿈 성향은 고상형, 무의식 성향은 목성(4.1)으로 식상체질이며 모험형이다.

운의 순위를 보면, 1약신인 금성이 1등, 2약신은 화성이 2등, 수성의 운이 3등, 목성의 운이 4등이다. 첫 번째 대운부터 세 번째 대운까지는 수성의 운으로 3등이다. 네 번째 대운부터 아홉 번째 대운까지는 1등과 2등의 운이다. 이런 흐름이라면 20대 전과 후의 의식이 다르다. 부모에 따르면 20대 전까지는 동생들을 잘 보살피면서도 가정 형편상 하기 힘든 악기도 배웠다고 한다. 들어가기 힘든 서울대학을 악기 하나로 합격했으니, 얼마나 많은 노력을 했는지 알 수 있는 대목이다. 서울대학에 입학한 후에는 예전보다 동생들을 덜 챙겼고, 악기교육 아르바이트를 하면서 유학 자금을 마련해 유학을 떠났다. 미래 처갓집이 될 집안의 도움도 받으면서 말이다. 유학 다녀온 뒤 내담자는 공연과 개인교습 그리고 대학에 강사로 나갔다가, 2007년(丁亥年=45세)에 마침내 교수가 되었다.

문제는 이때부터다. 40세 이후로는 이상주의 생각에 모험형 행동 70%와 꿈인 고상형 30%가 드러난다. 그전의 생활과 별반 다를 것이 없음에도 불구하고, 교수가 된 이후 학생이나 학부모의 시선이 달라졌다고 한다. 묘한 눈길로 내담자를 쳐다보는 학생과 학부모들의 유혹이 시작되었다 한다. 모험형 70%와 고상형 30%가 섞이면 묘한 매력을 풍기는가 보다. 모험형은 본능적, 충동적, 카리스마, 성적 밝힘, 일탈, 반항적인 모습을 드러내는 것이고, 고상형은 윤리 도덕, 지적 이미지, 상승한 신분, 후덕함과 안정감 등을 드러내는 모습이다. 그리고 내담자가 상대하는 사람은 100% 여성이다 보니 학부모에게는 성적으로 성숙한 모습으로, 학생들에게는 너그러운 오빠처럼 비치는 것이다.

이 시기부터 학생이나 학부모들이 섹시하게 보이고, 내담자의 성욕도 이상하리만큼 왕성해졌다고 한다. 그래서 가는 사람 잡지 않고 오는 사람 막지 않는다는 것처럼, 다가온다면 전부 받아들였다고. 그러다가 내담자는 팜므 파탈적인 매력을 풍기는 여학생을 만났다고 한다. 소위 '까질 대로 까진' 학생이라 빠져서는 안 되는데, 그 학생만 만나면 맥을 못 춘다는 거다. 그 학생으로 인해 부부관계까지 이상이 생겼다. 내담자는 그 학생과 살고 싶어서 아내에게 이혼을 요구했다고. 내담자 자신도 안다. 올바른 생활을 하는 정숙한 학생이 아님을 아는데도 말이다. 그럼에도 불구하고 그 학생과 살고 싶어 아내에게 온갖 안 좋은 언행으로 이혼만 해달라고 했다. 그러나 아내는 아이도 있고 친정부모 보기에도 그렇고 해서 이혼만은 해주지 않고 버티고 있다고 한다. 그러나 이상주의 생각에 행동 성향이 모험형이 80대까지 이어진다면, 어떤 결론을 내려야 하는지 자명해진다.

내담자는 신이 났다. 나이가 들수록 더욱 왕성해지는 성욕을 느끼니 말이다. 언제까지 이어질지 모르지만 말이다.

4. 여성(41세)

시	일	월	년
戊	丁	己	丙
申	丑	亥	辰

辛	壬	癸	甲	乙	丙	丁	戊
卯	辰	巳	午	未	申	酉	戌

2012년 필자가 한림대학교 사회교육원에서 사주심리학을 가르칠 때 강의를 들었던 수강생의 사주팔자이다. 타고난 우주 에너지의 비율은 수성: 1.9, 토성: 1.2, 금성: 1, 목성: 0.5, 화성: 0.2이다. 정(丁) 일간을 도와주는 오행은 목성(0.5)과 화성(0.2)으로 그 합이 0.7로 신약이다. 가장 강한 오행은 수성으로 화성이 피해 본다. 화성을 구할 오행은 목성과 토성이다. 신약하므로 목성에게 화성을 구하라고 해야 하는데, 목성은 활동할 수가 없다. 그래서 할 수 없이 토성에게 부탁한다(1차 방정식). 공식이 끝났을 때 일간이 진정 사용하고 싶은 오행이 있었다면 진가사주라 했다. 그래서 진가사주이며 가용신은 토성으로 식상, 희신은 화성으로 비견, 진용신은 목성으로 인성이다. 격국은 식상보비견격(인성)으로, 의식 성향은 진보주의, 꿈 성향은 안락형, 무의식 성향은 수성(1.9)과 토성(지지2+천간2)으로 식상과 관성체질인 권리형이다.

　운을 살펴보자. 진용신인 목성의 운이 1등, 희신인 화성의 운이 2등, 금성의 운이 3등, 수성의 운이 4등이다. 첫 번째 대운부터 세 번째 대운까지 금성의 운이므로 3등에 있다가, 네 번째 대운부터 아홉 번째 대운까지 화성과 목성의 운이므로 1등과 2등의 운 흐름이다. 이렇게 되면 20대 전과 후의 의식이 다르다. 전까지는 전환된 의식인 신분주의 영향 아래 있다가, 20대 후부터는 타고난 의식인 진보주의 영향을 받고 있다. 필자를 만났을 때는 37세이므로, 진보주의 의식의 영향 아래 있을 때였다. 당시는 사주심리학 공부를 하면서 살림만 하고 있었다. 아이들 뒷바라지도 힘겨워서 바깥일을 할 수 있는 상황이 아니라 했다. 필자가 늘 했던 말이 "넌 얼마 안 있으면 애들한테 손을 떼고 바깥일을 할 거야!"라는 말이었다.

　아니나 다를까. 2015년부터 아이들 교육하는 곳에 다닌다고 한다. 2016년에는 팀을 맡아서 가르친다고. 자신이 버티고 있는 것이 신기하다고. 예전 같으면 벌써 그만두었어야 할 텐데 이렇게 잘 다니고 있으니 말이다. 이곳에서 열심히 근무해서 더 높은 자리까지 올라갈 것이라고 한다. 어떻게 하면 빠른 출세가 가능한지 간간이 필자에게 물어온다. 역시 운의 순위는 변동이 없지만, 40대 전과 후의 의식이 이렇게 다르다. 진보주의 의식에 권리형 행동과 신분주의 의식에 권리형 70%와 안락형 30%의 행동이 생활의 변화를 가져다주었다. 진보주의 의식에 권리형 행동을 할 때는 어디를 다녀도 몇 개월을 버티지 못했다. 무엇을 배워도 마찬가지였다. 특히 아이들 걱정 때문에 바깥에서 오래 있을 수가 없다고 했다.

여자에게 있어 진보주의 의식이란 남자에게 기대지 않고 책임도 지지 않고 편하게 아이들 키우면서 자유롭게 사는 것이다. 그래서 남편은 직장 때문에 저 멀리 있고, 아이들 키우면서 배울 것 배우고, 만나고 싶은 사람 있으면 자유롭게 만나면서 편하게 지낸 것이다. 그러다가 신분주의 의식의 영향을 받으면, 무엇인가 책임감을 느끼고, 남들이 인정하거나 존경할 수 있는 일거리를 찾고, 성공을 위해 노력하게 되는 것이다. 그래서 작년부터 학생을 가르치는 곳에 취직해서 올해는 팀까지 맡아 책임감이 커진 것이며, 더 열심히 해서 높은 자리까지 차지하고 싶다고 말한 것이다. 물론 행동은 늘 권리형이다. 권리형이란 자신만의 것을 만들어 남들에게 알려주고 일깨워주는, 남편의 간섭을 거부하고 홀로 설 수 있는, 자신의 행동에 당당히 책임을 지는, 그런 행동인 것이다.

어쨌든 필자에게 공부할 때는 진짜 40세가 되면 아이들한테 떨어져 바깥일을 할 수 있을까? 능력이 없는데 직장생활이나 할 수 있을까? 무엇인가 책임을 지고 살아간단 말인가? 하는 의심스러운 눈길을 보낼 때가 많았다. 그러나 어찌하리. 네 번째 대운부터 아홉 번째 대운까지 1등과 2등의 운 흐름이라면, 원하든 원하지 않든지 간에 40대 무렵에 의식의 전환이 오니 말이다.

5. 여성(47세)

시	일	월	년
庚	辛	丁	庚
寅	丑	亥	戌

己	庚	辛	壬	癸	甲	乙	丙
卯	辰	巳	午	未	申	酉	戌

20대 이후 자신이 원하는 것은 다 이뤘기에 40세 이후 어린이 영어학원을 대대적으로 오픈했다가 크게 망한 내담자의 사주팔자이다. 타고난 우주 에너지의 비율은 수성: 1.9, 목성: 1, 금성: 0.9, 토성: 0.8, 화성: 0.2이다. 신(辛) 일간을 도와주는 오행은 토성(0.8)과 금성(0.9)으로 그 합이 1.7로 신강이다. 가장 강한 오행은 수성으로

화성이 피해 본다. 화성을 구할 오행은 목성과 토성이다. 신강이므로 목성에게 부탁한다(1차 방정식). 시간의 경(庚) 금성이 시지의 인(寅) 목성을 억제하는 바람에 또 한 번의 공식을 대입한다. 이차 구제오행은 수성과 화성. 음양의 차이를 따져야 한다. 음기가 양기보다 1.9 많다. 그래서 부족한 양기인 화성에게 구제하라고 부탁한다(2차 방정식). 일반사주로 용신은 화성으로 관성, 희신은 목성으로 재성, 이용육친은 인성이다. 격국은 (인성)관성보재성격으로, 의식 성향은 보수주의, 꿈 성향은 감성형, 무의식 성향은 수성(1.9)으로 식상체질인 모험형이다.

　운의 흐름을 보자. 용신인 화성의 운이 1등, 희신인 목성의 운이 2등, 수성의 운이 3등, 금성의 운이 4등이다. 첫 번째 대운부터 세 번째 대운까지 금성의 운이라 4등이었다가, 네 번째 대운부터 아홉 번째 대운까지 화성과 목성의 운이라 1등과 2등의 운 흐름이다. 이런 흐름이라면 20대 전과 후의 의식이 다르며, 40대 이후의 의식도 다르다. 20대 전에는 전환된 의식인 모험주의 영향 아래 있다가, 20대 후부터는 타고난 의식인 보수주의 영향을 받았고, 다시 40대가 넘어서자 전환된 의식인 모험주의 영향 아래 있게 된다. 물론 행동은 늘 모험형인 것은 말할 나위가 없다.

　내담자의 어린 시절은 잘 모르므로 얘기할 수가 없고, 대학을 졸업하고 원하는 직장에 취직되었다. 언론계 분야에서 잘 나가는 남자를 만나 결혼해 아이도 셋씩이나 두었다고 한다. 자신도 회사에서 인정받을 만큼 받고 있었기에 하루하루가 행복한 나날의 연속이었다고. 그래서 그런지 어느 것 하나 부러울 것이 없었다고 한다. 이때까지는 타고난 의식인 보수주의 영향 아래 있었다. 그런데 남편이 중소 도시로 발령이 나면서 직장을 다닐 수가 없었다고. 온 가족이 남편 따라 중소 도시로 이사를 해야 했기에 직장을 그만 두었다. 새로 이사 온 중소 도시에서는 직장을 다닐 순 없었지만, 자신감은 늘 차 있었다고 한다. 그래서 어린이 영어학원을 운영하면 돈을 벌 수 있을 거로 생각했고, 이사 온 지 얼마 지나지 않아 대규모 영어학원을 오픈했다고 한다. 그때 나이가 41세. 학원이 얼마나 큰지, 잘 될 때도 50여 평은 비어 있었다고 한다.

중소 도시에서 새로운 기법의 어린이 영어학원을 오픈해서 몇 개월간은 운영이 잘 되었다고. 그런데 내담자가 기고만장했는지, 아니면 학원생 부모들을 무시했는지 모르지만, 점차적으로 공부하는 아이들이 줄어들었다고 한다. 그래서 점차 선생님 숫자도 줄이고, 학원규모도 줄이고 하면서 운영하게 되었다고. 그러나 그때는 이미 자체적인 수입으로 운영이 어려워 남편의 월급으로 적자를 메우고 있었다고 한다. 남편의 눈치가 보이지만, 학원을 그만두면 살림을 해야 할 텐데, 그것은 죽기보다 싫었다고. 그러나 필자가 보기엔 이미 주눅이 든 모습을 하고 있었다. 지금 와서 후회하는 것은, 중소 도시라 어린이들이 많지 않았을 텐데 너무 큰 학원을 오픈한 것과 학부모에게 신경 쓰지 않았던 것, 그리고 너무 자신만만해서 조금 건방지게 비춰졌던 것들이 지금의 이 상황까지 내몬 것이 아닌지 생각한다고 한다.

만약 40대 후라도 보수주의 의식의 영향을 받았으면, 학원을 운영하더라도 그곳에 맞는 적정 수준의 학원을 오픈했을 것이다. 그러나 이미 모험주의 의식에 모험형의 행동 70%와 꿈인 감성형 30%가 드러나기에 아무런 겁도 없이 큰 학원을 오픈한 것이다. 꿈인 감성형에는 물질적 풍요로움을 누리자는 성향이 들어 있으므로 돈도 많이 벌고자 했던 것이다. 이렇듯 운의 순위는 변동이 없어도 네 번째 대운부터 아홉 번째 대운까지 1~2등으로 흐르면 40대를 전후하여 의식의 전환이 이뤄진다는 점을 잊어서는 안 된다.

[녹현선생 언론보도]

[녹현사주방정식]

독자 여러분, 자신이 타고난 우주 에너지의 비율과 의식·무의식·꿈 성향 그리고 심리 주기를 알고자 한다면, 사주타임(www.sajutime.com)의 메뉴 중에서 녹현만세력을 클릭하면 생일 입력창이 뜹니다. 자신의 생일을 정확하게 입력하면, 아래와 같은 창이 나와 자신의 심리정보를 정확하게 알 수 있습니다.

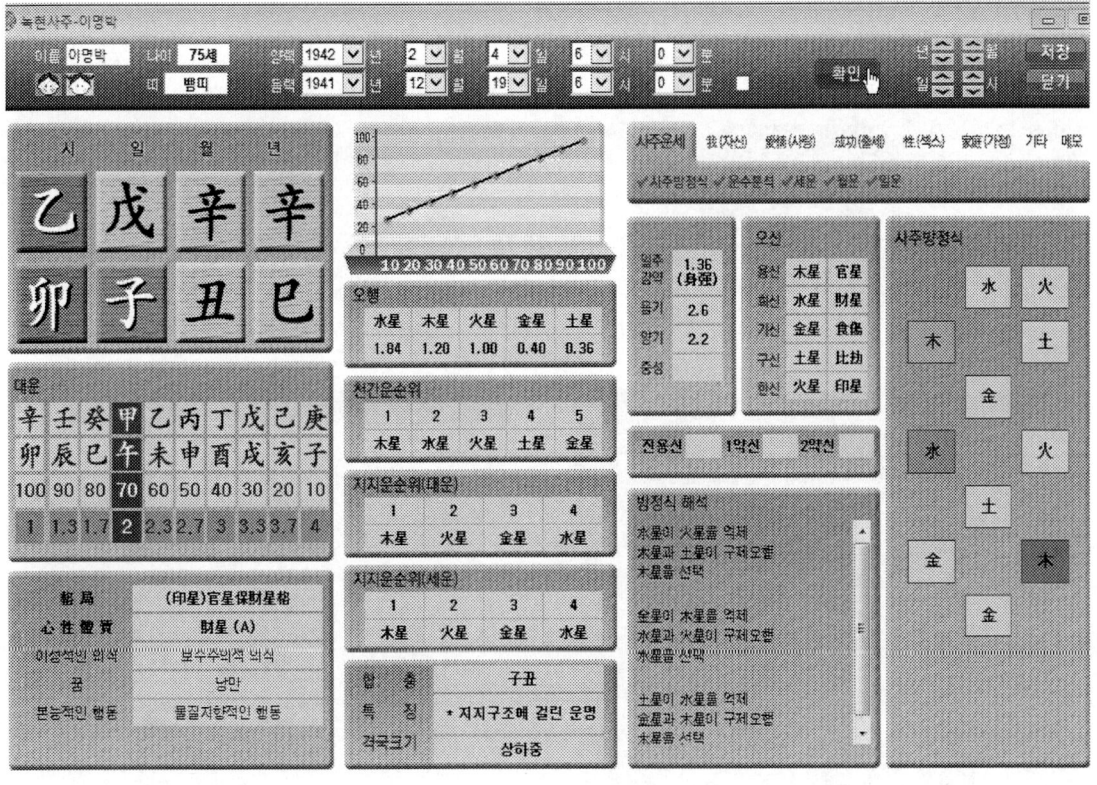

[모바일 정보제공 및 무료상담코너]

필자는 더 많은 정보를 제공하기 위해 모바일 앱을 만들었습니다.
운세 앱 [99%]와 자녀들 교육을 위한 [자녀교육] 앱입니다. 모두 무료로 이용할 수 있고, 더 궁금한 것이나 운명에 대한 질문을 무료로 할 수 있도록 사주마인드 (www.sajumind.com)란 블로그를 운영하고 있습니다.

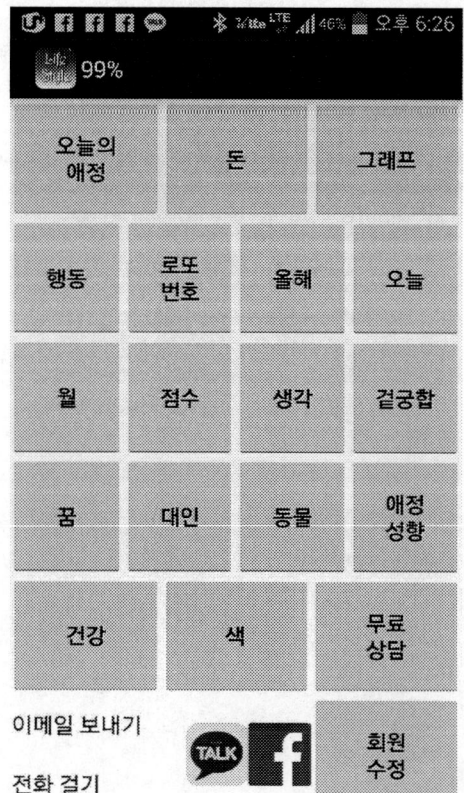